DR. MED. DEEPAK CHOPRA
DR. MED. DAVID SIMON

DER JUGENDFAKTOR

Weitere Titel von DEEPAK CHOPRA
im Gustav Lübbe Verlag:

- Die heilende Kraft.
  Ayurveda, das altindische Wissen vom Leben,
  und die modernen Naturwissenschaften

- Die Körperseele.
  Grundlagen und praktische Übungen der Ayurveda-Medizin

- Die Körperzeit.
  Mit Ayurveda: Jung werden, ein Leben lang

- Endlich erholsam schlafen

- Das Gewicht, das zu mir paßt

- Alle Kraft steckt in Dir

- Lerne lieben, lebe glücklich.
  Der Weg zur spirituellen Liebe

- Das gesunde Herz

- Wege aus der Sucht

- Mit Kindern glücklich leben

- Die göttliche Kraft.
  Die sieben Stufen der spirituellen Erkenntnis

DR. MED. DEEPAK CHOPRA
DR. MED. DAVID SIMON

DER JUGENDFAKTOR

DAS ZEHN-STUFEN-PROGRAMM
GEGEN DAS ALTERN

Aus dem Amerikanischen übersetzt
von Brigitte Klein

GUSTAV LÜBBE VERLAG

Wichtiger Hinweis für die Leser dieses Buches:

Dieses Buch soll Ihnen helfen, gesund zu leben. Es kann kein Ersatz für die Untersuchung und den Rat einer erfahrenen Ärztin oder eines Arztes sein, wenn Sie krank sind. Suchen Sie deshalb unbedingt eine Ärztin oder einen Arzt Ihres Vertrauens auf, wenn Sie das Gefühl haben, Sie sind nicht gesund.

Gustav Lübbe Verlag ist ein Imprint der Verlagsgruppe Lübbe

Copyright © 2001 by Deepak Chopra, M. D. und David Simon. M. D.
This translation published by arrangement with
Harmony Books, New York. Member of the Crown Publishing Group
Titel der amerikanischen Originalausgabe:
»Grow Younger, Live Longer. 10 Steps to Reverse Aging«

Für die deutsche Ausgabe:
Copyright © 2002 by Verlagsgruppe Lübbe GmbH & Co. KG,
Bergisch Gladbach
Textredaktion: Ulrike Brandt-Schwarze, Bonn
Einbandgestaltung: JahnDesign Thomas Jahn, Erpel/Rhein,
unter Verwendung zweier Fotos von © Image Bank
Satz: Kremerdruck GmbH, Lindlar-Hartegasse
Gesetzt aus der ITC Giovanni Book
Druck und Einband: GGP Media, Pößneck

Alle Rechte, auch die der fotomechanischen Wiedergabe, vorbehalten

Printed in Germany
ISBN 3-7857-2085-8

5 4 3 2 1

Sie finden uns im Internet unter:
http://www.luebbe.de

INHALT

JUNG WERDEN – EIN LEBEN LANG 11

RÄUMEN SIE IN IHREM BEWUSSTSEIN AUF 15
Alles ist möglich 16
Werden Sie, wer Sie wirklich sind 18
Ausnahmen verändern die Welt 20
Die drei Lebensalter 22
Wir bekommen, was wir erwarten 24
Steigern Sie Ihre Lebensqualität 25

DAS ZEHN-STUFEN-PROGRAMM
GEGEN DAS ALTERN

1. STUFE: FOREVER YOUNG –
DIE EIGENE JUGENDLICHKEIT WIEDER ENTDECKEN . 29
Ihr tägliches Übungsprogramm 29
Wie jung wollen Sie sein? 34
Legen Sie Ihr Wunschalter fest 35
Erfahren Sie zeitlose Stille 37
Sich mit der Zeitlosigkeit verbinden 38
Das Wunder unseres Körpers 40
Energie, Transformation und Intelligenz 42
Der Lichtkörper 43
Der Körper als fließende Energie 47

2. STUFE: RUHE IN DER AKTIVITÄT – ERFAHREN SIE TIEFE ENTSPANNUNG 49

Ihr tägliches Übungsprogramm 49
Die Erfahrung ruhevoller Wachheit 54
Erholsamer Schlaf 58
Wie Sie sich auf einen erholsamen Schlaf vorbereiten 59
Notfall-Plan 61
Die Selbstmassage mit Öl 62
Im Rhythmus der Natur leben 64
Morgenroutine 65
Mittagsroutine 65
Routine am späten Nachmittag 65
Winterroutine 66
Sommerroutine 67

3. STUFE: GENUSS MIT GEWINN – PROFITIEREN SIE VON IHRER ERNÄHRUNG 69

Ihr tägliches Übungsprogramm 69
Die reizvolle Vielfalt des Geschmacks 72
Süß – und nahrhaft 75
Geben Sie sich Saures 77
Sparsam salzen 78
Scharfe Geschütze gegen freie Radikale und Bakterien 78
Bitteres macht fit 79
Herbes fördert die Gesundheit 80
Gesunde Genüsse aus aller Welt 83
Gut verdaut? – Wie Sie aus Ihrer Nahrung
den größten Nutzen ziehen 85
Sieben Regeln für bewusstes Essen 85

4. STUFE: VITAMINE & CO. – WIE SIE IHRE ERNÄHRUNG SINNVOLL ERGÄNZEN ... 91

Ihr tägliches Übungsprogramm 91
Vitamine – die lebenswichtigen Nährstoffe 94
Wasserlösliche Vitamine 94
Fettlösliche Vitamine 96

Nährstoffe als Anti-Aging-Medizin 96
Das Herz schützen 96
Dem Krebs keine Chance geben 100
Vitamine und Gedächtnis 102
Gesunde Gelenke 104
Das Immunsystem stärken 105
Fitmacher am Horizont 106
SAM – ein wirksamer Stimmungsaufheller? 106
Wachstumshormone – Wundermittel gegen das Altern? 107
DHEA – ein jugendliches Powerhormon? 108
Phenole 109
Jung und gesund – Unsere Vitamin-Empfehlungen
für jeden Tag 110
Aktivieren Sie Ihre Selbstheilungskräfte 112

5. STUFE: UNZERTRENNLICHE PARTNER –
BELEBEN SIE DIE EINHEIT VON GEIST UND KÖRPER . 115
Ihr tägliches Übungsprogramm 115
Atem und Bewusstsein 118
Bringen Sie die Energie zum Fließen 119
Blasen Sie Ihren Ärger weg 120
Reinigen Sie sich von Angst und Sorgen 120
Training für Körper und Geist 122
Jung und gesund durch Yoga 122
Im Gleichgewicht mit Tai-Chi und Qigong 134
Die Kommunikation zwischen Körper und Geist 137

6. STUFE: AKTIV UND FIT –
TREIBEN SIE REGELMÄSSIG SPORT 141
Ihr tägliches Übungsprogramm 141
Rundum in Form 144
Werden Sie gelenkig 145
Sammeln Sie Kraft 146
Die sieben Basisübungen 147
Schwung für Ihren Kreislauf 152
Werden Sie bewusst aktiv 155

7. STUFE: GROSSREINEMACHEN – ENTGIFTEN SIE IHR LEBEN 157

Ihr tägliches Übungsprogramm 157
Vier Schritte zur Entgiftung 161
  Den Entschluss fassen 162
  Wertfrei beobachten 163
  Sich systematisch entgiften 164
  Die Freiheit nutzen 166
Wasser – Reinheit aus der Natur 167
Schluss mit Fertiggerichten 168
Giftige Gefühle abstreifen 169
Giftige Beziehungen verändern oder auflösen 171
  Die eigenen Bedürfnisse äußern 173
  Andere Menschen – andere Bedürfnisse 173
Die Arbeit entgiften 175
Ein jugendliches Aussehen – Wie Sie der Hautalterung
  entgegenwirken 177
  Reinigen 177
  Vitalisieren 178
  Nähren und Pflegen 179
  Sonnenschutz 179

8. STUFE: FLEXIBEL UND KREATIV – GLEITEN SIE AUF DEN WELLEN DES LEBENS 181

Ihr tägliches Übungsprogramm 181
Flexibilität heißt Loslassen 185
  Bewusst im Hier und Jetzt leben 187
  Frei werden durch Vergeben 190
  Offen sein für Neues 191
Zurück zur Kreativität 193
  Neun Schritte zum schöpferischen Quantensprung 194
  Archimedes, der Urvater der kreativen Reaktion 197
  Grenzenlose Möglichkeiten für Ihre Kreativität 199

9. STUFE: LIEBEN UND GELIEBT WERDEN – NICHTS HÄLT SIE LÄNGER JUNG 201

Ihr tägliches Übungsprogramm 201
Was ist Liebe? 204
Persönliche Liebe als Konzentrat der universellen Liebe ... 205
Liebe zeigen 207
Liebe, Sex und Spiritualität 208
Sexuelle Vitalität 210
Das spielerische Element 211
Das Ritual 212
Der Austausch 213
Die Sensibilität 213
Ojas – die Essenz der Liebe 214
Wie Sie Ihr Ojas nähren 215
Liebeskräuter 216
Liebe und Seele 218

10. STUFE: SPIELEN, LERNEN UND WACHSEN – JUGEND ALS GEISTESZUSTAND 221

Ihr tägliches Übungsprogramm 221
Was den Geist jung hält 225
Begeisterung und Enthusiasmus 226
Spontaneität 226
Beweglichkeit und Anpassungsfähigkeit 227
Verfeinern Sie Ihre Sensibilität 228
Sinnliche Nahrung für Geist und Körper 228
Die Phantasie beflügeln 229
Wahrnehmen mit allen Sinnen 231
Lernen und Wachsen 232
Verspielt, unbeschwert und fröhlich 234

VERWANDLUNG UND LEBENSFREUDE

DAS LAND, IN DEM NIEMAND ALT IST   241

KÖSTLICH, GESUND UND VERJÜNGEND –
ANTI-AGING-REZEPTE   247
Thailändisches Menü   247
Chinesisches Menü   253
Italienisches Menü   258
Mexikanisches Menü   265
Französisches Menü   270
Amerikanische Bistro-Küche   275
Orientalisches Menü   281

ANHANG

Musik zur Entspannung und Inspiration   289
Nahrungsergänzungen – unsere Empfehlungen   290
Literaturhinweise   291

JUNG WERDEN – EIN LEBEN LANG

Unser Körper ist keine biologische Maschine, die mit der Zeit unaufhaltsam und unerbittlich verschleißt. Wir Menschen sind perfekt organisierte Beziehungsnetze aus Energie, Information und Intelligenz, die in dynamischem Austausch mit ihrer Umgebung stehen und fähig sind, sich vollkommen zu wandeln und zu erneuern. Diese Sätze enthalten die zentrale Botschaft meines 1994 erschienenen Buches »Die Körperzeit. Mit Ayurveda: Jung werden, ein Leben lang«. Tausende von Menschen haben seitdem die darin beschriebenen Prinzipien angewandt und eine beeindruckende Steigerung ihrer Lebensqualität erfahren. Für viele Leser und Rezensenten ist dies immer noch das klassische Handbuch zur Umkehr des Alterungsprozesses auf der Basis des Bewusstseins.

Das Buch, das Sie nun in den Händen halten, geht über diesen bewusstseinsorientierten Ansatz hinaus. Es beschreibt in zehn Stufen, wie Sie Ihr biologisches Alter um bis zu 15 Jahre gegenüber Ihrem biografischen Alter zurücksetzen können. Das Programm, das aus einfachen und praxisbezogenen Vorschlägen besteht, erstreckt sich über zehn Wochen. Sie werden von Anfang an feststellen, dass Sie sich körperlich und seelisch besser fühlen. Sobald Sie damit beginnen, Ihr biologisches Alter umzukehren, erschließt sich Ihnen auch wieder Ihr inneres Reservoir an unbegrenzter Energie, Kreativität und Vitalität. Sie werden sich nicht nur jünger fühlen, sondern auch so handeln.

Unsere Generation ist glücklicherweise bereit, das Bild, das sich die Gesellschaft bisher vom Altern gemacht hat, in Frage zu stellen. Die zweite Lebenshälfte wird heute nicht mehr als Zeit des fortschreitenden körperlichen und geistigen Verfalls gesehen, sondern wir verstehen das Älterwerden als Chance, mit den Jahren weiser, liebevoller und kreativer zu werden, und als Möglichkeit, geistig wach und körperlich leistungsfähig ein sinnvolles, erfülltes Leben zu führen. Mehr Menschen als je zuvor sind mit 80, 90 oder älter körperlich gesund und bei klarem Verstand.

Zu den zehn Stufen in diesem Anti-Aging-Handbuch gehören jeweils drei praktische Empfehlungen, die Sie Woche für Woche in Ihren Alltag einbauen sollten, sodass Sie nach zehn Wochen all Ihre Möglichkeiten voll ausschöpfen können. Der erste und wichtigste Schritt zu jeder Veränderung vollzieht sich zwar im Bewusstsein, aber es reicht leider nicht, dieses Buch zu *lesen*, um Ihren Alterungsprozess umzukehren. Sie müssen die Empfehlungen auch wirklich jeden Tag *umsetzen*, damit Sie aus diesem Programm Nutzen ziehen.

Wer meine früheren Bücher kennt, wird sich vielleicht fragen, ob es wirklich so wichtig ist, dass man sein Alter zurücksetzt. Wenn die Menschen, wie ich immer wieder betone, unsterbliche Seelen sind, kosmische Wanderer auf einem Weg ohne Anfang und Ende, wenn unser innerstes Wesen transzendent und den Gesetzen der materiellen Welt nicht unterworfen ist, spielt es dann eine Rolle, ob wir jünger werden und länger leben? Warum sollte es uns kümmern, ob wir bis ins Alter jünger aussehen? Ist das bloße Eitelkeit? Verlieren wir damit nicht unser wahres Selbst aus den Augen?

Auf diese Fragen habe ich nur eine Antwort: Auf einer tieferen Wirklichkeitsebene ist alles ein Spiel. Das Leben ist wie ein kosmisches Versteckspiel – wir verlieren uns, um uns wieder zu finden. Im innersten Kern gehören wir alle dem einen, allumfassenden Wesen an, ganz gleich, ob wir jung oder alt, Helden oder Schurken, Heilige oder Sünder sind. Dieses Buch möchte Sie an etwas erinnern: Diese tiefer liegende Wirklichkeit, der Bereich reiner Potenzialität, der spirituelle Bereich – das ist Ihr innerstes Wesen, das, was Sie wirklich sind. Die Entscheidung, diese Möglichkeit zu nutzen, liegt bei Ihnen.

Der wichtigste Zweck unseres Lebens ist die Suche nach dem reinen spirituellen Potenzial, das uns allen zur Verfügung steht. Als menschliche Wesen brauchen wir unseren Körper, unser Nervensystem und unseren Geist als Vehikel, um unsere spirituellen Möglichkeiten zu erforschen. Deshalb sollten wir Wert darauf legen, das optimale Funktionieren unseres Geist-Körper-Systems aufrechtzuerhalten, damit wir unsere wahre Natur als spirituelle Wesen erkunden können.

Die Möglichkeit, das Lebendigsein durch ein menschliches Nervensystem zu erfahren, ist ein wunderbares Geschenk der Schöpfung. Unsere Spezies genießt den Vorzug, dass wir unsere Wahrnehmungen, Interpretationen und Erwartungen und damit auch unsere Wirklichkeit verändern können. Wenn wir unserer Wahrnehmung eine neue Richtung geben und neue Schritte unternehmen, können wir im wahrsten Sinne des Wortes einen neuen Körper erzeugen. So heißt es in dem alten Heilsystem des Ayurveda: Wenn du wissen willst, was ein Mensch in der Vergangenheit getan hat, schau dir seinen Körper heute an. Wenn du wissen willst, wie sein Körper in Zukunft aussehen wird, prüfe seine gegenwärtigen Erfahrungen.

Diese Prinzipien beruhen – wie dieses Buch – auf der Tatsache, dass Ihr Körper jede Erfahrung in biochemische und elektromagnetische Impulse übersetzt. Bei jedem Gedanken, jeder Empfindung und jedem Gefühl finden im Nervensystem subtile physiologische Veränderungen statt. Chemische Botenstoffe werden gebildet, die alle körperlichen Vorgänge steuern und die Moleküle in den Zellen, Geweben und Organen fortwährend beeinflussen.

Die Geist-Körper-Medizin hat erkannt, dass man seine Gesundheit und sein Wohlbefinden durch die Art seiner Entscheidungen beeinflussen kann. Geist und Körper sind auf das Engste miteinander verwoben – Veränderungen des einen wirken sich umgehend auf das andere aus.

Aufgrund unserer persönlichen und beruflichen Erfahrung mit unseren Patienten sind David Simon und ich zuversichtlich, dass die Prinzipien und praktischen Schritte dieses Programms auch Ihre Art zu denken und Ihr Befinden positiv verändern werden. Sie sind in der Lage, Ihr Altern rückgängig zu machen. Dieses Buch zeigt Ihnen die Techniken, die Sie dazu brauchen. Wir heißen Sie willkommen auf Ihrer Reise zur Erneuerung, und wir freuen uns darauf, von Ihren Erfolgen zu hören.

Noch ein Rat: Lesen Sie dieses Buch am besten zweimal, um sicherzugehen, dass Ihnen alle Prinzipien verständlich geworden sind. Sobald Sie sich mit dem, worum es in diesem Buch geht, wirklich vertraut gemacht haben, setzen Sie ein Datum fest, an dem Sie konsequent mit dem Zehn-Stufen-Programm beginnen wollen. Integrieren Sie die zehn Schritte nacheinander zehn Wochen lang in Ihren Alltag. Sie werden erstaunliche Veränderungen feststellen. Die Erfahrung zeigt, dass man etwa zehn Wochen braucht, um etwas zu einer Gewohnheit zu machen. Wir gratulieren Ihnen, denn Sie sind auf dem besten Weg, jung auszusehen, sich jung zu fühlen und jung zu sein – als lebenslange Gewohnheit.

RÄUMEN SIE IN IHREM BEWUSSTSEIN AUF

*Die »normale« Erfahrung Ihres Körpers und seines Alterns
ist eine konditionierte Reaktion –
die gewohnte Art, zu denken und sich zu verhalten.
Indem Sie Ihre gewohnten Denk- und Verhaltensmuster ändern,
können Sie auch die Wahrnehmung Ihres Körpers
und seines Alterns verändern.*

Sie haben bisher in einem Gefängnis gelebt, das keine sichtbaren
Mauern hat – die Grenzen Ihres Selbst beruhen alle auf den Gewohnheiten und Konditionierungen in Ihrem Kopf. Wenn Sie sich
dazu entschlossen haben, jünger zu werden, müssen Sie aus dem
Gefängnis der erlernten Verhaltensweisen ausbrechen. Es ist nicht
Ihre Schuld, dass Sie innerhalb überflüssiger Begrenzungen leben.
Wenn ein kleiner Elefant mit einem Seil ums Bein an einen Pflock
gefesselt ist, lernt er, dass er sich nur innerhalb eines eng begrenzten Bereichs bewegen kann. Doch auch Jahre später, wenn er aus-
gewachsen und stark ist und mühelos einen ganzen Baum entwur-
zeln könnte, entfernt er sich nur so weit, wie der Strick es zulässt
– er hat gelernt, die ihm aufgezwungenen Grenzen zu akzeptieren.
    Die meisten Menschen verhalten sich genauso: Sie denken und
handeln nur innerhalb der engen Grenzen, die ihnen als Kinder
gesetzt wurden, und stellen die Grundlagen ihrer Weltsicht nicht
in Frage. Damit wir ein gesünderes, erfüllteres und kreativeres
Leben führen können, müssen wir uns bewusst machen, dass fast
alles, was wir für Wahrheiten halten, auf eingefahrenen Denkmus-
tern beruht. Wir werden in eine allgemein akzeptierte Vorstellung
von der Welt hineingeboren. Schon als Kinder übernehmen wir

dieses Weltbild und tragen durch unser eigenes Tun und Denken dazu bei, die Denk- und Verhaltensmuster in unserem Umfeld zu verfestigen. Das alles hat natürlich auch großen Einfluss darauf, wie wir unseren Körper und unser Älterwerden sehen.

Bis vor kurzem zweifelte kaum jemand daran, dass der Alterungsprozess unaufhaltsam fortschreitet. Generation für Generation hat sich allmählich die uns vertraute Vorstellung herausgebildet, dass man mit zunehmendem Alter geistig und körperlich abbaut. Nun ist es an der Zeit, unsere Denk- und Verhaltensgewohnheiten – und damit auch unsere Vorstellung vom Körper und vom Alterungsprozess – zu ändern .

Wir stützen uns auf die revolutionären Erkenntnisse der modernen Quantenphysik, die Weisheitstraditionen des Ostens und unsere eigene persönliche und berufliche Erfahrung, wenn wir Sie nun dazu einladen, Ihre Vorstellung von der Welt und von Ihrem Körper ebenso zu verändern wie die Art, in der Sie beides erleben. Einige Ideen mögen Ihnen auf den ersten Blick etwas radikal vorkommen – wir möchten Sie dennoch dazu ermuntern, unser Zehn-Stufen-Programm praktisch anzuwenden. Sie werden schon bald spüren, wie sich Ihr Körper und Ihr Geist mit neuem Leben füllen.

ALLES IST MÖGLICH

Aus der Sicht der Quantenphysik ist die Wirklichkeit ein geheimnisvoller, magischer Ort. Während auf der alltäglichen Ebene Zeit und Raum herrschen, Chaos, Verfall und Alterung normale Vorgänge sind, gibt es so etwas in der Quantenwelt überhaupt nicht. Der Quantenbereich ist Ursprung reiner Potenzialität, der Bereich aller Möglichkeiten, aus dem das Rohmaterial Ihres Körpers, Ihres Geistes und das gesamte materielle Universum entstehen. Der Quantenbereich ist der Schoß der Schöpfung, eine unsichtbare Welt, in der das sichtbare Universum entworfen und zusammengefügt wird. Die Schlüsselprinzipien der Quantenphysik lassen sich in fünf Punkten zusammenfassen:

1. Im Quantenbereich gibt es keine festen Objekte, nur Möglichkeiten.
2. Im Quantenbereich ist alles durch Beziehungen miteinander verwoben und untrennbar eins.
3. In Quantensystemen treten Veränderungen nicht immer stetig, sondern in Sprüngen auf. Von einem Quantensprung spricht man, wenn Größen (z. B. Messwerte) sich »portionsweise« von einem Ort in Raum oder Zeit zum anderen bewegen, ohne »Zwischenstellungen« einzunehmen.
4. Zu den Gesetzen der Quantenphysik gehört die Unschärferelation, die besagt, dass ein Ereignis ein Teilchen (Materie) und gleichzeitig eine Welle (Energie) ist. Unsere Absicht legt fest, ob wir ein Teilchen oder eine Welle sehen.
5. Im Quantenbereich ist ein Beobachter notwendig, um ein Ereignis zu verursachen. Bevor ein subatomares Teilchen beobachtet wird, existiert es lediglich als virtuelles Teilchen; alle Ereignisse sind virtuell bis zu dem Augenblick, da sie beobachtet werden.

Da auch Ihr eigenes Geist-Körper-System Ausdruck des gleichen Quantenfeldes ist, das dem gesamten Universum zugrunde liegt, können Sie die Quantenprinzipien auf den Körper und den Alterungsvorgang übertragen:

- Sie sind nicht auf den physischen Körper begrenzt, mit dem Sie sich gewöhnlich identifizieren. Ihr innerstes Sein ist ein Feld unendlicher Möglichkeiten.
- Ihr Körper ist untrennbar mit dem Universum verbunden. Im Zustand perfekter Gesundheit oder Ganzheit spüren Sie eine Ausdehnung. Nur bei Beschwerden oder Krankheiten sind Sie eingeschränkt und fühlen sich von der Ganzheit getrennt.
- Ihre Wahrnehmung und Interpretationsfähigkeit können sich in Quantensprüngen verändern. Damit wandelt sich nicht nur die Art und Weise, wie Sie Ihren Körper erfahren, Sie verändern auch seine physische Struktur. Der Körper kann sein biologisches Alter mit einem Quantensprung ändern, ohne die dazwischen liegenden Zustände zu durchlaufen.

- Ihr Körper ist gleichzeitig materiell (teilchenartig) und immateriell (wellenartig). Sie können wählen, ob Sie ihn als rein physische Struktur oder als Beziehungsnetz aus Energie, Umwandlungsprozessen und Intelligenz erfahren.
- Bevor Sie ein biologisches Alter für sich auswählen, haben Sie alle möglichen biologischen Alter. Sie selbst können entscheiden, wie alt Sie sein wollen.

Wenn Sie sich als rein physischen, isolierten Organismus betrachten, verzichten Sie auf die Chance, den Alterungsprozess umzukehren. Sehen Sie sich dagegen als Feld unendlich vieler Möglichkeiten, die in einem Beziehungsnetz mit allem anderen eng verbunden sind, eröffnen sich Ihnen wunderbare Perspektiven. Nutzen Sie diese Gedanken, um einen Paradigmenwechsel in Ihrem Bewusstsein auszulösen. Dann erschließt sich Ihnen ein vollkommen neues Verständnis für das Geist-Körper-System, das Sie bewohnen, für die Welt, die Sie wahrnehmen, und für Ihr innerstes Sein.

Wenn Sie Ihren Körper aus quantenmechanischer Perspektive
betrachten, eröffnen sich neue Möglichkeiten,
den Körper und das Älterwerden zu verstehen und zu erfahren.
Die Quintessenz dieses neuen Verständnisses:
Der Mensch ist fähig, den Alterungsprozess umzukehren.

WERDEN SIE, WER SIE WIRKLICH SIND

Alle Wissenstraditionen versuchen, die Zusammenhänge und Gesetzmäßigkeiten des Kosmos zu verstehen und zu erklären. Die Perspektive der Quantenphysik ist eine faszinierende Möglichkeit, das Leben, den Körper und das Altern zu sehen. Auch die uralten Weisheitstraditionen des Ostens bieten erstaunliche Einsichten in die Natur der Wirklichkeit. Wir beobachten heute, dass sich die scheinbar unterschiedlichen Weltbilder der modernen Naturwissenschaften und der uralten Wissenstraditionen schrittweise einander annähern. Der Ayurveda, das traditionelle indische Heilsystem, hält Altern für eine Illusion, denn das wahre Selbst steckt weder im Körper noch im Geist. Ihr innerstes Wesen, *wer Sie wirklich sind*, ist die Domäne des immer anwesenden beobachtenden Bewusstseins, die jenseits Ihrer körperlichen und geistigen Ebenen liegt. Dieses Bewusstseinsfeld ist der Ursprung sowohl der Gedanken in Ihrem Geist als auch der Moleküle in Ihrem Körper. Sich dieses Reich des Bewusstseins zu erschließen, in dem Zeit und Raum keine Bedeutung haben, ist die Grundlage der emotionalen und körperlichen Erneuerung.

Der Eintritt in dieses Feld aller Möglichkeiten hat sowohl geistige als auch körperliche Konsequenzen. Sobald wir unser innerstes Selbst als ein nicht zu lokalisierendes Wesen erkennen, das unbegrenzt und untrennbar mit allem anderen im Kosmos verbunden ist, erhält unser Leben mehr Kreativität, Sinn und Zielgerichtetheit. Die tiefgreifendste Art, die Gesundheit zu verbessern und den Alterungsvorgang umzukehren, ist letztlich spiritueller Natur, und doch ist nicht jeder sofort bereit, diesen Ansatz zu akzeptieren. Vielleicht wollen Sie abnehmen oder mit dem Rauchen aufhören. Vielleicht sehnen Sie sich auch nach einer erfüllteren Beziehung. Jeder dieser Wünsche ist für sich genommen wichtig. Wenn Sie aber einen spirituellen Ansatz wählen, öffnet sich die Tür zur Entfaltung des Bewusstseins, was all diese Dinge möglich macht – und noch viele andere mehr.

Auf dem spirituellen Weg erweitern wir die Grenzen unseres Bewusstseins, während wir gleichzeitig unsere Aufmerksamkeit und Absicht auf einen bestimmten Punkt richten.

Der Grund dafür, warum wir etwas tun, ist die Hoffnung, dass es uns Zufriedenheit, Erfüllung und Freude bringt. Wenn wir uns dem spirituellen Bereich zuwenden, dem Ursprung und Ziel aller Wünsche im Leben, können wir – unabhängig von wechselnden Situationen, Umständen und den Menschen, die uns umgeben – zufrieden, erfüllt und heiter sein. Jene Glücklichen, die sich in diesem Bereich aufhalten, bezeichnet man oft als erleuchtet.

Aus spiritueller Sicht läuft die Entscheidung auf die großen Fragen hinaus: Wer bin ich? Weshalb bin ich hier? Was will ich wirklich? Welche Aufgabe habe ich auf dieser Welt? Nur auf den ersten Blick haben diese Fragen mit dem Prozess des Älterwerdens nichts zu tun: Für die Erneuerung sind sie von größter Bedeutung. Wenn wir unseren inneren Bezugspunkt verlagern und uns nicht mehr als ichbezogene Wesen sehen, deren Selbstwertgefühl vom Sozialstatus und von Besitz abhängt, sondern uns als Beziehungsnetz aus bewusster Energie und universaler Intelligenz verstehen, hat dieser Perspektivenwechsel eine tief greifende Wirkung auf unseren Geist und unseren Körper:

- Wenn Ihnen klar wird, dass Sie hundert Jahre oder länger leben möchten, um Ihr gesamtes schöpferisches Potenzial zum Ausdruck bringen zu können, *verändern Sie die biochemischen und physiologischen Prozesse in Ihrem Körper.*
- Wenn Sie Ihre einzigartigen Begabungen erkennen und sich verpflichten, sie zum Wohle anderer einzusetzen, *stärken Sie Ihr Immunsystem.*
- Wenn Sie beschließen, dass regelmäßige Bewegung oder das Zubereiten einer ausgewogenen Mahlzeit Freude machen, *verbessern Sie Ihr Kreislaufsystem und senken Ihren Blutdruck.*

Ihre Wahrnehmungen, Interpretationen und Erwartungen beeinflussen alle Aspekte Ihrer geistigen und körperlichen Gesundheit. Ein Perspektivenwechsel und neue Entscheidungen sind sehr wirksame Mittel, um Ihr Leben zu verändern.

AUSNAHMEN VERÄNDERN DIE WELT

Häufig gewinnt die Wissenschaft wichtige Erkenntnisse, indem sie Situationen, Umstände und Ereignisse untersucht, die Ausnahmen von der Regel bilden. Die meisten Wissenschaftler schenken derartigen Unregelmäßigkeiten oder Anomalien keine Beachtung, obwohl gerade sie oft sehr aufschlussreich sind. Eine Regelverletzung, ganz gleich welcher Art, wie selten oder wie gering ihre Wahrscheinlichkeit ist, bedeutet eine neue Möglichkeit. Einer neuen Möglichkeit muss ein bestimmter Mechanismus zugrunde liegen. Selbst wenn sich nur einer von zehn Millionen Menschen selbst von Krebs oder Aids heilt, müssen wir uns damit befassen. Die meisten Wissenschaftler neigen dazu, Ereignisse zu ignorieren, die so selten sind, dass sie ihr gewohntes Weltbild nicht regelmäßig stören. Eine Unregelmäßigkeit oder Anomalie tun sie meist als unerheblich ab, denn weshalb sollten sie einen so seltenen Fall untersuchen – einen von zehn Millionen?

Der Punkt ist aber, dass es überhaupt keine Rolle spielt, ob etwas nur einmal in zehn Millionen Fällen vorkommt. Auch wenn es nur ein einziges Mal passiert, muss es einen bestimmten Mechanismus dafür geben. Und wenn ein Mechanismus existiert, wollen wir als Wissenschaftler wissen, wie er funktioniert, denn sobald wir ihn verstanden haben, können wir das Phänomen vielleicht reproduzieren.

Galilei, Kopernikus, Newton und Einstein sind Beispiele für Wissenschaftler, die gültige Konzepte ihrer Zeit in Frage gestellt und ihre Sichtweise erweitert haben, um auch bis dahin ausgeklammerte Phänomene zu erfassen. Diese und andere große Wissenschaftler haben Anomalien untersucht und sich bemüht, den zugrunde liegenden Mechanismus zu verstehen. Ein Phänomen, das nicht in das vorherrschende Paradigma, nicht in bestehende Verhaltensmuster, nicht in anerkannte Theorien passt, zwingt uns, unsere gängigen Vorstellungen zu überprüfen. Es zwingt uns, die Theorie zu erweitern oder zu verändern, um auch die Ausnahmesituation einzubeziehen.

Ein gutes Beispiel ist einer unserer Freunde, bei dem vor über 15 Jahren Aids festgestellt wurde. Er war dem Tode nah, als er beschloss, sein Leben zu ändern. Er begann zu meditieren, stellte seine Ernährung um und achtete darauf, alle schädlichen Einflüsse aus seinem Leben fern zu halten. Heute fühlt er sich vollkommen gesund, das HIV-Virus ist in seinem Blut nicht mehr nachweisbar. Bei unserer ersten Begegnung stellte er eine Ausnahme von der Regel dar – heute kennen wir ein ganze Reihe von Menschen wie ihn. Und unsere Theorie vom Kollektivbewusstsein besagt: Sobald die Anzahl der Menschen mit der gleichen Erfahrung eine »kritische Masse« erreicht, wird dies für alle zutreffen.

Wir glauben, dass für den menschlichen Alterungsprozess die gleichen Prinzipien gelten. Ein Blick auf die jüngste Geschichte zeigt eine bemerkenswerte Veränderung der durchschnittlichen Lebensspanne. Zur Zeit des Römischen Reichs hatte der Mensch eine durchschnittliche Lebenserwartung von 28 Jahren. Zu Beginn des zwanzigsten Jahrhunderts betrug sie für Bewohner der westlichen Industrieländer 49 Jahre und ist heute auf zirka 75 Jahre angestiegen. Wurde die durchschnittliche Lebenserwartung in der Vergangenheit durch eine hohe Säuglingssterblichkeit gesenkt, so verzeichnet der Bevölkerungsanteil der über Neunzigjährigen heute den stärksten Zuwachs.

Ein Mädchen, das in unseren Tagen in einem der westlichen Industriestaaten zur Welt kommt, wird voraussichtlich fast 80 Jahre alt werden, ein Junge hat eine Lebenserwartung von gut 74 Jahren. Historisch gesehen gab es viele Menschen, die ein hohes Alter erreichten und wichtige Beiträge zur menschlichen Zivilisation leisteten. Leonardo da Vinci fertigte mit über 60 bedeutende Grafiken an, Leo Tolstoi schrieb als Siebzigjähriger Romane, und Michelangelo arbeitete mit 80 noch als Bildhauer. Winston Churchill, der Zigarren und Scotch liebte, war bis zu seinem Tod mit 90 Jahren aktiv und produktiv. Sobald unser Kollektivbewusstsein die Überzeugung annimmt, dass wir biologisch jung und gleichzeitig weise und erfahren sein können, wird dies zur normalen menschlichen Erfahrung gehören.

DIE DREI LEBENSALTER

Da nicht jeder Mensch auf die gleiche Weise altert, unterscheidet die Wissenschaft drei Möglichkeiten, das Alter einer Person zu bestimmen.

1. Das *biografische Alter*. Das ist das Alter, das sich aus Ihrer Geburtsurkunde ergibt. Ihr biografisches Alter, das nach Tagen

Die drei Lebensalter   23

und Jahren zählt, ist zwar festgelegt, aber es sagt wenig darüber
aus, wie jung Sie sich fühlen und wie gesund Sie sind.

2. Das *biologische Alter*, die wichtigste Messgröße für den Alterungsvorgang, bewertet die Funktionsweise von Organen und
   Geweben. Sie stellen Ihr biologisches Alter fest, indem Sie sich
   mit anderen Menschen vergleichen, die das gleiche biografische Alter haben wie Sie selbst. Für praktisch alle biochemischen und physiologischen Vorgänge liegen Vergleichsgrößen
   verschiedener Altersgruppen vor. Zu diesen so genannten Biomarkern, den biologischen Kenndaten des Alterns, gehören
   unter anderem Blutdruck, Körperfett, Hör- und Sehvermögen,
   Hormonspiegel, Immunfunktion, Regelung der Körpertemperatur, Knochendichte, Hautstärke, Cholesterinspiegel, Blutzuckerspiegel, Sauerstoffaufnahmekapazität sowie Grundumsatz
   des Stoffwechsels (siehe Tabelle: Die Biomarker des Alterns).
   Sie können Ihre eigenen Werte mit den Durchschnittswerten
   Ihrer Altersgruppe vergleichen und sehen, ob Sie – gemessen
   an den Biomarkern – älter oder jünger sind als Ihre Altersgenossen. Ihr biologisches Alter weicht unter Umständen von Ihrem
   biografischen Alter stark ab. Eine Frau von 50 Jahren, die auf
   ihre Gesundheit achtet, hat vielleicht den Körper einer Fünf-
   unddreißigjährigen. Anderseits ist ein fünfzigjähriger Mann,
   der sich vernachlässigt hat, unter Umständen im Vergleich zu
   seinen Altersgenossen biologisch gesehen viel älter. Welches
   biologische Alter Sie heute auch haben, mit Hilfe der in diesem
   Buch empfohlenen Schritte können Sie es verändern.
   Das biologische Alter ist der Schlüssel zum Alterungsvorgang.

3. Das *psychologische Alter* gibt an, wie alt Sie sich subjektiv fühlen. Immer wieder berichten uns Sechzigjährige, dass es Ihnen
   heute besser geht als vor 30 Jahren. Früher haben sie zwei
   Schachteln Zigaretten am Tag geraucht, waren unzufrieden mit
   ihrer Arbeit oder haben sich ungesund ernährt. Seit sie sich an
   das Zehn-Stufen-Programm zur Umkehrung des Alterungsprozesses halten, fühlen sie sich geistig und körperlich erheblich
   besser. Sie haben gelernt, sich zu entspannen und das Leben zu
   genießen. Auch wenn sie nach Jahren älter sind, fühlen sie sich

doch eindeutig jünger als früher. Psychologisches und biologisches Alter sind eng miteinander verknüpft. Wenn wir körperlich leistungsfähiger sind und mehr Energie haben, fühlen wir uns kraftvoller und lebendiger.

Wir können die Uhr unseres biografischen Alters nicht zurückdrehen. Aber wir *können* die wichtigsten Messgrößen unseres biologischen und psychologischen Alters umkehren – und dadurch die körperliche und emotionale Vitalität zurückgewinnen, die wir einmal hatten.

Die Biomarker des Alterns

- Sauerstoffaufnahmekapazität
- Antioxidanzien-Konzentrationen
- Hörvermögen
- Blutdruck
- Blutzuckerspiegel
- Körperfett
- Knochendichte
- Cholesterin/HDL-Spiegel
- Hormonspiegel
- Immunfunktion
- Grundumsatz des Stoffwechsels
- Muskelmasse
- Kraft
- Hautstärke
- Regelung der Körpertemperatur
- Sehvermögen

Wir bekommen, was wir erwarten

Auf der Suche nach dem Geheimnis der Langlebigkeit bereiste Dr. Alexander Leaf von der Harvard Medical School in den Siebzigerjahren die Welt. Er besuchte den Kaukasus, Nordpakistan und die Anden in Ecuador. Man erzählte sich, dass dort viele Menschen noch mit 80, 90 und mehr Jahren ein aktives und dynamisches Leben führten. In vielen Fällen fand Leaf die Geschichten bestätigt. Zudem entdeckte er einen Faktor, der allen Bewohnern dieser weit voneinander entfernten Regionen gemeinsam war – ihre Einstellung zum Altern: Bei diesen Völkern war das Älterwerden gleichbedeutend mit Besserwerden. Vitale Hundertjährige wurden wegen ihres Wissens, ihrer körperlichen Leistungsfähigkeit und ihrer persönlichen Ausstrahlung verehrt. Sie waren nicht nur weise und erfahren, sondern besaßen auch einen jugendlichen Körper.

Eine weitere interessante Studie führte die Psychologin Ellen Langer in Harvard durch. Sie bat eine Gruppe von Männern, die alle 75 Jahre oder älter waren, sich so zu verhalten, als wären sie 20 Jahre jünger. Schon nach fünf Tagen zeigten sich bei ihnen körperliche Veränderungen, die auf eine Umkehrung des Alterungsvorgangs hindeuteten: Ihr Hör- und Sehvermögen wurde besser, ihre manuelle Geschicklichkeit wuchs, und ihre Gelenke waren wieder beweglicher.

Beide Untersuchungen sagen das Gleiche aus: Wir bekommen das, was wir erwarten. Wenn Sie davon ausgehen, im Alter geistig und körperlich abzubauen, wird es wahrscheinlich auch so kommen. Wenn Sie jedoch erwarten, dass Sie jünger werden und länger leben können, wird genau das geschehen. Sobald immer mehr Menschen ihre Erwartung ändern und die Umkehrung des Alterungsprozesses an sich selbst erfahren, wird diese Erwartungshaltung selbstverständlich.

STEIGERN SIE IHRE LEBENSQUALITÄT

Wenn ein Arzt eine bestimmte biochemische Substanz in Ihrem Körper bestimmen will, entnimmt er Blut für eine Analyse. Die Ergebnisse der Untersuchung einer kleinen Blutprobe werden dann als repräsentativ für den gesamten Körper angesehen. Um zum Beispiel Ihren Blutzuckerspiegel zu bestimmen, brauchen wir nur eine winzige Blutmenge aus einem kleinen Einstich. Wir gehen davon aus, dass die Werte, die aus einem Tropfen gewonnen werden, ebenso für das ganze restliche Blut in Ihrem Körper gelten. Diese Annahme ergibt sich aus der Erkenntnis, dass der Körper holographisch ist, das heißt, jeder einzelne Bestandteil enthält das Ganze, und das Ganze verändert sich, sobald sich nur ein Aspekt verändert.

Für die Umkehr des Alterungsprozesses bedeutet dieses Prinzip Folgendes: Wenn wir unsere Lebensweise in nur einem Aspekt gesünder gestalten, wird unser gesamtes Befinden positiv beeinflusst. Je öfter es uns gelingt, uns statt für gesundheitsschädigende für gesunde Dinge zu entscheiden, desto besser fühlen wir uns körperlich, emotional und geistig. Wenn ein einziger Biomarker für das Altern positiv reagiert, wirkt sich das auch auf fast alle anderen aus. Wenn Sie beispielsweise Ihre Muskeln aufbauen, wächst auch die Knochendichte. Eine größere Sauerstoffaufnahmekapazität stärkt das Immunsystem. Das Zehn-Stufen-Programm zur Umkehr des Alterungsvorgangs ist also ein praktischer, ganzheitlicher Weg zu einer allgemein besseren Lebensqualität. Unsere Vorschläge sind einfach, aber sehr wirkungsvoll. Wir freuen uns darauf, sie Ihnen vorzustellen.

Der Körper ist holographisch.
Wenn wir also einen Biomarker verändern,
beeinflussen wir auch alle anderen.

Die Denk- und Verhaltensmuster unserer Gesellschaft bestärken uns in dem Glauben, dass wir mit zunehmendem Alter körperlich und geistig abbauen. Durchbrechen Sie diese Konditionierung und erleben Sie selbst, wie Sie an jedem Tag auf jede Art und Weise Ihre körperlichen und geistigen Fähigkeiten steigern können. Das ist das Versprechen dieses Buches. Wenn Sie nach dem Zehn-Stufen-Programm leben, werden Sie Ihr biologisches Alter umkehren, und das ist das einzige Alter, auf das es wirklich ankommt.

DAS

ZEHN-

STUFEN-

PROGRAMM

GEGEN

DAS ALTERN

1. STUFE:

FOREVER YOUNG –
DIE EIGENE JUGENDLICHKEIT WIEDER
ENTDECKEN

Ihr tägliches Übungsprogramm

*Ich kehre mein biologisches Alter um, indem ich meinen Körper,
sein Altern und die Zeit anders wahrnehme.*

1. *Ich ändere meine Wahrnehmung des Älterwerdens,
   indem ich mein biologisches Alter zurücksetze und täglich
   die Rituale ausführe, die mich an mein biologisches
   Wunschalter erinnern.*
2. *Ich ändere meine Wahrnehmung der Zeit, indem ich
   Techniken des Selbstrückbezugs anwende. Dadurch lenke
   ich meine Aufmerksamkeit auf das Unveränderliche im
   Wandel.*
3. *Ich ändere meine Wahrnehmung meines Körpers, indem
   ich lerne, ihn als Feld aus Energie, Umwandlungsprozessen
   und Bewusstsein zu erfahren. Ich nutze bestimmte
   Techniken, um Energie, Umwandlungsprozesse und Intelligenz
   in mir zu beleben.*

❦ *Wahrnehmungen erzeugen Wirklichkeit.*

Indem wir unsere Wahrnehmung ändern,

verändern wir unsere Wirklichkeit.

Indem wir unseren Körper, sein Altern und die Zeit

anders wahrnehmen,

können wir unser biologisches Alter umkehren. ❧

Ein Grundsatz des Ayurveda lautet: Du wirst zu dem, was du siehst. Wir sehen nur Dinge, auf die wir unsere Aufmerksamkeit richten und die wir dann interpretieren. Die meisten der unzähligen Sinneseindrücke, die uns ständig überfluten, blenden wir aus und nehmen nur einen Bruchteil davon wahr. Was wir dabei auswählen, hängt von unseren Sehgewohnheiten und Interpretationsmustern ab.

Stellen Sie sich vor, Sie sitzen mit einer Freundin auf einer Parkbank. Auf der anderen Straßenseite führt eine Frau ihren Hund spazieren. Ihre Freundin, Geschäftsführerin einer Boutique, achtet nur darauf, was die Frau anhat, und kommentiert deren Outfit. Es gefällt ihr nicht, und deshalb kritisiert sie daran herum. Als Tierliebhaberin ist Ihnen die Kleidung der Frau völlig egal. Sie sehen vor allem den Hund. Er erinnert Sie an einen Welpen, mit dem Sie als Kind gespielt haben. Das macht Sie ein bisschen wehmütig. Was ist die Realität? Für Sie beide stellt sie sich völlig unterschiedlich dar, weil Sie bei der *Aufmerksamkeit* und *Interpretation* verschiedene Aspekte ausgewählt haben.

Die Wirklichkeit ist flexibel und nicht festzulegen.
Die Wirklichkeit ist das Ergebnis unserer Wahrnehmung,
die davon abhängt, worauf wir achten
und wie wir das Wahrgenommene interpretieren.

Für dieses Prinzip gibt es viele Beispiele. Jede der vier folgenden Abbildungen zeigt Ihnen, wie Ihre Aufmerksamkeit und Interpretation Ihre Wirklichkeit bestimmen. Die Sinneseindrücke bleiben gleich, während Sie von einer Interpretation zur anderen springen. Was Sie sehen, verändert sich, weil sich in Ihrem Bewusstsein etwas ändert.

Sehen Sie den Kelch? Sehen Sie die beiden Gesichter?

Sehen Sie eine alte Frau? Sehen Sie eine junge Frau?

Sehen Sie ein Gesicht? Sehen Sie ein geschriebenes Wort?

Sehen Sie den Vogel? Sehen Sie das Kaninchen?

Ihre Aufmerksamkeit und Ihre Interpretationen erschaffen das, was Sie sehen, und damit letztlich auch, was Sie glauben. Eine Überzeugung ist einfach eine Deutung, die Sie für wahr halten. Vor 500 Jahren zum Beispiel glaubten die meisten Menschen auf Grund ihrer Sehgewohnheiten, dass sich die Sonne um die Erde dreht. Als Kopernikus behauptete, dass unser Planet nicht der Mittelpunkt des Universums sei, waren die Leute sehr aufgebracht – wer allgemein anerkannte Überzeugungen in Frage stellt, ruft Widerstand hervor. Neue Ideen, die das Bewusstsein erweitern, das Leben bereichern und uns der Wahrheit näher bringen, sind jedoch ansteckend. Immer mehr Menschen greifen die neuen Gedanken auf, beziehen sie in ihr Selbstverständnis ein und verändern die Welt damit nachhaltig.

Heute, zu Beginn des dritten Jahrtausends, nehmen die Erkenntnisse unserer fortschrittlichsten Wissenschaftler allmählich Einfluss auf die kollektive Weltsicht. Unsere Vorstellungen vom Körper, vom Altern und von der Zeit verändern sich tief greifend und ermöglichen den Menschen in einem noch nie da gewesenen Ausmaß Gesundheit, Leistungsfähigkeit und Langlebigkeit. Womit beginnen wir, um uns die umfassenderen und kraftspendenden Überzeugungen zu Eigen zu machen?

Ihre Gewohnheit, Dinge wahrzunehmen und zu deuten,
ührt zu tief verwurzelten Überzeugungen –
Interpretationen, die Sie für wahr halten.
Überzeugungen prägen die biologische Beschaffenheit Ihres Körpers.

WIE JUNG WOLLEN SIE SEIN?

Die einzig zuverlässige Methode, um den Alterungsvorgang zu messen, basiert auf den Biomarkern. Und diese kann man, wie Sie inzwischen wissen, positiv beeinflussen (siehe »Die Biomarker des Alterns«). Nutzen Sie also die strukturierende Kraft Ihrer Absicht, um Ihr Wunschalter festzulegen und den Alterungsvorgang umzukehren. Ihre Absicht bestimmt Ihre Erwartung, Ihre Erwartung beeinflusst das Ergebnis.

Zahlreiche Untersuchungen haben gezeigt, dass das, was wir über unsere Gesundheit denken, mit großer Wahrscheinlichkeit eintrifft. Viele Ärzte belächeln diesen Wirkmechanismus als Placebo-Effekt, als Einbildung. Dabei beweist der Placebo-Effekt nur, wie groß die Kraft der Absicht ist. Wenn ein Arzt und ein Patient von einer Behandlung überzeugt sind, kann sie hundertprozentig anschlagen, auch wenn sich später herausstellt, dass die Heilung durch ein Scheinmedikament erzielt wurde. Bei Asthma-Patienten, denen man sagt, ihre Atmung werde durch eine Salzlösung erleichtert, sorgt der Placebo-Effekt dafür, dass sie besser atmen können. Der entgegengesetzte Hinweis, die Salzlösung werde die Atmung erschweren, führt zu der erwarteten Verschlechterung, dem so genannten Nocebo-Effekt. Bei allen erdenklichen Leiden wie Bluthochdruck, Krebs, Magengeschwüren oder einer akuten Koronarinsuffizienz entscheiden unterschiedliche Erwartungen über Gesundheit oder Krankheit, Leben oder Tod. Das Prinzip kennen Sie schon: Wir bekommen, was wir erwarten.

Sie können daraus großen Nutzen ziehen: Nehmen Sie sich vor, jünger zu werden und länger zu leben. Durch Ihre Absicht aktivieren Sie sehr wirksam Ihre Selbstheilungskräfte und Ihre innere Apotheke. Durch Ihre Erwartung, jünger zu werden, wird sich der Alterungsvorgang umkehren.

Legen Sie Ihr Wunschalter fest

Schließen Sie die Augen. Achten Sie auf Ihre Atmung und entspannen Sie Ihren ganzen Körper. Wählen Sie nun ein Alter, das bis zu 15 Jahre zurückliegt – Ihr biologisches Wunschalter. Das bedeutet, Sie möchten über die körperlichen und geistigen Fähigkeiten eines gesunden Menschen dieses Alters verfügen, Ihre Biomarker sollen diesem Alter entsprechen, Sie wollen sich wie ein Mensch dieses Alters fühlen und auch so aussehen. Nehmen wir zum Beispiel an, Sie sind 60 Jahre alt. Wählen Sie ein Alter zwischen 45 und 60. Sagen wir, Sie entscheiden sich für 49 Jahre – das ist künftig Ihr Biostat, der Bezugspunkt Ihres Bewusstseins. Wie ein Thermostat, das die Raumtemperatur laufend einem Sollwert anpasst, so wird Ihr Bewusstsein Ihr seelisches und körperliches Befinden in jedem Augenblick auf das biologische Alter einstimmen, das Sie gewählt haben.

Und das geschieht folgendermaßen:

1. Ihre Absicht, ein bestimmtes biologisches Alter aufrechtzuerhalten, wirkt sich direkt auf den Bereich aus, in dem der Körper aus Energie, Umwandlungsprozessen und Intelligenz besteht. Mit ihrer unendlichen Organisationskraft beeinflusst Ihre Absicht die biochemischen Abläufe im Körper. Entsprechend dem teleologischen Prinzip, das heißt dem Prinzip der Zielgerichtetheit, strukturieren beabsichtigte Ergebnisse die organischen Abläufe so, dass diese Ergebnisse auch eintreten.
2. Wenn Sie Ihr biologisches Wunschalter in Ihrem Bewusstsein verankern, werden Ihre Gedanken, Stimmungen und Ihr Verhalten beeinflusst und Ihre Absicht verstärkt, das biologische Alter bei diesem Sollwert zu halten.

Sobald Sie Ihr Wunschalter festgelegt haben, bekräftigen Sie es fünfmal täglich. Wir schlagen vor, dass Sie sich die folgende Affirmation beim Aufwachen, vor dem Frühstück, dem Mittagessen, dem Abendessen und dem Schlafengehen vorsagen. Schließen Sie dabei jedes Mal die Augen und wiederholen Sie die folgenden Sätze im Stillen mindestens drei Mal:

An jedem Tag steigere ich auf jede nur erdenkliche Weise meine geistigen und körperlichen Fähigkeiten.
Ich wünsche mir ein gesundes biologisches Alter von ____ Jahren.
Ich sehe aus und fühle mich wie ein(e) gesunde(r) ____ -Jährige(r).

Schon nach wenigen Tagen werden Sie immer mehr wie ein Mensch mit Ihrem angestrebten biologischen Alter denken und handeln.

Dieses Bewusstsein wird in der Zukunft all Ihre Gewohnheiten beeinflussen und, was noch wichtiger ist, die Art und Weise verändern, wie Sie Ihr biologisches Alter wahrnehmen und erleben. Ihr Vertrauen in Ihre Absicht und deren organisierende Kraft wird wachsen, und Ihre neue Überzeugung wird Ihren Körper umstrukturieren und verjüngen.

ERFAHREN SIE ZEITLOSE STILLE

Wenn wir den Alterungsvorgang umkehren wollen, müssen wir unsere Wahrnehmung der Zeit verändern, denn sie steuert unsere biologische Uhr. Stellen Sie sich also die entscheidende Frage: Was ist Zeit? Im Alltag benutzen wir die Zeit, um die Abfolge der Ereignisse in unserem Leben zu strukturieren. Und doch wissen wir, dass unser Zeitgefühl subjektiv und fließend ist. Die Traumzeit zum Beispiel erleben wir anders als die Zeit, in der wir wach sind. Im Traum, in dem wir ein anderes Zeitempfinden haben, geschehen manchmal viele Dinge in kürzester Zeit. Im Quantenbereich gehorcht die Zeit ganz eigenen Regeln. Ursache und Wirkung folgen nicht linear aufeinander, und Ereignisse, die wir normalerweise als »Zukunft« betrachten, können die »Vergangenheit« beeinflussen. Wenn wir in der Meditation in absolute Stille eintauchen oder eine Erfahrung machen, die uns mit Ehrfurcht erfüllt, betreten wir einen Bereich jenseits von Raum und Zeit. Eine solche Erfahrung nennen wir zeitloses Bewusstsein. Da Geist und Körper eine untrennbare Einheit bilden, bedingt ein zeitloses Bewusstsein auch einen alterslosen Körper, denn wenn der Geist zur Ruhe kommt, stehen die Zeit und auch unsere biologische Uhr still.

Eine Möglichkeit, das Altern zu definieren, besteht darin, es als Verstoffwechselung der Zeit zu verstehen. Stellen Sie sich einen Augenblick vor, anstelle von Zeit könnten Sie Ewigkeit oder Unendlichkeit verstoffwechseln. Ihr Körper wäre unsterblich. Die alten Seher der vedischen Tradition beschreiben, dass selbst gelegentliche Ausflüge in diesen zeitlosen oder ewigen Bewusstseinsbereich die biologische Uhr verlangsamen und das Leben um viele Jahre verlängern.

Die biologischen Funktionen des Körpers reagieren darauf, wie jemand den Zeitablauf empfindet; das heißt, der Takt Ihrer biologischen Uhr richtet sich danach, wie Sie persönlich die Zeit erfahren. Als Einstein einmal gebeten wurde, die Relativitätstheorie verständlich zu erklären, sagte er: »Wenn ich mich an einem heißen Ofen verbrenne, erscheint mir dieser Sekundenbruchteil wie die

Ewigkeit. Aber wenn ich mit einer schönen Frau zusammen bin, kommt mir selbst die Ewigkeit wie eine Sekunde vor. Sie vergeht im Nu und kann gar nicht lang genug dauern.«

Zeiterfahrung ist subjektiv. Wenn Sie immer in Eile sind, läuft Ihre biologische Uhr schneller. Wenn Sie das Gefühl haben, Sie hätten alle Zeit der Welt, geht Ihre biologische Uhr langsamer. Wenn Sie während der Meditation die Lücke zwischen den Gedanken als tiefe Stille erfahren, steht auch die Zeit still. Das Gleiche geschieht, wenn Sie Freude an einem Spiel haben, großartige Musik hören, die Schönheit der Natur genießen oder sich verlieben. Unser Zeitbewusstsein ist subjektiv, und diese subjektive Erfahrung wird in biologische Reaktionen des Körpers übersetzt.

Sich mit der Zeitlosigkeit verbinden

Unsere Sinneserfahrungen wechseln ständig – nur der stille Beobachter, der die Erfahrungen macht, befindet sich auf einer unveränderlichen Ebene. Durch eine einfache Verlagerung der Aufmerksamkeit gewinnen wir Zugang zum Erfahrenden, während wir gleichzeitig mit wechselnden Erfahrungen beschäftigt sind. Hier ist eine Übung dazu:

Beim Lesen dieser Zeilen fragen Sie sich: »Wer liest?« Schauen Sie sich dann im Raum um und fragen sich dabei in Gedanken: »Wer ist der Betrachter?« Wenn im Raum nebenan ein Radio eingeschaltet ist oder eine Unterhaltung stattfindet, fragen Sie sich, während Sie auf die Geräusche Ihrer Umgebung lauschen: »Wer hört zu?« Wenn Sie Ihre Aufmerksamkeit nur ein wenig verlagern, erkennen Sie, dass die Antwort auf alle diese Fragen die gleiche ist. Derjenige, der liest, beobachtet oder zuhört, ist nicht auf eine bestimmte Erfahrung beschränkt. Er ist nicht durch Zeit und Raum begrenzt. Tief in Ihrem Inneren gibt es einen stillen Beobachter, der bereits existierte, als Sie ein Kind, ein Teenager, ein Erwachsener waren, und der auch *jetzt* da ist. Er ist Ihr eigentlicher, innerster Kern, derjenige, der Sie wirklich sind. Im Ayurveda ist dieser stille Beobachter das reine Sein, das innerste Selbst. Wenn Sie Ihren Bezugspunkt von der äußeren Erfahrung zum inneren Erfahrenden verlagern, durchbrechen Sie die Grenzen der Zeit.

Üben Sie, die Aufmerksamkeit auf den unveränderlichen Aspekt zu richten, während Sie gleichzeitig wechselnde Sinneserfahrungen machen. Fragen Sie sich:»Wer macht diese Erfahrung?« Beziehen Sie sich dabei zurück auf das innerste Selbst als Beobachter. Diese Übung wird *Selbstrückbezug* genannt, denn sie verlagert Ihre Aufmerksamkeit zurück zum »Selbst«, das die Erfahrung macht. Wenn Sie die Aufmerksamkeit auf das Objekt oder den Gegenstand der Erfahrung richten, also *die äußere Erfahrung*, wird dieses Bewußtsein *Objektbezug* genannt. Die Verlagerung der Aufmerksamkeit vom Objektbezug zum Selbstrückbezug ist eine Verschiebung vom zeitgebundenen Bewusstsein (zeitgebundenen Geist) zum zeitlosen Bewusstsein (zeitlosen Geist), denn das Selbst ist der zeitlose Aspekt, der auch während der zeitgebundenen Erfahrung stets vorhanden ist.

Auch auf andere Weise können wir das zeitlose Bewusstsein erfahren. Es geht dabei um das gleiche Prinzip: Sie lassen den inneren Dialog hinter sich zurück und erfahren die Stille im Inneren, den Bereich des zeitlosen Geistes. Wenn Ihre Gefühle das nächste Mal in Aufruhr sind, verlagern Sie Ihre Aufmerksamkeit sofort auf die körperlichen Empfindungen. Entscheiden Sie sich ganz bewusst dagegen, Ihre Gefühle zu interpretieren. Sobald Sie nur auf die körperlichen Empfindungen achten, die von den Gefühlen ausgelöst wurden, hören Sie auf, die Gefühle zu bewerten, und Ihr Geist kommt zur Ruhe. Sie werden dadurch zum stillen Beobachter Ihrer Körperempfindungen und unterbrechen nicht nur den inneren Dialog, sondern lösen auch die Energie auf, die den Gefühlsaufruhr verursacht hat.

Eine weitere Möglichkeit, den zeitlosen Aspekt des Geistes zu erfahren, besteht darin, die Lücken zwischen den Atemzügen, zwischen den Objekten der Wahrnehmung, zwischen den Körperbewegungen, zwischen den Gedanken bewusst wahrzunehmen. Wenn Sie auf diese Zwischenräume achten und dabei nicht interpretieren, überschreiten Sie Ihren inneren Dialog und betreten das Reich der Zeitlosigkeit. Viele Menschen können ihren inneren Dialog augenblicklich beenden, indem Sie in Gedanken »Stopp!« sagen. Wenden Sie die Methode an, mit der Sie am besten zurechtkommen. Der Schlüssel ist die Fähigkeit, als stiller Beobachter das innerste Selbst zu erfahren, während man gleichzeitig handelt und aktiv ist. Es ist außerordentlich wichtig, das Bewusstsein vom veränderlichen zum unveränderlichen Bereich zu verlagern. Sie können das üben, indem Sie in der oben beschriebenen Weise die Aufmerksamkeit auf Ihr Selbst beziehungsweise auf den inneren Beobachter lenken, indem Sie den körperlichen Empfindungen nachspüren, ohne sie zu interpretieren, und indem Sie sich die Lücken zwischen den Erfahrungsgegenständen bewusst machen.

Sobald Sie innere Stille, Zentriertheit, innere Gegenwart spüren, während Sie aktiv sind, werden Sie zur Zeit und allen anderen Erfahrungen ein ganz neues Verhältnis gewinnen. Wenn Sie die Bewusstheit des allgegenwärtigen Beobachters gleichzeitig mit dem zeitgebundenen Bewusstsein kultivieren, wird sich Ihre Zeitwahrnehmung dauerhaft verändern.

DAS WUNDER UNSERES KÖRPERS

Im Allgemeinen betrachten wir den Körper als etwas Materielles, ähnlich wie ein Auto, dessen Teile mit der Zeit verschleißen, bis man es nicht mehr benutzen kann. Die moderne Wissenschaft und die alten Weisheitstraditionen sagen uns jedoch, dass diese Interpretation falsch ist. Der Körper ist keine physische Maschine, die Gedanken und Gefühle erzeugt; er ist vielmehr ein Beziehungsnetz aus Energie, Umwandlungsprozessen und Intelligenz, das in dynamischem Austausch mit seiner Umgebung steht. Alles, was wir aufnehmen, verändert den Körper – die Luft, die wir mit jedem Atemzug einatmen, was wir essen und trinken, was wir hören, sehen, fühlen oder riechen. Allein beim Lesen dieses Abschnitts haben Sie vierhundert Billionen Trillionen Atome mit Ihrer Umgebung ausgetauscht.

Der Körper vermittelt den Eindruck von Festigkeit, weil sich

Das Wunder unseres Körpers   41

die biochemischen Wandlungsprozesse auf einer Ebene abspielen,
die wir nicht mit bloßem Auge erkennen können. Wissenschaftler
messen diese Wandlungsprozesse, indem sie bestimmte Atome ra-
dioaktiv markieren und deren Stoffwechsel verfolgen. Dieses Verfahren hat gezeigt, dass die Magenschleimhaut alle fünf Tage ersetzt wird. Die Haut erneuert sich innerhalb eines Monats. Neue
Leberzellen bilden sich im Lauf von sechs Wochen, und in wenigen Monaten werden die Kalzium- und Phosphorkristalle des Ske-
letts durch neue ersetzt. Innerhalb eines Jahres werden mehr als
98 Prozent aller Atome des menschlichen Körpers ausgetauscht.
Nach drei Jahren wäre es schwierig, ein Atom zu finden, das nicht
erneuert wurde.

Um diesen Gedanken zu veranschaulichen, stellen Sie sich
Ihren Körper als öffentliche Bücherei vor. Auf den ersten Blick
sieht die Bücherei immer gleich aus, aber bei näherem Hinsehen
erkennt man die ständige Veränderung. Täglich werden Bücher
ausgeliehen und zurückgegeben; neue werden gekauft und alte
aussortiert. Nicht bestimmte Bücher machen also die Bücherei aus,
sie ist vielmehr ein Ort, an dem ein dauernder Informationsaus-
tausch stattfindet.

Der Körper ist wie eine Flamme, die ständig Nahrung braucht.
Immer wieder müssen wir neues Brennmaterial und Sauerstoff
nachliefern, Rauch und Gase entstehen fortlaufend in anderer
Zusammensetzung. Dennoch sieht die Flamme beim Anblick
immer gleich aus. In einer Flamme wie auch im menschlichen
Körper sind Schöpfung, Erhaltung und Auflösung gleichzeitig
am Werk.

Der griechische Philosoph Heraklit sagte, man könne nicht zweimal in denselben Fluss steigen, da das Wasser fortwährend in Bewegung sei. Ebenso wie ein Fluss, eine Bücherei oder eine Flamme
sieht der Körper oberflächlich betrachtet immer gleich aus, aber im
Grunde unterliegt er einem ständigen Wandel. Betrachten Sie Ihren
Körper nicht als festgefügte biologische Maschine, sondern als Beziehungsnetz aus Energie und Intelligenz, das sich ununterbrochen
selbst erneuert. Wenn Sie jünger werden wollen, müssen Sie Ihren
Körper anders wahrnehmen und die Vorstellung aufgeben, er sei

ein Sack aus Haut mit Fleisch und Knochen darin. Spüren Sie Ihren Körper als Fluss aus Lebensenergie, Wandel und Intelligenz, und Sie werden erleben, wie er sich verjüngt.

Obwohl der Körper ausschließlich stofflicher Natur zu sein scheint, ist er es nicht. Auf einer tieferen Ebene der Realität ist er ein Feld aus Energie, Wandel und Intelligenz.

Energie, Transformation und Intelligenz

Fassen wir zusammen: Wenn Sie sich angewöhnen, Ihren Körper als Feld aus Energie, stetigem Wandel und Intelligenz aufzufassen, erleben Sie ihn als Ausdruck flexiblen, dynamischen Bewusstseins und nicht als eine feste Materie. Sie erkennen seine Natur nicht als teilchenartig, sondern als wellenartig. Die nachfolgenden Übungen bestärken Sie täglich in dieser neuen Sichtweise.

Ihr Körper ist ein Energiefeld, eins mit der kosmischen Energie, unerschöpflich und immer in Bewegung. Der ayurvedische Begriff für diesen energetischen Aspekt des Lebens ist *Prana*, was meist als Lebensenergie übersetzt wird. Auch Ihr Körper ist stets im Wandel begriffen, ständig und ewig in dynamischem Austausch mit den Elementen und Kräften des Universums. Der Ayurveda nennt diesen Aspekt *Tejas*, das innere Feuer der Stoffumwandlung. Und schließlich ist Ihr Körper physischer Ausdruck der universalen Intelligenz, die erhaben, göttlich und unsterblich ist. Das ayurvedische Wort dafür ist *Ojas*, der unendlich flexible, fließende Aspekt des physischen Körpers.

Um den Alterungsvorgang umzukehren, benutzen Sie die Worte Energie, Wandel und Intelligenz. Sie unterstützen damit Ihr Ziel, den Körper als das zu erfahren, was er im Grunde wirklich ist – ein Beziehungsnetz aus unerschöpflicher Energie, ständig im Wandel begriffen und stofflicher Ausdruck reiner Intelligenz. Sie können auch die ayurvedischen Ausdrücke *Prana, Tejas* und *Ojas* als eine Art Mantra benutzen, um Ihre neue Interpretationsweise besser im Bewusstsein zu verankern. Sobald Sie das eigentliche Wesen

Ihres Körpers wahrnehmen, wandeln sich auch Ihre Überzeugungen, und diese wiederum werden die biologischen Strukturen verändern.

Der Lichtkörper

Betrachten Sie das folgende Bild:

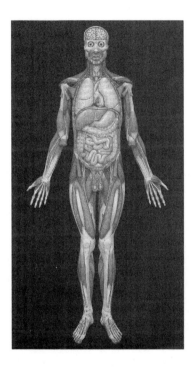

Bild A (»Viscera«, Eingeweide, von Alex Grey)

Bild A zeigt eine konventionelle Ansicht des menschlichen Körpers, wie ihn etwa ein Arzt sehen würde. Es stellt den Körper so dar, wie Sie sich ihn jetzt vielleicht unbewusst vorstellen. Diese Wahrnehmung ist zwar auf der groben Ebene richtig, erfasst jedoch nicht das gesamte Wesen Ihres Körpers. Vergegenwärtigen Sie sich Ihren Körper deshalb nicht auf diese Weise.

Bild B (»Spiritual Energy System« von Alex Grey)

Betrachten Sie nun Bild B, das eine recht gute Vorstellung von Ihrem Körper auf der Quantenebene vermittelt: als ein Feld aus Energie, Wandel und Intelligenz. Als Beziehungsnetz oder »feinstofflichen« Körper haben ihn auch die vedischen Seher erkannt. Dieser feinstoffliche oder quantenmechanische Körper ist untrennbar mit den Energie- und Intelligenzfeldern des Kosmos verwoben und eins mit ihnen.

Schauen Sie noch einmal auf Bild B. Schließen Sie jetzt die Augen. Können Sie Ihren Körper visualisieren? Öffnen Sie die Augen wieder. Betrachten Sie das Bild noch einmal. Wiederholen

Sie das, bis Sie Ihren feinstofflichen (quantenmechanischen) Körper mit geschlossenen Augen ebenso deutlich sehen wie mit offenen. Sobald Sie absolut sicher sind, schließen Sie die Augen noch einmal und wiederholen in Gedanken: »Energie (Prana), Wandel (Tejas), Intelligenz (Ojas)«.

Sooft Sie tief Atem holen (und das sollten Sie bewusst mehrmals täglich tun), schließen Sie die Augen und wiederholen in Gedanken das Wort *Energie*, während Sie sich gleichzeitig Ihren Energie- oder Lichtkörper wie auf Bild B vorstellen. Wenn Sie aufmerksam Nahrung zu sich nehmen, wiederholen Sie in Gedanken das Wort *Wandel* und führen sich Ihren sich wandelnden Lichtkörper vor Augen. Immer wenn Sie Wasser trinken, wiederholen Sie das Wort *Intelligenz* und stellen sich den Lichtkörper als fließend und flexibel vor. Indem Sie diese Übung beim Atmen, Essen und Trinken wiederholen, verändern Sie Ihre Wahrnehmung. Die Art und Weise, wie Sie Ihren Körper erfahren, verlagert sich vom Grobstofflichen hin zum Feinstofflichen.

Den Lichtkörper wahrnehmen

Die Lebensenergie (Prana) beleben
Die Lebensenergie bringt Geist und Körper in Schwung. Benutzen Sie im Laufe des Tages mehrmals das Wort *Energie* und spüren Sie dabei die Lebenskraft, die alle Zellen, Gewebe und Organe verjüngt.

Denken Sie das Wort »Energie« immer dann, wenn Sie
- durch einen Garten gehen,
- von drinnen nach draußen gehen oder
- Atemübungen durchführen (siehe Stufe 7).

Den Wandel (Tejas) beleben
Die fundamentale Kraft zu Wandel und Transformation ist das Urfeuer des Lebens. Benutzen Sie im Laufe des Tages wiederholt das Wort *Wandel* und spüren Sie dabei die Umwandlungsprozesse, die kontinuierlich Energie umformen.

Denken Sie das Wort »Wandel« immer dann, wenn Sie
- bewusst etwas essen,
- die Sonne auf dem Körper spüren oder
- nachts die Sterne anschauen.

Die Intelligenz (Ojas) beleben
Wenn die Körperintelligenz reichlich und ungehindert fließt, funktionieren alle Körpersysteme optimal – Herz und Kreislauf, Verdauung, Nervensystem, Hormone und Immunsystem. Benutzen Sie im Laufe des Tages wiederholt das Wort *Intelligenz*, um alle Körperzellen zu nähren und zu beleben.

Denken Sie das Wort »Intelligenz« immer dann, wenn Sie
- einen Schluck Wasser trinken,
- an einem Gewässer spazieren gehen oder
- frische Obstsäfte oder andere gesunde Getränke zu sich nehmen.

Wiederholen Sie in Gedanken diese Worte nicht nur beim Atmen, Essen und Trinken, um Energie, Wandel und Intelligenz zu beleben, sondern auch, während Sie sich körperlich betätigen. Bei rhythmischen Bewegungen wie zum Beispiel Gehen, Jogging, Schwimmen, Radfahren oder auf dem Laufband wiederholen Sie in Gedanken »Energie, Wandel, Intelligenz ... Energie, Wandel, Intelligenz ...« oder »Prana, Tejas, Ojas ... Prana, Tejas, Ojas ...«, wobei Sie auf Ihre körperlichen Empfindungen achten. Mit dieser Übung verändern Sie Ihre Sichtweise, und nach einiger Zeit werden Sie auch Ihren Körper anders wahrnehmen.

Der Körper als fließende Energie

Ihr Körper ist keine Maschine, die von Zeit und Raum begrenzt ist. Er ist ein Beziehungsnetz aus Energie, Information und Intelligenz, das sich in dynamischer Wechselwirkung mit seiner Umgebung befindet und die Fähigkeit hat, sich immer wieder zu heilen, zu erneuern und zu verändern.

Setzen Sie sich bequem hin, schließen Sie die Augen und atmen Sie tief ein. Während Sie die Luft langsam wieder aus der Lunge ausströmen lassen, stellen Sie sich vor, wie alle Zellen des Körpers mit der Atemluft einen Strom von Molekülen freisetzen. Mit jedem Ausatmen transportieren Sie Atome aus den Körperorganen heraus, mit jedem Einatmen transportieren Sie neue Atome zu allen Zellen und Organen hin. Mit jedem Atemzug erneuern und regenerieren Sie Ihren Körper.

Atmen Sie weiter ein und aus; stellen Sie sich Ihren Körper vor, der sich als kontinuierlich fließender Energiestrom ständig wandelt und erneuert.

Lenken Sie die Aufmerksamkeit auf Ihren Magen, dessen Schleimhaut sich innerhalb einer Woche erneuern wird. Achten Sie nun auf Ihre Haut, deren Zellen in einem Monat vollständig ausgetauscht und erneuert sein werden.

Vergegenwärtigen Sie sich Ihr Skelett. Alle Atome, aus denen es jetzt besteht, werden in drei Monaten vollständig ersetzt sein. Denken Sie an Ihre Leber. In sechs Wochen werden Sie eine neue haben.

Spüren Sie jetzt Ihren Körper als Ganzen. In einem Jahr wird er fast vollständig erneuert sein. Sagen Sie nun: »Ich erneuere mich mit jedem Atemzug.« Stellen Sie sich Ihren Körper vor, wie er wirklich ist – unendlich flexibel, ständig im Fluss und stets dabei, sich zu erneuern.

An jedem Tag steigere ich auf jede nur erdenkliche Weise meine geistigen und körperlichen Fähigkeiten.
Ich wünsche mir ein gesundes biologisches Alter von _____ Jahren.
Ich sehe aus und fühle mich wie ein(e) gesunde(r)_____-Jährige(r).

Ich kehre mein biologisches Alter um, indem ich

- *meinen Körper, sein Altern und die Zeit anders wahrnehme.*

2. STUFE:

RUHE IN DER AKTIVITÄT –
ERFAHREN SIE TIEFE ENTSPANNUNG

Ihr tägliches Übungsprogramm

*Ich kehre mein biologisches Alter um, indem ich zwei Arten
tiefer Entspannung erfahre – ruhevolle Wachheit und erholsamen
Schlaf.*

1. *Ich erfahre ruhevolle Wachheit in der Meditation:
   Zweimal täglich sitze ich mindestens 20 Minuten mit
   geschlossenen Augen ruhig da und meditiere.*
2. *Ich regeneriere und verjünge mich jede Nacht durch
   erholsamen Schlaf.*
3. *Ich bringe meine Biorhythmen in Einklang mit den Zyklen
   der Natur.*

Unruhe in Körper und Geist

macht krank und beschleunigt das Altern.

Tiefe körperliche und geistige Entspannung

kehrt das biologische Alter um.

Die Erfahrung tiefer körperlicher und geistiger Entspannung ist Ihr nächster Schritt zum Ziel, jünger zu werden und länger zu leben. Ein aufgewühltes Körper-Geist-System bringt Chaos, Verfall und Altern hervor. Voraussetzung für Kreativität, Erneuerung und die Umkehr des Alterungsprozesses ist ein ausgeruhtes Körper-Geist-System. Da der Körper und der Geist eine Einheit bilden, kann sich der Körper nur dann erholen, wenn auch der Geist zur Ruhe kommt. Wie wir aus Erfahrung wissen, befindet sich unser Geist nur selten im Ruhezustand, die Kampf- oder Flucht-Reaktion (auch Stressreaktion genannt) versetzt ihn immer wieder in Alarmbereitschaft. Mit der Kampf- oder Flucht-Reaktion begegnen wir Bedrohungen – und dazu gehört unter Umständen auch das Altern. Die Stressreaktion verursacht physiologische Veränderungen, die unserem Körper schaden und uns schneller altern lassen. Bestimmt kennen Sie das Gefühl, unter Stress zu stehen, aber vielleicht ist Ihnen nicht bewusst, was dabei in Ihrem Körper passiert. Die Kampf- oder Flucht-Reaktion ist von folgenden physiologischen Veränderungen begleitet:

- Ihr Herz schlägt schneller.
- Ihr Blutdruck steigt.
- Sie verbrauchen mehr Sauerstoff.
- Sie geben mehr Kohlendioxid ab.
- Sie atmen rascher.
- Ihre Atmung wird flacher.
- Die Pumpleistung Ihres Herzens steigt.
- Sie schwitzen.

- Das Nebennierenmark produziert Adrenalin und Noradrenalin, die Blutgefäße verengen sich.
- Die Nebennierenrinde produziert Kortikoide, zum Beispiel Cortisol.
- Die Bauchspeicheldrüse schüttet vermehrt das Hormon Glucagon aus.
- Die Bauchspeicheldrüse schüttet weniger Insulin aus.
- Die erhöhte Glucagon- und gedrosselte Insulinabgabe steigert die Blutzuckerkonzentration.
- Die Blutversorgung der Verdauungsorgane wird vermindert, die der Muskeln verbessert.
- Die Hypophyse schüttet weniger Wachstumshormon aus.
- Es werden weniger Sexualhormone gebildet.
- Die Immunantwort wird unterdrückt.

Der erste Wissenschaftler, der Anfang des zwanzigsten Jahrhunderts die Kampf- oder Flucht-Reaktion beschrieb, war der Amerikaner Walter Cannon. Er wollte herausfinden, weshalb Menschen unter Stresseinwirkung krank wurden oder sogar starben. Eine Bedrohung, so stellte er fest, aktiviert augenblicklich und automatisch bestimmte Funktionen des vegetativen Nervensystems (das nicht dem Willen und Bewusstsein untergeordnet ist). Das Nervensystem sorgt dafür, dass der Blutdruck steigt und das Herz schneller schlägt; es regt die Nebennieren an, Adrenalin auszuschütten. Wenn die Bedrohung sehr groß ist und längere Zeit bestehen bleibt, kann die Stressreaktion des Nervensystems den Körper auf Dauer schädigen.

Cannon untersuchte Stammesgesellschaften, deren Mitglieder aus der Gemeinschaft ausgeschlossen wurden, wenn sie gegen eine wichtige Stammesregel verstießen. Ein Medizinmann zeigte mit einem Knochen auf den Übeltäter und belegte ihn mit einem »Fluch«. Danach gehörte der Schuldige nicht mehr zum Stamm und war von allen Verbindungen zur Gemeinschaft, auch zu seiner Familie, abgeschnitten. Derart Ausgestoßene zeigten eine so intensive Stressreaktion, dass ihr Kreislauf zusammenbrach. Sie starben buchstäblich vor Angst, häufig innerhalb weniger Tage.

Bei weiteren Untersuchungen entdeckte der Wissenschaftler Hans Selye, dass bei der Stressreaktion nicht nur das Nervensystem, sondern auch die Hormone eine wichtige Rolle spielen. Von den umfassenden körperlichen Veränderungen sind Herz, Magen, Leber, Geschlechtsorgane und Immunsystem besonders betroffen. Bei übermäßig langer Stressbelastung kommt es zur Erschöpfung, der Körper ist nicht mehr imstande, sein Gleichgewicht aufrechtzuerhalten, und bricht an einer Stelle zusammen.

Dauerstress führt zu Erkrankungen und beschleunigt das Altern. Zu den Langzeitfolgen gehören Bluthochdruck, Herzerkrankungen, Magengeschwüre, Autoimmunkrankheiten, Krebs, Angstzustände, Schlafstörungen und Depressionen.

Sie fragen sich vielleicht, warum die Natur die Kampf- oder Flucht-Reaktion überhaupt entwickelt hat, wenn sie derart schädlich ist. Ursprünglich diente sie dazu, der Menschheit in bedrohlichen Situationen das Überleben zu sichern. Wenn sich ein wildes Tier auf einen stürzte, konnte man sich nur wehren oder weglaufen. Da Menschen nun weder über ein dickes Fell noch über spitze Eckzähne oder große Hauer verfügen, haben wir in einer gefährlichen Umwelt nur dank unseres raschen Reaktionsvermögens überlebt.

Manchmal ist diese Reaktion auch heute noch nützlich, wenn zum Beispiel ein Feuerwehrmann ein Kind aus einem brennenden Haus holt oder man einem rücksichtslosen Fahrer aus dem Weg springt, der viel zu schnell durch eine Wohnstraße rast. Meist ist die Kampf- oder Flucht-Reaktion eher unangebracht. Wenn Sie in Stress geraten, weil Sie in einem Stau stecken oder beruflich unter Termindruck stehen, haben Sie nicht die Wahl, zu kämpfen oder zu fliehen. Und Anspannung, die nicht gelöst werden kann, ist schädlich. Langfristig gesehen beschleunigen Stressreaktionen den Alterungsprozess und machen uns anfällig für Krankheiten.

Das Gegenteil der Kampf- oder Flucht-Reaktion ist die *Ruhereaktion* in Form von ruhevoller Wachheit oder erholsamem Schlaf. Im Zustand ruhevoller Wachheit erfährt unser Körper-Geist-System tiefe Ruhe, während unser Geist wach bleibt. Bei erholsamem

Schlaf ruht das Körper-Geist-System, und auch der Geist schläft. Beide Zustände tragen zur körperlichen Erneuerung bei. Wissenschaftliche Untersuchungen zeigen, dass die Ruhe im Zustand der ruhevollen Wachheit sogar noch tiefer ist als während des Schlafs. Für unser Ziel, den Alterungsvorgang umzukehren, ist beides gleich wichtig. Ruhevolle Wachheit tritt während der Meditation auf, während der erholsame Schlaf sowohl die Traumphasen wie auch den traumlosen Tiefschlaf umfasst. Subjektiv erfahren wir die Ruhereaktion als Entspannung. Sie ist von folgenden körperlichen Veränderungen begleitet:

• Ihr Herz schlägt langsamer.
• Ihr Blutdruck normalisiert sich.
• Sie verbrauchen weniger Sauerstoff.
• Sie nutzen den Sauerstoff effektiver.
• Sie geben weniger Kohlendioxid ab.
• Sie atmen langsamer.
• Ihr Herz pumpt weniger Blut.
• Sie schwitzen weniger.
• Die Nebenniere produziert weniger Adrenalin und Noradrenalin.
• Es werden mehr Geschlechtshormone, besonders Dehydroepiandrosteron (DHEA), erzeugt.
• Die Hypophyse schüttet mehr Wachstumshormon aus (ein Anti-Aging-Hormon).
• Ihr Immunsystem wird gestärkt.

DIE ERFAHRUNG RUHEVOLLER WACHHEIT

Ruhevolle Wachheit ist für das Geist-Körper-System ebenso natürlich wie die Stressreaktion. Den einfachsten Zugang zu dieser Erfahrung bietet die Meditation, die in östlichen Kulturen bereits seit Jahrtausenden verwurzelt ist. Im Westen ist sie zwar verhältnismäßig neu, doch zahlreiche Studien haben gezeigt, dass jeder von uns problemlos meditieren lernen und so in den Genuss der positiven physiologischen Auswirkungen einer langen Meditationspraxis kommen kann. Die körperlichen Veränderungen, die die ruhevolle Wachheit begleiten, sind praktisch das Gegenteil der Kampf- oder Flucht-Reaktion. Während der Meditation wird die Atmung langsamer, der Blutdruck sinkt, die Konzentration der Stresshormone nimmt ab. Verglichen mit dem Schlaf sinkt der Sauerstoffverbrauch um fast das Doppelte. An diesen physiologischen Veränderungen ist bemerkenswert, dass der Geist zwar wach, aber nicht aktiv ist, während der Körper gleichzeitig tiefe Ruhe erfährt. Untersuchungen der Gehirnwellen bei der Meditation zeigen eine verbesserte Kohärenz (hoch geordnete Funktionsweise) zwischen verschiedenen Gehirnbereichen. Im Wach- oder Schlafzustand sind diese Veränderungen nicht zu beobachten. Die einzigartige Verbindung von körperlicher Entspannung und einem wachen, aber nicht aktiven Geist erklärt den Ausdruck ruhevolle Wachheit und unterscheidet diesen Zustand vom erholsamen Schlaf.

Wer regelmäßig die Erfahrung ruhevoller Wachheit erlebt, ist weniger anfällig für Bluthochdruck, Herzerkrankungen, Angstzustände und Depressionen. Solchen Menschen fällt es leichter, gesundheitsschädliche Gewohnheiten wie Rauchen, übermäßigen Alkoholgenuss oder Drogen aufzugeben. Sie haben ein besseres Immunsystem und sind weniger anfällig für Infektionskrankheiten. Zahlreiche wissenschaftliche Untersuchungen weisen nach, dass Meditierende insgesamt gesünder und, wie ihre Biomarker zeigen, auch jünger sind.

Je länger jemand die Meditation praktiziert, desto jünger ist er nach seinem biologischen Alter. Man hat herausgefunden, dass Langzeit-Meditierende ein biologisches Alter haben, das fast zwölf Jahre unter ihrem biografischen Alter liegt. Bestimmte hormonelle Veränderungen, die üblicherweise mit dem Älterwerden einhergehen, werden durch regelmäßige Meditationspraxis verlangsamt oder umgekehrt. Das interessanteste Ergebnis besteht darin, dass Meditierenden einen höheren DHEA-Spiegel haben als Nicht-Meditierende. Da der DHEA-Spiegel mit zunehmendem Alter sinkt, haben einige Leute vorgeschlagen, dieses Hormon der Nahrung zuzusetzen, um den Alterungsprozess aufzuhalten. Wir glauben aber, dass es besser ist, kein zusätzliches DHEA zu verabreichen, sondern die Hormonkonzentration auf natürliche Weise durch Meditation zu steigern. Das biologische Alter lässt sich umkehren, wenn man sich nur genügend Zeit nimmt, um den Geist still werden zu lassen und ruhevolle Wachheit zu erfahren.

Die regelmäßige Erfahrung ruhevoller Wachheit in der Meditation ist also ein wichtiger Schritt, um das Altern hinauszuschieben. Auch wenn Sie jetzt denken, dass Sie keine Zeit zum Meditieren haben, möchten wir Ihnen dringend raten, die Meditation in Ihren Tagesablauf aufzunehmen. Sie werden dadurch sogar noch Zeit gewinnen, denn ein ruhiger, zentrierter Geist steigert die Leistungsfähigkeit. Meditieren Sie zweimal täglich 20 Minuten im Sitzen mit geschlossenen Augen. Die besten Meditationszeiten sind morgens kurz nach dem Aufwachen und am späten Nachmittag oder Abend. Nach der Morgenmeditation beginnen Sie den Tag mit Kraft und Energie und einem ausgeruhten Geist. Die Meditationssitzung am Spätnachmittag oder Abend hilft beim Abschalten und macht Sie nach der Tagesarbeit wieder fit.

Sie werden sehen, dass sich der Zeitaufwand für die Meditation und die Erfahrung ruhevoller Wachheit lohnt. Während der Meditation sind Sie wunderbar entspannt, im Alltag fühlen Sie sich energievoller und kreativer. Wenn Sie noch nie meditiert haben, beginnen Sie am besten mit der So-Hum-Meditation.

Die So-Hum-Meditation

1. Wählen Sie einen Raum, in dem Sie nicht gestört werden. Setzen Sie sich bequem hin und schließen Sie die Augen.
2. Atmen Sie langsam tief durch die Nase ein und denken Sie dabei das Wort *So*.
3. Dann atmen Sie langsam durch die Nase aus, während Sie das Wort *Hum* denken.

4. Atmen Sie in dieser Weise weiter und wiederholen Sie in Gedanken beim Ein- und Ausatmen »So ... Hum ...«.

5. Immer wenn Ihre Aufmerksamkeit sich auf Gedanken richtet oder Sie durch Geräusche aus Ihrer Umgebung oder körperliche Empfindungen abgelenkt werden, kehren Sie zwanglos zum Atmen zurück und wiederholen in Gedanken »So ... Hum«.

6. Meditieren Sie ungefähr 20 Minuten, ohne sich dabei anzustrengen.

7. Bleiben Sie danach noch ein paar Minuten mit geschlossenen Augen sitzen, bevor Sie wieder in Ihren Alltag zurückkehren.

Während der Meditation werden Sie verschiedene Erfahrungen machen, die Sie am besten ohne Widerstand geschehen lassen. Geben Sie Ihr Verlangen auf, das, was während der Übung geschieht, zu kontrollieren, und erwarten Sie auch kein bestimmtes Ergebnis. Folgende Erfahrungen zeigen Ihnen, dass die Meditation »richtig« verläuft:

• Sie konzentrieren sich auf Ihre Atmung, während Sie in Gedanken das Mantra »So Hum« wiederholen.

• Ihre Aufmerksamkeit wandert ziellos zu einem Gedankenstrom. Manchmal nehmen die Gedanken Traumcharakter an, ein andermal haben Sie den Eindruck, Sie säßen mit geschlossenen Augen da und hätten einfach nur Gedanken. Sobald Sie sich dessen bewusst werden, kehren Sie in beiden Fällen mit der Aufmerksamkeit zwanglos wieder zur Atmung und zum Mantra zurück.

• Sie werden anfangs nur gelegentlich, später immer regelmäßiger bemerken, dass zeitweise keine Gedanken vorhanden sind. In diesem Zustand, in dem man die »Lücke« zwischen den Gedanken oder das »zeitlose Bewusstsein« erfährt, ist der Geist still, der Körper tief entspannt. Wenn Sie regelmäßig meditieren, durchdringt diese innere Stille allmählich alle Aspekte Ihres Lebens.

- Es kann vorkommen, dass Sie während der Meditation einschlafen. Da die Meditation ein sanfter, natürlicher Vorgang ist, benutzt der Körper die Gelegenheit, sich von Müdigkeit zu befreien. Hören Sie auf die Botschaft Ihres Körpers und gönnen Sie sich die tiefe Ruhe, die Sie brauchen.

Am Anfang klagen viele Meditierende oft: »Ich habe einfach zu viele Gedanken!« Gedanken sind ein Teil der Meditation, und Sie können Ihren Geist nicht zwingen, mit dem Denken aufzuhören. Lassen Sie die Gedanken einfach kommen und gehen. Sie werden bald feststellen, dass der Geist ganz von selbst in die Ruhe eintaucht.

Zu Beginn der Meditationspraxis stellen Sie vielleicht fest, dass Sie mit geschlossenen Augen völlig entspannt sind, im Alltag aber wieder in die alten Stressmuster zurückfallen. Mit der Zeit wird die ruhevolle Wachheit, die Sie während der Meditation erfahren, auch in Ihrem Alltagsleben spürbar werden. Sie werden merken, dass Sie den üblichen Belastungen des Alltags immer öfter gelassen und zentriert begegnen. So lernen Sie, überflüssige und ausufernde Stressreaktionen zu vermeiden, und verzögern dadurch den Alterungsprozess.

Die Erfahrung ruhevoller Wachheit
kehrt den Alterungsprozess um.

ERHOLSAMER SCHLAF

Sie sollten nicht nur regelmäßig ruhevolle Wachheit erfahren, sondern auch mindestens sechs bis acht Stunden erholsam schlafen. Erholsam schlafen bedeutet, mühelos einzuschlafen und danach tief durchzuschlafen. Auch wenn Sie nachts aufstehen, um ins Bad zu gehen, schlafen Sie bald wieder ein. Nach einem erholsamen Schlaf fühlen Sie sich beim Aufwachen voller Elan, wach und lebendig. Wenn Sie morgens nach dem Aufwachen antriebslos und müde sind, haben Sie nicht erholsam geschlafen.

Erholsamer Schlaf ist die Voraussetzung für geistiges und körperliches Wohlbefinden.

Millionen Menschen leiden unter Schlafstörungen und sind deshalb tagsüber müde, geistig nicht leistungsfähig und körperlich wie seelisch nicht vollkommen gesund. Schlafstörungen führen zu kleineren und größeren Unfällen. Wenn man um drei Uhr morgens aufwacht und nicht wieder einschläft, arbeiten anschließend die Immunzellen 24 Stunden lang nicht optimal. Schläft man jedoch eine ganze Nacht tief und fest, gewinnen die Zellen ihre Abwehrfunktion zurück. Ebenso wie der ganze Mensch müde wird, erschöpfen sich auch die Immunzellen und müssen sich erholen.

Sie brauchen Ihre Aufmerksamkeit und Ihr Verhalten in den meisten Fällen nur ein kleines bisschen zu ändern, um anschließend jede Nacht tief und erholsam zu schlafen, denn die Ursache für Schlafstörungen sind meist schlechte Angewohnheiten. Wenn Sie folglich Ihre Gewohnheiten ändern, wirken Sie auch dem beschleunigten körperlichen Verfall entgegen, der auf Erschöpfung folgt. Erholsam durchzuschlafen belebt Ihre Kreativität und Vitalität und wirkt sich positiv auf die Umkehr des Alterungsvorgangs aus.

Wie Sie sich auf einen erholsamen Schlaf vorbereiten

Wenn Sie tagsüber aktiv waren, ist der Körper abends bereit, tief zu schlafen, er braucht den Schlaf sogar. Setzen Sie sich zum Ziel, ohne Hilfe von Medikamenten jede Nacht sechs bis acht Stunden tief zu schlafen. In den Stunden vor Mitternacht regeneriert und verjüngt sich der Körper am intensivsten. Wenn Sie also zwischen zehn Uhr abends und sechs Uhr morgens acht Stunden schlafen, fühlen Sie sich ausgeruhter, als wenn Sie zwischen Mitternacht und acht Uhr morgens acht Stunden schlafen. Um erholsam zu schlafen, probieren Sie einmal folgenden Ablauf aus:

Abendroutine

- Essen Sie abends nur eine leichte Mahlzeit, und zwar nicht später als um sieben Uhr, damit Sie nicht mit vollem Magen zu Bett gehen.
- Machen Sie danach einen kleinen Spaziergang.
- Meiden Sie nach 20.30 Uhr möglichst alle aufregenden oder beunruhigenden Aktivitäten und solche, die eine hohe Konzentration erfordern.

Zu-Bett-Gehen

- Nehmen Sie sich vor, das Licht zwischen 21.30 und 22.20 Uhr auszumachen. Wenn Sie nicht gewohnt sind, so früh schlafen zu gehen, verlegen Sie den Zeitpunkt jede Woche eine halbe Stunde vor, bis Sie schließlich 22.30 Uhr erreicht haben. Wenn Sie also normalerweise bis Mitternacht fernsehen, versuchen Sie eine Woche lang, den Fernseher schon um 23.30 Uhr auszuschalten. Danach eine halbe Stunde früher, schließlich um 22.30 Uhr.
- Lassen Sie sich etwa eine Stunde vor dem Zubettgehen ein warmes Bad ein; geben Sie ein paar Tropfen eines beruhigenden Aromaöls wie Lavendel, Sandelholz oder Vanille ins Wasser. Sie können diese Düfte auch mit einer Duftlampe in Ihrem Schlafzimmer verbreiten.
- Während das Wasser einläuft, führen Sie langsam eine Selbst-Massage mit Sesam- oder Mandelöl durch (Anleitung siehe unten).
- Legen Sie sich nach der Ölmassage zehn bis fünfzehn Minuten lang in das warme Badewasser.
- Baden Sie bei gedämpftem Licht oder bei Kerzenlicht; hören Sie dabei sanfte Musik (Empfehlungen finden Sie im Anhang).
- Trinken Sie anschließend etwas Warmes. Das kann eine Tasse Milch mit Muskat und Honig oder ein Kamillen- oder Baldriantee sein. Wenn Sie mögen, essen Sie einen kleinen Keks dazu.
- Wenn Ihr Geist noch sehr aktiv ist, machen Sie sich vor dem Zu-

bettgehen ein paar Tagebuchnotizen. Auf diese Weise entlasten Sie den Geist und brauchen nicht mehr beim Einschlafen über Ihre Sorgen nachzugrübeln.

- Lesen Sie vor dem Einschlafen ein paar Seiten in einem inspirierenden oder spirituellen Buch. Der Inhalt sollte Sie nicht aufregen oder beunruhigen.
- Sie sollten im Bett nicht fernsehen oder arbeiten.
- Sobald Sie im Bett liegen, schließen Sie die Augen. Nehmen Sie dabei Ihren Körper wahr; das heißt, lassen Sie Ihre Aufmerksamkeit zwanglos durch Ihren Körper schweifen. Wenn Sie irgendwo eine Verspannung spüren, versuchen Sie, diesen Bereich bewusst zu entspannen.
- Beobachten Sie bis zum Einschlafen einfach, wie Sie ruhig und leicht ein- und ausatmen.

Notfall-Plan

- Sollten Sie trotz allem nicht einschlafen, legen Sie sich eine Wärmflasche oder ein Heizkissen auf den Bauch und den Solarplexus, um Körper und Geist zu besänftigen.
- Wiederholen Sie in Gedanken das Schlaf-Mantra: *Om Agasthi Shahina.*
- Versuchen Sie einmal, auf dem Bauch einzuschlafen, während Ihre Füße über die Bettkante baumeln. Ziehen Sie Socken an, wenn Sie kalte Füße bekommen.
- Wenn Sie nachts aufwachen und nicht wieder einschlafen können, probieren Sie einmal aus, sich mit einer Decke in einen bequemen Sessel zu kuscheln. Vielleicht fällt es Ihnen leichter, in halb sitzender Position einzuschlafen.
- Wenn das alles nichts nützt und Sie weiterhin unter Schlaflosigkeit leiden, versuchen Sie, eine ganze Nacht wach zu bleiben und auch am folgenden Tag nicht zu schlafen. Am nächsten Tag werden Sie um neun Uhr abends so müde sein, dass Sie sofort einschlafen. Meist lässt sich auf diese Weise der biologische Rhythmus wieder richtig einstellen.

Vielleicht hilft Ihnen auch folgende Überlegung: Während Sie ruhig im Bett liegen und in Gedanken das Schlaf-Mantra wiederholen, ist die Stoffwechselaktivität beinahe so niedrig wie während des Tiefschlafs. Der Körper erhält also tiefe, erholsame Ruhe, auch wenn der Geist noch aktiv ist. Machen Sie sich also keine Sorgen, wenn Sie nicht sofort einschlafen. Dann werden Sie rasch und tief einschlummern.

Zu wenig erholsamer Schlaf beschleunigt das Altern.
Ausreichend erholsamer Schlaf unterstützt die Heilungsprozesse,
wirkt Unordnung und Verfall entgegen und erneuert
und verjüngt den Körper.

DIE SELBSTMASSAGE MIT ÖL

Eine Massage regt unsere »innere Apotheke« an: Die Haut produziert zahlreiche verjüngende Hormone, die durch eine Massage ausgeschüttet werden. Während eine langsame, beruhigende Massage Substanzen anregt, die uns auf natürliche Weise entspannen, wirkt eine kräftige Tiefenmassage durch körpereigene Substanzen erfrischend und stärkend. Wir empfehlen Ihnen, die Selbst-Massage als wichtige Anti-Aging-Maßnahme zu einem festen Bestandteil Ihres Tagesablaufs zu machen. Eine sanfte, beruhigende Massage erleichtert abends das Einschlafen. Massieren Sie morgens mit mehr Druck, um den Tag mit Schwung und Energie zu beginnen. Massieren Sie sich mit einem Luffa-Handschuh, der Durchblutung und Hauterneuerung fördert, wenn Sie ungewollte Pfunde loswerden möchten.

Wie Sie eine Ganzkörpermassage ausführen

Für die gesamte Massage braucht man nur ein paar EL warmes Öl. Beginnen Sie am Kopf und geben Sie 1 EL warmes Öl auf die Kopfhaut. Massieren Sie den Kopf wie beim Haarewaschen mit kleinen, kreisförmigen Bewegungen mit den Handflächen. Geben Sie etwas Öl auf die Handflächen und massieren Sie sanft die Stirn, die Wangen und das Kinn. Dann folgt die Ohrenmassage. Massieren Sie langsam die Rückseite der Ohren und die Schläfen, das wirkt besonders beruhigend.

Geben Sie etwas Öl auf die Hände und massieren Sie die Vorder- und Rückseite des Halses. Massieren Sie nun die Schultern und anschließend die Arme mit kreisenden Bewegungen an den Gelenken und mit langen auf- und abstreichenden Bewegungen an den Ober- und Unterarmen.

Gehen Sie nun zum Brustbereich über und massieren Sie die Brust sanft kreisend, dann den Ober- und den Unterbauch. Massieren Sie das Brustbein mit auf- und abstreichenden Bewegungen. Geben Sie etwas Öl auf die Hände und massieren Sie nun, soweit Sie das ohne Anstrengung können, den unteren Rückenbereich und die Wirbelsäule.

Ebenso wie die Arme massieren Sie auch die Beine mit Kreisbewegungen an den Knien und Fußknöcheln und mit auf- und abstreichenden Bewegungen an den gestreckten Partien. Massieren Sie mit dem restlichen Öl die Füße und besonders sorgfältig die Zehen.

Die Mini-Ölmassage

Eine Massage von Kopf und Füßen ist eine gute Vorbereitung auf einen erholsamen Schlaf. Geben Sie 1 EL warmes Öl auf den Kopf. Massieren Sie das Öl mit kleinen, kreisförmigen Bewegungen in die Kopfhaut, wie oben beschrieben. Massieren Sie nun sanft mit den Handflächen die Stirn und die Schläfen mit hin- und herstreichenden Bewegungen. Dann folgt die Ohrenmassage. Nehmen Sie sich etwas Zeit, um die Vorder- und Rückseite des Halses zu massieren.

> Mit einem zweiten EL Öl massieren Sie nun langsam, aber kräftig die Fußsohlen mit den Handflächen. Mit den Fingerspitzen arbeiten Sie das Öl in die Zehen ein.

IM RHYTHMUS DER NATUR LEBEN

Die Abläufe der Natur unterliegen Zyklen und Rhythmen wie Tages- und Jahreszeiten, die sich ständig wiederholen. Das ganze Universum pulsiert in Zyklen von Ruhe und Aktivität, und auch wir bilden keine Ausnahme, denn wir orientieren uns am Wechsel von Tag und Nacht und den periodisch wiederkehrenden Jahreszeiten auf unserem Planeten. Wenn wir unsere eigenen Biorhythmen mit den natürlichen Rhythmen in Einklang bringen, sind Körper und Geist leistungsfähig und gesund. Sobald wir unsere Biorhythmen von den natürlichen Zyklen abkoppeln, kommt es zu Verschleiß und Verfall – der Alterungsvorgang wird beschleunigt.

Technik und Elektrizität beherrschen seit einem Jahrhundert unseren Lebensrhythmus, und viele Menschen richten ihren Tagesplan nach Late-Night-Shows im Fernsehen, Mikrowellengeräten und Weckern. Sie haben ihre Zeiteinteilung aus den natürlichen Rhythmen ausgeklinkt. Ebenso wie ein Jetlag Stimmungsschwankungen und Konzentrationsstörungen verursacht, schädigt auch eine unregelmäßige Tagesroutine Körper und Geist. Die Folge sind Depressionen, Schlafstörungen, Angstzustände, Verstopfung, Blähungen und ein geschwächtes Immunsystem.

Mit den folgenden Schritten können Sie Ihre Biorhythmen wieder in Übereinstimmung mit der Natur bringen:

Im Rhythmus der Natur leben   65

Morgenroutine

* Natürliches Aufwachen ohne Wecker. Wenn Sie die Rolläden oder Vorhänge im Schlafzimmer ein wenig geöffnet lassen, werden Sie von der Helligkeit geweckt.
* Ein Glas warmes Wasser trinken, um die Verdauung am Morgen zu fördern. Wasserlassen und Stuhlgang ohne Zwang.
* Körperübungen, Yogastellungen, Atemübungen (siehe Stufe 7: »Großreinemachen – Entgiften Sie Ihr Leben«).
* Warm duschen vor oder nach einer Körpermassage mit Öl.
* Etwa 20 bis 30 Minuten Meditation.
* Ein leichtes Frühstück, wenn Sie hungrig sind.

Mittagsroutine

* Nehmen Sie das Mittagessen in Ruhe und mit Aufmerksamkeit zu sich.
* Im Vergleich zum Abendessen sollte das Mittagessen die Hauptmahlzeit sein.
* Machen Sie einen Verdauungsspaziergang von zehn Minuten.

Routine am späten Nachmittag

* Meditieren Sie vor dem Abendessen 20 bis 30 Minuten. Anschließend folgen Sie den oben beschriebenen Empfehlungen für einen erholsamen Schlaf.

Auch eine Anpassung an die Jahreszeiten hilft Ihnen, im Gleichgewicht zu bleiben. Wenn die Tage im Spätherbst und Winter kürzer werden, können Sie den Wandel der Natur ausgleichen, indem Sie Ihren Tagesplan entsprechend ändern.

Bringen Sie Ihre Biorhythmen in Einklang mit den Zyklen der Natur, um Abbau, Verfall und das Altern zu verzögern.

Winterroutine

- Gehen Sie früher zu Bett.
- Essen Sie vor allem warme Speisen, zum Beispiel Suppen, Aufläufe oder warmen Getreidebrei, um die winterliche Kälte auszugleichen.
- Trinken Sie reichlich warme Getränke – am besten Ingwer- oder Kräutertee.
- Führen Sie täglich eine Ölmassage durch. Der feine Ölfilm, der auf der Haut zurückbleibt, schützt die Haut vor dem Austrocknen.
- Tragen Sie im Freien eine Mütze, um sich vor Erkältungen zu schützen.
- Wenn Sie im Winter anfällig für Erkältungen sind, verwenden Sie einen Neti-Nasenspüler und Nasya-Öl, um die Nasenwege zu schützen (Beschreibung siehe unten).

Ayurvedischer Neti-Nasenspüler und Nasya

Ein Neti-Nasenspüler und Nasya-Öl sind traditionelle Methoden, um die Atemwege zu reinigen und zu befeuchten. Ähnlich wie eine Massage die Haut nährt und verjüngt, nähren und verjüngen Neti und Nasya die Atemwege, sie verringern die Gefahr von Allergien und Entzündungen der oberen Luftwege und halten beispielsweise vor einer Flugreise die Nasenschleimhäute feucht.

Neti-Nasenspüler

Im Rhythmus der Natur leben 67

Ein Neti-Nasenspüler ist ein kleiner Behälter aus Glas oder Porzellan mit einem Ausflussröhrchen, das sanft in ein Nasenloch eingeführt wird. Man gibt etwa ½ TL Salz in den Nasenspüler und füllt 500 ml lauwarmes Wasser auf. Nun setzt man das Ausflussröhrchen des Nasenspülers an ein Nasenloch, neigt den Kopf zur Seite und lässt das warme Salzwasser durch den Nasenkanal laufen, bis es aus dem anderen Nasenloch herausläuft. Verbliebene Wasserreste schneuzt man heraus und wiederholt den Vorgang mit dem anderen Nasenloch.

Bei der Nasya-Behandlung werden einige Tropfen Öl mit dem kleinen Finger in die Nasenschleimhäute eingerieben. Geeignet sind Sesam-, Mandel- oder Olivenöl in Speiseölqualität sowie Aromaöle mit geringen Kamfer-, Eukalyptus- und Mentholzusätzen. Ziehen Sie das Öl durch leichtes Einatmen hoch, wiederholen Sie den Vorgang dann auf der anderen Seite. Reiben Sie das Öl vier- bis sechsmal täglich in beide Nasenöffnungen ein.

Die veränderten Signale der warmen Sommermonate lassen sich mit anderen Maßnahmen ausgleichen.

Sommerroutine

- Trinken Sie tagsüber viel frisches Wasser.
- Essen Sie viel frisches Obst, trinken Sie Fruchtsäfte, nach Möglichkeit von Erzeugern aus der Region.
- Essen Sie nicht zu viel.
- Führen Sie die Übungen am frühen Morgen durch, bevor es zu heiß wird.
- Halten Sie sich mehr im Freien auf, besonders abends, wenn es kühler wird.
- Da es länger hell bleibt, können Sie etwas später zu Bett gehen.

Ausgiebige körperliche Betätigung während des Tages begünstigt einen erholsamen Schlaf. Wir stehen nicht außerhalb der Natur, sondern sind in sie eingebunden. Stimmen Sie sich auf die natürlichen Zyklen ein, und Sie werden Ihr biologisches Alter einfach umkehren.

An jedem Tag steigere ich auf jede nur erdenkliche Weise meine geistigen und körperlichen Fähigkeiten.
Ich wünsche mir ein gesundes biologisches Alter von ____ Jahren.
Ich sehe aus und fühle mich wie ein(e) gesunde(r) _____-Jährige(r).

Ich kehre mein biologisches Alter um,

- *indem ich meinen Körper, sein Altern und die Zeit anders wahrnehme,*
- *indem ich zwei Arten tiefer Entspannung erfahre – ruhevolle Wachheit und erholsamen Schlaf.*

3. STUFE:

GENUSS MIT GEWINN –
PROFITIEREN SIE VON IHRER ERNÄHRUNG

Ihr tägliches Übungsprogramm

Ich kehre mein biologisches Alter um, indem ich meinen Körper liebevoll mit gesunder Ernährung verwöhne.

1. *Ich genieße die sechs Geschmacksrichtungen.*
2. *Ich konzentriere mein Bewusstsein auf das, was ich esse.*
3. *Ich achte darauf, wann mein Körper Hunger- und Sättigungsgefühle signalisiert.*

Nahrung kann heilen und erneuern.
Sie können Ihre Nahrung
als Anti-Aging-Mittel nutzen.

Eine ausgewogene und gesunde Ernährung ist der dritte Schritt auf dem Weg, den Alterungsprozess umzukehren. Gleich nach dem Atmen ist Essen die natürlichste Sache der Welt. Dennoch sind viele Menschen in Bezug auf ihre Ernährung verunsichert. Sollte man mehr Eiweiß oder mehr komplexe Kohlenhydrate essen? Sind Milchprodukte gut oder schlecht? Isst man Gemüse besser roh oder gekocht? Wenn man bedenkt, mit wie vielen widersprüchlichen Informationen wir überschüttet werden, ist es kein Wunder, dass Sie nicht mehr wissen, wie Sie sich am besten ernähren sollen.

Die Anti-Aging-Forschung beschert uns laufend eine Flut neuer Ernährungsprogramme, eines angeblich immer besser als das andere. Es gibt aber kaum Beweise dafür, dass eine Methode den anderen tatsächlich überlegen ist. Aus zuverlässigen Studien wissen wir, dass man seine Aussicht auf ein langes, gesundes Leben verbessert, wenn man viel frisches Gemüse, Obst und Vollkornprodukte und wenig tierische Fette zu sich nimmt. Entscheidend für eine Ernährung, die den Alterungsprozess umkehrt, sind Nahrungsmittel, die sowohl gesund sind als auch gut schmecken. Außerdem sollten die Ernährungsvorschläge einfach umzusetzen sein – niemand hält sich lange an komplizierte und aufwändige Regeln. Wir möchten Ihnen hier unseren Ernährungsplan vorstellen, der diese Voraussetzungen erfüllt: Er ist ausgewogen, schmackhaft und zu Hause wie auch im Restaurant leicht einzuhalten.

Ihr Körper, das Beziehungsnetz aus Energie, Umwandlungsprozessen und Intelligenz, baut sich aus dem auf, was Sie zu sich nehmen. Das Zuckermolekül in dem Apfel, den Sie gestern gegessen haben, sitzt heute in Ihrer Magenschleimhaut. Eine Aminosäure aus dem Hüttenkäse ist jetzt in Ihren Bizepsmuskeln. Ein Eisenmolekül aus dem Spinat hat sich vielleicht schon dem Hämoglobin in einem Ihrer roten Blutkörperchen zugesellt. Sie werden zu dem, was Sie essen.

Jedes Molekül, das Sie zu sich nehmen, wird auf vier Arten verwendet:

1. Es wird in die Körperstruktur eingebaut.
2. Es dient als Energieträger.
3. Es wird für den zukünftigen Bedarf gespeichert.
4. Es wird ausgeschieden.

Wenn Sie ein Haus bauen, nehmen Sie das beste Baumaterial. Genauso sollten Sie auch zum »Neubau« Ihres Körpers nur die besten Lebensmittel einsetzen. Es ist nicht schwierig, dem Alterungsprozess mit der Ernährung wirksam vorzubeugen und einen gesunden Körper aufzubauen. Sie müssen nur darauf achten, dass Ihre Nahrung nur aus hochwertigen Energie- und Intelligenzlieferanten besteht.

Wir werden zu dem, was wir essen.

DIE REIZVOLLE VIELFALT DES GESCHMACKS

Unser Programm schränkt die Auswahl Ihrer Lebensmittel nicht ein, sondern bietet Ihnen eine abwechslungsreiche Ernährung. Bei manchen Diäten müssen Sie auf bestimmte Nahrungsmittel verzichten, zum Beispiel auf Milch, Weizen oder Zucker. Laut anderen Ernährungsratschlägen sollte man keine Nachtschattengewächse und keine sauren Speisen zu sich nehmen.

Wenn Sie sicher sind, dass Sie irgendein Nahrungsmittel nicht vertragen, hören Sie auf Ihren Körper und lassen es weg. Wenn Sie aber auf etwas verzichten, nur weil Sie gehört oder gelesen haben, es sei schädlich, sollten Sie es nach und nach wieder in Ihren Spei-

Die reizvolle Vielfalt des Geschmacks   73

sezettel einfügen. Finden Sie selbst heraus, ob es gut oder schlecht
für Sie ist. Auf seinen Körper zu hören ist die beste Methode, um
festzustellen, was einem bekommt und was nicht.

Nach dem Ayurveda kann man alle Nahrungsmittel in eine
oder mehrere von sechs grundlegenden Geschmacksrichtungen
einteilen:

- Süß
- Sauer
- Salzig

- Scharf
- Bitter
- Herb

Das erste Grundprinzip der Anti-Aging-Ernährung besagt, dass
Sie über den Tag verteilt Nahrungsmittel aus allen sechs Geschmacksrichtungen zu sich nehmen sollten. Die Natur hat damit
die Bausteine geschaffen, die Sie brauchen, um Ihren Körper zu
nähren. In diesen sechs Geschmacksrichtungen steht Ihnen die
gesamte natürliche Energie und Intelligenz abgepackt zur Verfügung. Lassen Sie uns die Geschmacksrichtungen im Einzelnen
betrachten.

Essen Sie sich jung

Berechnen Sie Ihren täglichen Kalorienbedarf, indem Sie Ihr
Gewicht in Kilogramm mit 32 multiplizieren (am besten mit
dem Taschenrechner).

_____ x 32 = _____
Gewicht in kg   Tägl. Kalorienbedarf

Berechnen Sie Ihren täglichen Bedarf an Kohlenhydraten,
indem Sie Ihren täglichen Kalorienbedarf mit 0,16 multiplizieren.

_____ x 0,16 = _____
Tägl. Kalorienbedarf   Kohlenhydrate in g

Berechnen Sie Ihren täglichen Proteinbedarf, indem Sie Ihren täglichen Kalorienbedarf mit 0,041 multiplizieren.

_____ x 0,041 = _____
Tägl. Kalorienbedarf   Protein in g

Berechnen Sie Ihre tägliche Fettaufnahme, indem Sie Ihren täglichen Kalorienbedarf mit 0,023 multiplizieren.

_____ x 0,023 = _____
Tägl. Kalorienbedarf   Fett in g

Beispiel: Bei einem Gewicht von 75 kg kämen Sie zu folgenden Ergebnissen:

1. Kaloriengesamtbedarf: 75 kg x 32 = 2400 kcal

2. Täglich aufzunehmende
   Kohlenhydratmenge: 2400 x 0,16 = 384 g

3. Täglich aufzunehmende
   Proteinmenge: 2400 x 0,041 = 98,4 g

4. Täglich aufzunehmende
   Fettmenge höchstens: 2400 x 0,023 = 55,2 g

In diesem Ernährungsplan verteilen sich die Kalorien wie folgt:

Kalorien aus	Gramm (g)	Kalorien (kcal)	in % pro Tag
Kohlenhydraten	384	1536	64
Proteinen	98,4	392	16
Fett	55,2	495	20

Süß – und nahrhaft

Süße Nahrungsmittel enthalten Kohlenhydrate, Eiweiß und Fett. Dazu gehören Getreide, Getreideflocken, Brot, Nudeln, Nüsse, Milch, süße Milchprodukte, Fisch, Geflügel, rotes Fleisch sowie Öle. Süße Früchte sind Bananen, Kirschen, Papayas, Mangos, Pfirsiche, Birnen und Trauben. Süße Gemüsesorten, die vorwiegend komplexe Kohlenhydrate enthalten, sind zum Beispiel Artischocken, Spargel, Karotten, Blumenkohl, Okra, Zucchini und Süßkartoffeln. Alle Lebensmittel tierischer Herkunft gelten als süß. Wenn Sie im Supermarkt an der Kasse in Ihren Einkaufswagen schauen, werden Sie feststellen, dass Sie vorwiegend »süße« Dinge eingekauft haben.

Da sehr viele Lebensmittel – vom Schokoriegel bis zum Sellerie – in diese Geschmackskategorie fallen, ist es besonders wichtig, sich ausgewogen zu ernähren. Das bedeutet generell:

- Essen Sie bevorzugt Nahrungsmittel, die reich an komplexen Kohlenhydraten sind, besonders Vollkorngetreide, Brot, Getreideflocken, Reis und Nudeln. Eine Tagesration komplexer Kohlenhydrate – am besten auf acht Portionen verteilt – könnte zum Beispiel so aussehen: eine Scheibe Roggentoast, eine halbe Tasse Nudeln, eine Vollweizen-Tortilla, ein halbes Brötchen, eine halbe Tasse Reis und eine kleine Kartoffel.
- Essen Sie über den Tag verteilt mindestens drei bis fünf Portionen frisches Obst: einen Pfirsich, eine Birne, eine Banane, eine halbe Tasse Kirschen oder eine halbe Cantaloupe-Melone.
- Essen Sie täglich mindestens fünf Portionen Gemüse. Eine Portion besteht etwa aus einer halben Tasse gekochtem Gemüse und einer Tasse rohem, grünem Blattgemüse. Suchen Sie sich aus der großen Vielfalt grüner und gelber Gemüsesorten aus, was Sie mögen.
- Nehmen Sie überwiegend Eiweiß pflanzlicher Herkunft zu sich, zum Beispiel Bohnen, Hülsenfrüchte, Samen und Nüsse. Nüsse enthalten zwar sehr viel Fett, aber es handelt sich meist um mehrfach ungesättigte und einfach gesättigte Fette, und das

ist besser für Sie. Nüsse enthalten viele gesundheitsfördernde pflanzliche Wirkstoffe, die nachweislich den Cholesterinspiegel senken.

- Bevorzugen Sie fettfreie oder fettarme Milch und Milchprodukte.
- Falls Sie Fleisch essen, nehmen Sie nicht so viel rotes Fleisch zu sich, sondern lieber Seefisch und mageres Geflügel.

Über das ideale Verhältnis von Kohlenhydraten, Eiweiß und Fetten in einer ausgewogenen Ernährung wird heute heftig gestritten. Die Befürworter einer fettarmen Diät stützen sich auf Untersuchungen, nach denen durch eine Reduzierung gesättigter Fette koronare Herzerkrankungen geheilt und Krebs vorgebeugt werden kann. Die Befürworter einer Ernährung mit wenig Kohlenhydraten verweisen auf den überhöhten Zuckergehalt in der Nahrung der westlichen Industrienationen, der den Insulinspiegel erhöht und zu Übergewicht und Diabetes führt. Obwohl beide Positionen generell richtig sind, halten wir doch eine ausgewogene Ernährung für die gesündeste. Dadurch lässt sich langfristig ein Idealgewicht erreichen und halten. Und nur einer solchen Art von Ernährungsplan kann man auch ein Leben lang folgen. Wir empfehlen deshalb eine vernünftige Mischung aus Kohlenhydraten, Eiweiß und Fett. Obwohl Sie in unserem Anti-Aging-Programm eigentlich keine Kalorien zählen müssen, raten wir Ihnen generell zu einer Ernährung, die etwa 60 bis 65 Prozent Kohlenhydrate, 10 bis 15 Prozent Eiweiß und 20 bis 25 Prozent Fett enthält. (Mit Hilfe der Angaben im Kasten können Sie die Menge der süßen Lebensmittel berechnen.)

Essen Sie also vor allem komplexe Kohlenhydrate, Eiweiß pflanzlicher Herkunft oder aus Fisch sowie Fette und Öle pflanzlicher Herkunft oder Fischöle. Für die Zubereitung der Speisen nehmen Sie entweder einfach ungesättigte Fette wie Olivenöl oder mehrfach ungesättigte wie Canola, Saflor- (Distel-) oder Sonnenblumenöl. Eine kleine Menge Ghee (geklärte Butter, bis zu 1 EL täglich) sorgt für Wohlgeschmack und enthält nicht zu viel Cholesterin. Mit diesem Ernährungsplan verringern Sie nicht nur die

Menge gesättigter Fette, die Sie zu sich nehmen, sondern Sie essen auch mehr ballaststoffreiche Lebensmittel, die die Verdauung fördern, den Cholesterinspiegel senken und damit das Risiko für Darmkrebs vermindern.

Es gibt Nahrungsmittel, die das Altern
und den Verschleiß beschleunigen, und andere,
die den Körper regenerieren und verjüngen.

Geben Sie sich Saures

Etwas schmeckt sauer, weil unsere Geschmacksknospen die chemische Reaktion organischer Säuren, wie beispielsweise Zitronen-, Ascorbin- (Vitamin-C-) oder Essigsäure (Essig) wahrnehmen. In Maßen genossen, wirken saure Speisen appetitanregend und verdauungsfördernd. Saure Nahrung bleibt auch länger im Magen, da sie die Insulin-stimulierende Wirkung von Kohlenhydraten verringert. Eine ganze Reihe von Nahrungsmitteln – vom Hartkäse bis zum Essig – haben einen sauren Geschmack. Am besten ist jedoch frisches Obst wie saure Äpfel, Aprikosen, Beerenfrüchte, Kirschen, Grapefruit, Trauben, Zitronen, Orangen, Ananas oder Tomaten. Auch fettarmer und fettfreier Joghurt ist ein gutes Nahrungsmittel der sauren Geschmacksrichtung. Außerdem wirken die Acidophilus-Bakterien in frischem Joghurt im Darm verdauungsfördernd.

Saure Nahrungsmittel sind im Allgemeinen reich an Vitamin C und Flavonoiden, die vor Herzkrankheiten und Krebs schützen. Die in sauren Speisen enthaltenen verdaulichen Ballaststoffe senken außerdem das Risiko für koronare Herzerkrankungen und Diabetes. Fermentierte Würzsaucen und sauer eingelegte Gemüse wie eingelegte Gurken, grüne Oliven und Chutneys sind zwar ebenfalls sauer und regen die Verdauung an, aber Sie sollten nur wenig davon essen. Decken Sie die saure Geschmacksrichtung in Ihrem Speiseplan lieber durch frisches Obst ab als durch Salatsaucen und Sauerkonserven.

Sparsam salzen

Mineralsalze sind ein wichtiger Bestandteil einer gesunden Ernährung. In den westlichen Industrieländern wird allerdings meist nicht zu wenig, sondern zu viel Salz konsumiert. Salzige Speisen wirken verdauungsfördernd, leicht abführend und entspannend. Zu viel Salz erhöht das Risiko von Bluthochdruck und begünstigt Osteoporose.

Außer im üblichen Tafelsalz finden wir den salzigen Geschmack in Fisch, Sojasauce, Tamari, Algenprodukten und den meisten Saucen. Achten Sie auf Ihren Salzverbrauch. Salz ist ein wichtiges Gewürz, das Sie allerdings sparsam einsetzen sollten.

Scharfe Geschütze gegen freie Radikale und Bakterien

Stark gewürzte und pikante Speisen empfinden wir gewöhnlich als »scharf«. In den meisten Kulturen der Welt sind scharfe Speisen ausgesprochen beliebt. Bei uns im Westen steht man dieser Geschmacksrichtung allerdings eher zurückhaltend gegenüber. Dabei waren scharfe Gewürze zu allen Zeiten heiß begehrt und hoch geschätzt. So suchte Christoph Kolumbus nicht zuletzt wegen der in Europa beliebten exotischen Gewürze nach einem kürzeren Seeweg nach Indien.

In der Regel sind ätherische Öle für den scharfen Geschmack verantwortlich. Dank ihres hohen Gehalts an Antioxidanzien neutralisieren sie zellschädigende – also den Verfall beschleunigende – freie Radikale und werden auch als Konservierungsmittel benutzt. Die natürlichen Inhaltsstoffe scharfer Gewürze wirken zudem antibakteriell.

Die moderne Wissenschaft hat nachgewiesen, dass die natürlichen Wirkstoffe in scharfen Kräutern und Gewürzen wie beispielsweise Zwiebeln, Porree, Schnittlauch und Knoblauch den Cholesterinspiegel und den Blutdruck senken. Weitere Untersuchungen zeigen, dass diese scharfen Nahrungsmittel vor krebserregenden Einflüssen schützen. Chili, Ingwer, Meerrettich, Senfkörner,

Die reizvolle Vielfalt des Geschmacks   79

schwarzer und roter Pfeffer, Radieschen und viele Küchengewürze
wie Basilikum, Zimt, Nelken, Kreuzkümmel, Oregano, Pfefferminze, Rosmarin und Thymian sind scharf. Gehen Sie ruhig ver-
schwenderisch damit um, denn sie schmecken nicht nur gut, sondern wirken auch gesundheitsfördernd und verjüngend.

Bitteres macht fit

Grüne und gelbe Gemüse wie Paprika, Brokkoli, Sellerie, Mangold,
Auberginen, Chicorée, Spinat und Zucchini gehören zu den wichtigsten Lebensmitteln mit bitterem Geschmack. Auch die meisten
grünen Blattgemüse schmecken leicht bis stark bitter und enthalten viele Inhaltsstoffe mit verjüngender und gesundheitsfördern-
der Wirkung. Diese Phytowirkstoffe (von griech. *Phyto:* »Pflanze«)
unterstützen die Entgiftung krebserregender Stoffe, senken den
Cholesterinspiegel und stärken das Immunsystem.

Alle Gemüsesorten enthalten Vitamine und Mineralstoffe. So
finden sich in grünem Gemüse B-Vitamine und Folsäure, die
laut wissenschaftlichen Studien vor Herzkrankheiten schützen. Gemüse enthalten auch verdauliche und unverdauliche Ballaststoffe.
Verdauliche Ballaststoffe unterstützen die Herztätigkeit, während
unverdauliche Ballaststoffe den Nahrungstransport im Darmtrakt
fördern. Eine ballaststoffreiche Ernährung senkt das Risiko, an
Brust- und Darmkrebs zu erkranken.

Zur Krebsvorsorge wird empfohlen, täglich mindestens fünf
Portionen Obst und Gemüse zu essen, ein Rat, dem laut Untersuchungen nicht einmal zehn Prozent der Bevölkerung folgen. Deshalb wiederholen wir, was alle Mütter seit Menschengedenken pre-
digen: »Iss dein Gemüse.«

Auch viele Küchenkräuter und -gewürze, die zu einer gesun-
den, ausgewogenen Ernährung gehören – zum Beispiel Kamille,
Korianderkraut (Cilantro), Koriandersamen, Kreuzkümmel, Dill,
Bockshornklee, Süßholzwurzel, Rhabarber, Rosmarin, Safran, Sal-
bei, Estragon sowie Gelbwurz –, schmecken vorwiegend bitter.
Durch ihre hoch konzentrierten Phytowirkstoffe schmecken zahl-

reiche Arzneipflanzen bitter: Echinacea, Aloe vera, Trauben-Silberkerze, Enzian, Kanadischer Orangenwurz, Süßholz, Passionsblume, Helmkraut und Johanniskraut. Die meisten Menschen mögen den bitteren Geschmack nicht besonders. Bitteres in kleinen Mengen hebt jedoch den Geschmack Ihrer Mahlzeiten und ist außerdem noch gut für Ihre Gesundheit.

In der folgenden Tabelle finden Sie einige der wunderbaren gesundheitsfördernden und verjüngenden Inhaltsstoffe, die uns in Obst und Gemüse zur Verfügung stehen.

Herbes fördert die Gesundheit

Herbe Nahrungsmittel ziehen unsere Schleimhäute zusammen. Obwohl die Wissenschaft die Bezeichnung »herb« nicht als eigene Geschmackskategorie einstuft, besitzen die bioaktiven Schutzstoffe mit herbem Geschmack viele gesundheitsfördernde Eigenschaften. Zu den herben Nahrungsmitteln gehören Äpfel, Artischocken, Spargel, Bohnen, Paprika, Buttermilch, Sellerie, Kirschen, Preiselbeeren, Gurken, Feigen, Zitronen, Linsen, Mungbohnen, Pilze, Granatäpfel, Kartoffeln, Sojabohnen, Spinat, grüner und schwarzer Tee, Tofu, Vollkornweizen und Roggenprodukte. Herbe Speisen wirken festigend auf den Körper, regulieren die Darmfunktion und unterstützen die Wundheilung.

Laut neueren Untersuchungen schützen die bioaktiven Substanzen in grünem und schwarzem Tee, die beide herb schmecken, unter anderem vor Krebs und Herzkrankheiten. Bohnen, Hülsenfrüchte und Erbsen enthalten reichlich komplexe Kohlenhydrate, hochwertiges pflanzliches Protein sowie verdauliche und unverdauliche Ballaststoffe. Bohnen und Hülsenfrüchte sind auch Lieferanten für Folsäure, Kalzium und Magnesium.

Eines der wichtigsten Merkmale des Ernährungswandels vom beginnenden zwanzigsten bis zum einundzwanzigsten Jahrhundert war die Reduzierung von pflanzlichem Eiweiß, das zunehmend durch Eiweiß tierischer Herkunft ersetzt wurde. Dadurch hat sich das Risiko für Herzkrankheiten und Krebs erhöht. Neh-

Die reizvolle Vielfalt des Geschmacks 81

Pflanzenwirkstoff	Wirkung	Nahrungsmittel
Flavonoide	Antioxidanzien, krebsvorbeugend, schützen das Herz	Zwiebeln, Brokkoli, blaue Trauben, Äpfel, Kirschen, Zitrusfrüchte, Beeren, Tomaten
Phenole	Antioxidanzien, hemmen die Tumorbildung	Nüsse, Beeren, grüner Tee
Sulfide	krebsvorbeugend, hemmen die Blutgerinnung	Knoblauch, Zwiebeln, Schnittlauch
Lykopin	krebsvorbeugend	Tomaten, rosa Grapefruit
Isothiocyanate	hemmen das Tumorwachstum	Brokkoli, Kohl, Blumenkohl
Isoflavone	hemmen hormonell bedingte Tumorbildung	Sojabohnen und Sojaprodukte
Anthocyanine	Antioxidanzien, senken den Cholesterinspiegel, stärken das Immunsystem	Beeren, Kirschen, Trauben, Johannisbeeren
Terpenoide	Antioxidanzien, antibakteriell, schützen vor Magengeschwüren	Paprika, Zimt, Meerrettich, Rosmarin, Thymian, Gelbwurz

men Sie also eine oder zwei Portionen Bohnen, Erbsen oder Linsen täglich in Ihren Speiseplan auf – dann leben Sie länger und bleiben dabei jung.

Die sechs Geschmacksrichtungen im Überblick

Geschmacksrichtung	Nahrungsmittel
Süß	Bevorzugen Sie: Vollkorngetreide, Brot, Obst, stärkehaltige Gemüse, fettarme Bio-Milchprodukte. Reduzieren Sie: raffinierten Zucker, tierische Fette.
Sauer	Bevorzugen Sie: Zitrusfrüchte, Beeren, Tomaten. Reduzieren Sie: fermentierte und sauer eingelegte Gemüse, Alkohol.
Salzig	Reduzieren Sie: stark Salzhaltiges wie Kartoffelchips, Salzbrezeln, industriell verarbeiteten Tomatensaft.
Scharf	Bevorzugen Sie: alle pikanten Nahrungsmittel in kleinen Mengen – Ingwer, Paprika, Zwiebeln, Pfefferminze, Zimt.
Bitter	Bevorzugen Sie: alle grünen und gelben Gemüse.
Herb	Bevorzugen Sie: Bohnen, Erbsen, Linsen, Äpfel, Beeren, Feigen, grünen Tee. Trinken Sie nicht zu viel Kaffee.

Wenn Sie darauf achten, dass alle sechs Geschmacksrichtungen im täglichen Speiseplan enthalten sind, steigern Sie Ihr körperliches Wohlbefinden.

GESUNDE GENÜSSE AUS ALLER WELT

Die sechs Geschmacksrichtungen lassen sich ohne größere Mühe im Speiseplan berücksichtigen. Unabhängig davon, welche landestypische Küche Sie bevorzugen, werden alle Speisen reichhaltiger und gesünder, wenn die Mahlzeiten die verschiedenen Geschmacksrichtungen enthalten. Die folgenden Rezepte aus aller Welt zeigen, dass sich ein solcher Plan mühelos in die Praxis umsetzen lässt. (Die ausführlichen Rezepte finden Sie hinten in diesem Buch.)

Thailändisches Menü
Klare Gemüsebrühe mit Kokosnuss, Tofu und Blattgemüse
Gelber Thai-Curry mit Karotten und Blattgemüse
Frischer Gurkensalat mit Basilikum und Minze
Basmati-Reis mit Mango
Bananen-Kokos-Dessert

Chinesisches Menü
Scharf-saure Gemüsesuppe
Buddhas Fest
Marinierte Tofustreifen mit Sesam
Gedämpfter Reis
Mandelplätzchen

Italienisches Menü
Gemüsesuppe mit weißen Bohnen
Gemüselasagne mit Pesto
Tomatensauce aus gebackenen Tomaten
Eintopf mit Kichererbsen (Garbanzobohnen) und
    grünen Bohnen
Gebackene Karotten mit frischem Rosmarin
Beeren-Tofu-Sorbet

Mexikanisches Menü
Tortilla-Suppe mit Avocado und Koriandergrün
Enchiladas mit schwarzen Bohnen und Süßkartoffeln
Spanischer Reis
Mango-Salsa
Vanille-Flan mit Ahornsirup

Französisches Menü
Spargelcremesuppe
Spinat-Lauch-Kartoffel-Quiche
Geschmorte grüne Bohnen mit Mandeln
Mangold und Rauke (Rukola) mit Zitronen-Estragon-Dressing
Gedünstete Birnen mit Brombeeren

Amerikanische Bistro-Küche
Karotten-Koriander-Cremesuppe
Gerstenrisotto mit gebackenem Gemüse
Preiselbeer-Süßkartoffel-Chutney
Gemischter Bio-Salat mit Apfelsaft-Vinaigrette
Tofu-Schokoladen-Mousse mit kandierten Mandeln

Orientalisches Menü
Linsensuppe mit Spinat
Hummus
Quinoa Tabouli
Gurkenraita mit Tofucreme und Minze
Gemüseeintopf
Süßes Walnussgebäck

GUT VERDAUT? –
WIE SIE AUS IHRER NAHRUNG DEN
GRÖSSTEN NUTZEN ZIEHEN

Durch alles, was wir essen, bauen wir unseren Körper auf. Deshalb ist es von großer Bedeutung, dass wir das gesamte Spektrum von Nahrungsmitteln zu uns nehmen, die wir brauchen, um gesund zu bleiben. Ebenso wichtig ist nach ayurvedischem Verständnis eine optimale Verdauungskraft, damit wir die Nahrung auch wirklich vollständig nutzen können. Das Sanskritwort für die Verdauungskraft ist *Agni*. Agni steht für das Stoffwechselprinzip des Körpers. Um eine optimale Verdauung zu gewährleisten, sollten Sie beim Essen ein paar simple Regeln einhalten. Wir nennen sie »Regeln für bewusstes Essen«.

Sieben Regeln für bewusstes Essen

1. Achten Sie auf Ihr Hungergefühl.
Ihr Körper sendet Botschaften an Ihren Geist, mit denen er seinen Bedürfnissen Ausdruck gibt. Eines der wichtigsten Signale ist der Hunger. Viele Menschen, die gegen überflüssige Pfunde ankämpfen, betrachten ihren Appetit geradezu als Feind. Dabei ist es für eine gesunde Ernährung außerordentlich wichtig, dieses Signal zu hören und dem Bedürfnis nachzukommen. Die einfache Regel lautet: Essen Sie, wenn Sie Hunger haben, und hören Sie auf, wenn Sie satt sind. Bewerten Sie Ihr Hungergefühl auf einer Skala von hungrig (0) bis satt (10) und essen Sie erst dann, wenn Sie tatsächlich Hunger verspüren (Stufe 2 bis 3). Hören Sie auf, wenn Sie sich angenehm gesättigt (Stufe 6 bis 7), und nicht erst, wenn Sie sich voll gestopft fühlen. Wenn Sie Ihren Magen nicht bis oben hin anfüllen, kann Ihre Verdauungskraft optimal arbeiten. Unsere Wäsche wird auch nicht ganz sauber, wenn wir zu viele Kleidungsstücke auf einmal in die Waschmaschine stopfen. Ebenso wird die Nahrung nicht ganz verdaut, wenn wir den Magen überladen.

Viele Leute essen, weil es Zeit zum Essen ist, und nicht, weil sie Hunger haben. Sie würden doch bestimmt nicht zum Tanken fahren, wenn der Tank noch halb voll ist. Und doch essen viele Menschen, auch wenn sie noch von der vorigen Mahlzeit satt sind. Achten Sie also mehr und mehr auf die Signale Ihres Körpers. Seine Weisheit spiegelt die kosmische Intelligenz wider.

2. Konzentrieren Sie sich auf das, was Sie essen.
Wenn man während des Essens abgelenkt ist, isst man leicht zu viel. Viele Leute sehen beim Essen fern und vergessen über einem dramatischen Liebesfilm oder einem spannenden Krimi die Bedürfnisse ihres Körpers. Auch wenn man während des Essens an einem anspruchsvollen Projekt arbeitet oder Geschäfte erledigt, spürt man oft nicht, wann man satt ist. Sorgen Sie also für eine ruhige, angenehme Umgebung. Wenn Sie an Verdauungsstörungen wie Sodbrennen oder Reizdarm leiden, wird sich Ihre Verdauung durch eine entspannte Atmosphäre verbessern.

3. Bevorzugen Sie frische Nahrungsmittel.
Es gibt Nahrungsmittel, die das Altern und den körperlichen Verfall beschleunigen, und andere, die Ihren Körper aufbauen und vital machen. Generell schwächen »tote« Nahrungsmittel Ihre Gesundheit und begünstigen krankhafte Veränderungen, während alles Frische Regeneration und Lebenskraft stärkt. Je weniger Zeit zwischen Ernte und Verbrauch liegt, desto mehr Energie und Intelligenz enthalten die Lebensmittel. Essen Sie also möglichst selten konservierte, tiefgefrorene und vorgefertigte Nahrungsmittel. Wir raten Ihnen auch davon ab, aufgewärmte Speisereste oder Fertigmenüs aus der Mikrowelle zu sich zu nehmen.

4. Essen Sie, um Ihren Körper zu nähren und nicht Ihre Gefühle.
Vom Tag unserer Geburt an bringen wir Nahrung mit Sicherheit und Geborgenheit in Verbindung. Wenn wir uns als Baby nicht wohl fühlten, spendeten die mütterliche Brust oder das Fläschchen uns Trost und körperliches Wohlbefinden. So ist es nur natürlich, wenn wir auch als Erwachsene in Stress- oder Angstsituationen auf

Nahrung zurückgreifen. Wenn Sie versuchen, Ihr Bedürfnis nach Liebe durch Essen zu stillen, werden Sie leider wenig Erfolg damit haben. Es führt nur dazu, dass sich die überflüssigen Kalorien als Fett an Ihrem Körper anlagern. Benutzen Sie also Ihre Nahrung, um damit den Energiebedarf Ihres Körpers zu decken und entwickeln Sie liebevolle, nährende Beziehungen, um die Bedürfnisse des Herzens zu erfüllen. Ihr Körper und die Menschen werden Ihnen danken, dass Sie den Unterschied kennen.

5. *Essen Sie mittags mehr und abends weniger.*
Um die Mittagszeit ist Ihre Verdauungskraft am stärksten. In regelmäßigen Abständen produziert Ihr Körper tagsüber Magensäure, Gallensäfte und Enzyme der Bauchspeicheldrüse, um die Aufnahme und den Stoffwechsel der Nährstoffe aus Ihrem Essen zu unterstützen. Bis zur Industriellen Revolution in der ersten Hälfte des 19. Jahrhunderts nahmen die meisten Leute mittags die Hauptmahlzeit ein und aßen abends nur etwas Leichtes. Wenn Sie diese Tradition wiederbeleben, verbessern Sie Ihre Verdauung und fördern einen erholsamen Schlaf. Versuchen Sie einmal, mittags etwas ausgiebiger zu essen und abends nur eine Kleinigkeit. Sie werden spüren, dass Ihre Lebenskraft und Ihr Wohlbefinden wachsen.

6. *Bringen Sie Ihre Verdauung ins Gleichgewicht.*
Der Ayurveda vergleicht den Verdauungsvorgang mit einem Feuer, beispielsweise einem Kaminfeuer. Damit es Wärme und Licht spendet, muss das Feuer zuerst entfacht und dann unterhalten werden. Das Gleiche gilt für das Verdauungsfeuer. Wir empfehlen Ihnen, die Verdauungskraft vor jeder Mahlzeit mit einem Kräutertrank anzuregen. Damit unterstützen Sie die erste Verdauungsstufe und sorgen dafür, dass Ihr Körper die Nahrung richtig verstoffwechselt. Trinken Sie vor jeder Mahlzeit einen Schluck davon – damit regen Sie Ihre Verdauung in gesunder Weise an.

Kräuter-Aperitif

- Mischen Sie Zitronensaft, Ingwersaft, Wasser und Honig zu gleichen Teilen.
- Fügen Sie eine Prise schwarzen Pfeffer hinzu.
- Trinken Sie vor jeder Mahlzeit einen Schluck davon.

Nach dem Essen empfiehlt sich eine Gewürzmischung, die das Verdauungsfeuer im Gleichgewicht hält. Mischen Sie geröstete Fenchel-, Kardamom- und Kreuzkümmelsamen zu gleichen Teilen mit einer Prise Ahornzucker. Kauen Sie ½ TL dieser Mischung nach dem Essen, um Ihre Verdauung zu fördern.

Außer dem Kräuter-Aperitif vor und der Gewürzmischung nach dem Essen können Sie über den Tag verteilt Ingwerwasser trinken. Geben Sie ½ TL frische geriebene Ingwerwurzel auf einen halben Liter heißes Wasser und trinken Sie täglich eineinhalb bis zwei Liter. Ingwer wirkt allgemein verdauungsfördernd und unterstützt sowohl die Nahrungsaufnahme als auch die Ausscheidungsfunktionen. Als Allheilmittel nimmt Ingwer im Ayurveda eine Sonderstellung unter den Gewürzen ein. Bei Sodbrennen oder Verdauungsstörungen verwenden Sie Ingwer zunächst in kleinen Mengen, um sicherzugehen, dass sich die Symptome nicht verstärken.

Wie Sie essen, ist ebenso wichtig wie das, was Sie essen.

7. Richtige Ernährung leicht gemacht
Machen Sie kein Problem aus Ihrer Ernährung. Es ist nicht schwierig, nahrhaft und köstlich zu essen. Wir können dieses ganze Kapitel in fünf einfachen Regeln zusammenfassen:

1. Essen Sie, wenn Sie Hunger haben; hören Sie auf, wenn Sie satt sind.
2. Kauen Sie Ihre Nahrung gründlich, bevor Sie sie hinunterschlucken.

Gut verdaut? 89

3. Nehmen Sie den nächsten Bissen erst auf die Gabel, wenn der Mund wieder leer ist.
4. Essen Sie erst dann wieder etwas, wenn die vorige Mahlzeit völlig verdaut ist (frühestens nach drei Stunden).
5. Sorgen Sie dafür, dass Ihre Mahlzeiten jeden Tag alle sechs Geschmacksrichtungen enthalten.

Wenn man darüber nachdenkt, welches die beste Ernährung für ein langes und gesundes Leben ist, kann man leicht in Verwirrung geraten. Wir werden mit einer ungeheuren Menge an widersprüchlichen Informationen über Ernährung bombardiert, und Experten empfehlen uns ein breites Spektrum völlig unterschiedlicher Ansätze. Zwar bietet uns jedes Ernährungsprogramm ein paar wahre Bröckchen. Doch um wirklich erfolgreich zu sein, muss die Ernährung nahrhaft, wohlschmeckend, ausgewogen und praktisch sein. Probieren Sie unsere Ernährungsempfehlungen einen Monat aus und spüren Sie, wie die Lebenskraft in Ihren Körper und Ihren Geist eindringt. Dieses Programm hilft Ihnen, sich jünger, gesünder und leistungsfähiger zu fühlen.

An jedem Tag steigere ich auf jede nur erdenkliche Weise meine geistigen und körperlichen Fähigkeiten.
Ich wünsche mir ein gesundes biologisches Alter von ____ Jahren.
Ich sehe aus und fühle mich wie ein(e) gesunde(r) ____-Jährige(r).

Ich kehre mein biologisches Alter um,

1. *indem ich meinen Körper, sein Altern und die Zeit anders wahrnehme,*
2. *indem ich zwei Arten tiefer Entspannung erfahre – ruhevolle Wachheit und erholsamen Schlaf – und*
3. *indem ich meinen Körper mit gesunder Ernährung verwöhne.*

4. STUFE:

VITAMINE & CO. –
WIE SIE IHRE ERNÄHRUNG
SINNVOLL ERGÄNZEN

Ihr tägliches Übungsprogramm

*Ich kehre mein biologisches Alter um, indem ich Nahrungs-
ergänzungen gezielt zur Vorbeugung einsetze.*

1. *Ich informiere mich über die Wirkung intelligenter
   Anti-Aging-Nahrungsergänzungen.*
2. *Ich nehme täglich Nahrungsergänzungen zu mir.*
3. *Ich führe täglich bestimmte Rituale durch, um die Wirkungen
   dieser Nahrungsergänzungen mit meiner Aufmerksamkeit
   und Absicht zu verstärken.*

Mit Nahrungsergänzungen, die Sie mit Klugheit verwenden, können Sie vielen altersbedingten Erkrankungen vorbeugen und Ihr biologisches Alter deutlich zurücksetzen.

Die meisten von uns glauben, dass wir uns nur gesund ernähren müssen, um zu »gedeihen«. Es zeigt sich aber immer deutlicher, dass wir durch geeignete Nahrungszusätze noch eine weitaus höhere Ebene des Wohlbefindens erreichen können als allein durch eine ausgewogene Ernährung. Gesundes Essen ist immer noch wichtiger als konzentrierte Nährstoffe, die wir besser Nahrungsergänzungen nennen als Nahrungszusätze. Damit wollen wir verdeutlichen, dass diese Substanzen kein Ersatz für gesundes Essen sind, aber sie steigern Qualität und Wirkung der Nahrung. Weil wir wissen, dass bestimmte Wirkstoffe in hohen Dosierungen das Risiko vieler altersbedingter Krankheiten senken, spielen Nahrungsergänzungen bei der Gesundheitsförderung eine wesentliche Rolle.

Ihr Körper ist ein Beziehungsnetz aus Energie, Umwandlungsprozessen und Intelligenz. Er verfügt über erstaunliche Fähigkeiten, Energie aufzunehmen, zu verstoffwechseln, zu speichern und abzugeben. Seine wichtigsten Energielieferanten sind die in den Lebensmitteln enthaltenen Kohlenhydrate, Proteine und Fette. Darüber hinaus enthalten Nahrungsmittel natürliche chemische Substanzen – Vitamine, Mineralien und Spurenelemente –, die wir brauchen, um die Nahrungsenergie optimal zu verwerten. Andere Nahrungsbestandteile wie Antioxidanzien schützen Zellen und Gewebe vor inneren und äußeren Schadstoffen. Und schließlich haben wir im vorigen Kapitel gesehen, dass viele pflanzliche Lebensmittel so genannte Phytowirkstoffe enthalten; das sind bioaktive Substanzen, die vor einer Reihe von Krankheiten schützen.

Wer bei seiner Ernährung auf eine ausreichende Menge an Vitaminen beziehungsweise Vitalstoffen achtet, lebt gesünder und länger als jemand, der unter Vitalstoffmangel leidet. Darüber hinaus zeichnet sich immer deutlicher ab, dass manche Substanzen zusätzliche positive Wirkungen haben, wenn man sie in größeren Mengen als in der normalen Nahrung zu sich nimmt. Eine ausgewogene Ernährung mit zusätzlichen Nahrungsergänzungen stellt nach unserer Überzeugung den besten Weg dar, um jugendliche Vitalität zu erlangen und aufrechtzuerhalten. Schauen wir uns also die Grundlagen der Nahrungsergänzungen einmal genauer an.

VITAMINE –
DIE LEBENSWICHTIGEN NÄHRSTOFFE

Vitamine sind organische Substanzen, die der Organismus in winzigen Mengen benötigt, um gesund zu bleiben. Da sie im Körper nicht oder nicht ausreichend gebildet werden können, müssen wir sie aus äußeren Quellen schöpfen. Es gibt inzwischen von Fachleuten entwickelte Empfehlungen zu 13 Vitaminen und 15 Mineralstoffen. Die dort genannten Tagesmengen stützen sich auf Werte, mit denen man nachweislich Vitaminmangelerscheinungen vorbeugen kann. Aber auch in einer wesentlich höheren Dosis als üblicherweise empfohlen wirken einige Vitalstoffe gesundheitsfördernd. Obwohl wir ständig neue Informationen über den angemessenen Einsatz von Nahrungsergänzungen erhalten, gibt es nach unserer Meinung genügend verlässliche Daten, um praktische und ausgewogene Vorschläge formulieren zu können. (Empfehlungen zur Nahrungsergänzung Ende dieses Kapitels.)

Wasserlösliche Vitamine

Zu den wasserlöslichen Vitaminen gehören der Vitamin-B-Komplex und Vitamin C. Da sie im Körpergewebe nur in geringer Menge gespeichert werden, müssen wir sie mit der täglichen Nahrung aufnehmen. Die B-Vitamine arbeiten mit den Enzymsystemen zusammen, um die Nahrung zu verstoffwechseln und da-

Vitamine – die lebenswichtigen Nährstoffe

Vitamin	Funktion im Organismus	Mangelerscheinungen	Vitamin-Lieferanten	Empfohlene Tagesdosis mg: Milligramm; µg: Mikrogramm
B 1 (Thiamin)	Protein-, Kohlenhydrat- und Fettstoffwechsel	Müdigkeit, Gewichtsverlust, Muskelschwäche, Herz-Kreislaufversagen, psych. Veränderungen, nervöse Störungen	Vollkornweizen, Nüsse, Bohnen, Blumenkohl, Fleisch	1,0–1,5 mg
B 2 (Riboflavin)	Fettsäure- und Aminosäurestoffwechsel	Entzündliche Veränderungen der Schleimhäute, Sehstörungen, nervöse Störungen	Milchprodukte, Eier, grüne Blattgemüse, Spargel, Seefisch, Leber	1,2–1,8 mg
Niacin	Kohlenhydrat-, Protein- und Fettstoffwechsel	Hautveränderungen, Durchfälle, Erkrankungen des Nervensystems	Milch, Eier, Hülsenfrüchte, Vollkornprodukte, Geflügel, Fleisch	15–20 mg
B 6 (Pyridoxin)	Aminosäure- und Neurotransmitter-Stoffwechsel	Schwäche, Schmerzen im Bereich der Nerven, Anämie (verringerte Anzahl weißer Blutkörperchen)	Sojabohnen, Nüsse, Bananen, Avocados, Eier, Fleisch	1,4–2,2 mg
Folsäure	Aminosäurestoffwechsel, DNA-Synthese	Anämie, Müdigkeit, neurologische Veränderungen, Verdauungsstörungen	Dunkelgrüne Blattgemüse, Erbsen, Weizenkeime, Hülsenfrüchte	400 µg
B 12 (Cobalamin)	Aminosäure- und Fettsäurestoffwechsel	Anämie, Müdigkeit, nervöse Störungen	Milch, Fisch und Meerestiere, fermentierte Sojabohnen, Käse, Fleisch	2,0 µg
Biotin	Protein-, Fett- und Kohlenhydratstoffwechsel	Hauterkrankungen, Herzerkrankungen, Müdigkeit, Anämie	Milchprodukte, Melasse, Nüsse	30–100 µg
Panthothensäure	Fettsäure-, Neurotransmitter-Stoffwechsel	Müdigkeit, Verdauungsstörungen, nervöse Störungen	Vollkornprodukte, Käse, Bohnen, Nüsse, Datteln, Fisch, Fleisch	4–7 mg
C (Ascorbinsäure)	Antioxidans, Kollagenbildung, Neurotransmitter-Synthese	Schlechte Wundheilung, Blutungen, Anämie	Zitrusfrüchte, Tomaten, grüne Blattgemüse, Erbsen	60 mg

durch lebenswichtige Vitalstoffe zu bilden. Die Liste auf Seite 95 enthält alle wichtigen wasserlöslichen Vitamine, ihre biochemische Funktion, die Symptome von Mangelerscheinungen, ihr Vorkommen in Nahrungsmitteln und die empfohlene Tagesdosis.

Fettlösliche Vitamine

Zu den fettlöslichen Vitaminen zählen die Vitamine A, D, E, K und Betacarotin. Sie werden in der Leber gespeichert, und da sie nur langsam ausgeschieden werden, können sich schädliche Mengen ansammeln. In angemessener Dosierung stärken die fettlöslichen Vitamine das Immunsystem, den Knochenbau und schützen vor Thrombose und Herzinfarkt. Biochemische Funktionen, Folgen von Mangelerscheinungen, Vitamin-Lieferanten und empfohlene Tagesmengen finden Sie in der Liste auf der rechten Seite.

NÄHRSTOFFE ALS ANTI-AGING-MEDIZIN

Niemand stirbt, weil er alt ist. Wir sterben an den Krankheiten, die uns in höherem Alter häufig heimsuchen. Die moderne Medizin entwickelt laufend neue Behandlungsmethoden für diese Krankheiten, die Leiden verursachen und das Leben verkürzen. Aber es scheint sich auch zu erweisen, dass wir durch Nährstoffe das altersbedingte Risiko senken und damit verbundene Beschwerden verringern können. Im folgenden Abschnitt befassen wir uns mit fünf Krankheitsbildern, bei denen Nahrungsergänzungen sinnvoll einzusetzen sind: Herzkrankheiten, Krebs, Gedächtnisverlust, Arthritis und Immunschwäche.

Das Herz schützen

Herzkrankheiten sind nicht nur die Ursache für viele schwere Erkrankungen, sondern auch die häufigste Todesursache in un-

Nährstoffe als Anti-Aging-Medizin

Vitamin	Funktion im Organismus	Mangelerscheinungen	Vitamin-Lieferanten	Empfohlene Tagesdosis µg: Mikrogramm; I.E.: Internationale Einheit (Maß für die Wirksamkeit einer Substanz)
A	Beteiligt am Sehvorgang, an Wachstum und Entwicklung von Haut und Schleimhaut, Immunstärkung	Hauterkrankungen, Nachtblindheit, Störungen der Knochenbildung	Milchprodukte, gelbe und grüne Gemüse (Karotten, Zucchini, Paprika), rote und gelbe Früchte (Aprikosen, Papaya), Eigelb	4000–5000 I.E.
Carotinoide (Beta-Carotin)	Antioxidans, aktiviert das Immunsystem	Erhöhtes Risiko von Herz-Kreislauf-Erkrankungen und Krebs	Gelbe und grüne Gemüse (Süßkartoffeln, Kürbis), rote und gelbe Früchte (Cantaloupe-Melonen, Pfirsiche)	Werden nach Bedarf in Vitamin A umgewandelt
D (Chole-, Ergocalciferol)	Regulation des Kalzium- und Phosphathaushalts	Schlechter Knochenbau (Mineralisationsstörungen des Skelettsystems)	Fischleberöl, fette Fische, angereicherte Milchprodukte, Eigelb, Butter	200–400 I.E.
E (Alpha-, Beta-, Gammatocopherol)	Antioxidative Wirkung, schützt die Zellmembran	Störungen des Nervensystems, der Blutbildung und des Reproduktionssystems	Pflanzliche Öle, Vollkornprodukte, grüne Blattgemüse, Weizenkeime, Eigelb, Butter, Nüsse	12–18 I.E.
K (Phyllo-, Menachinon)	Beteiligt an der Biosynthese verschiedener Blutgerinnungsfaktoren	Verlängerte Blutgerinnungszeit, Blutungen	Dunkelgrüne Blattgemüse, Brokkoli, Hülsenfrüchte	45–80 µg

serer Gesellschaft. Es ist inzwischen allgemein bekannt, dass Rauchen, Bluthochdruck, ein zu hoher Cholesterinspiegel und Bewegungsmangel das Risiko von Herz-Kreislauf-Erkrankungen erhöhen. Wenn unsere innere Einstellung von Feindseligkeit geprägt ist, macht uns auch das anfälliger für einen Herzinfarkt. Auf die Auswirkungen des gesamten persönlichen Lebensstils werden wir später noch ausführlicher eingehen; hier konzentrieren wir uns auf die Rolle der Nahrungsergänzungen.

Antioxidanzien

Verschiedene Studien haben gezeigt, dass oxidierte Arten von Cholesterin sich vermehrt in den Blutgefäßen ablagern, was schließlich zum Arterienverschluss führt. Antioxidativ wirkende Vitamine können die Bildung des »schlechten« Cholesterins verhindern und das Risiko für Herzanfälle senken. Untersuchungen der drei wichtigsten Antioxidanzien ergaben die stärkste Wirkung für Vitamin E und die geringste für Vitamin C. Die Beta-Carotenoide liegen im mittleren Bereich.

Nach den Ergebnissen der Forschung aus den letzten 30 Jahren schützt Vitamin E das Herz, wenn man täglich zwischen 100 und 800 I. E. (Internationale Einheit: Maß für die Wirksamkeit einer Substanz) zu sich nimmt. In einer der umfangreichsten Studien traten bei Männern, die durchschnittlich ein Jahr lang 400 oder 800 I. E. Vitamin E eingenommen hatten, in beiden Dosierungsgruppen 47 Prozent weniger Herzanfälle auf. Auch die meisten anderen Untersuchungen über Männer und Frauen haben die positiven Wirkungen von Vitamin E bei Herzerkrankungen bestätigt.

Einige Untersuchungsergebnisse legten nahe, dass Nahrungsmittel mit einem hohen natürlichen Beta-Carotin-Gehalt einen gewissen Schutz vor Herzerkrankungen bieten. Doch bis heute wurde nicht überzeugend nachgewiesen, dass eine Ergänzungstherapie mit Carotinoiden in jedem Fall gesundheitsfördernd wirkt. In einer groß angelegten Untersuchung starben sogar Raucher, die

Nährstoffe als Anti-Aging-Medizin 99

Beta-Carotin und Vitamin A erhielten, öfter an Lungenkrebs und hatten geringfügig häufiger Herzanfälle. Die Bedeutung dieser Studie ist zwar noch immer umstritten, aber das Fazit zum Thema der Schutzwirkung von Carotinoiden vor Herzerkrankungen lautet: Essen Sie lieber Ihre Karotten, anstatt zu viel von diesem Nahrungsergänzungsmittel zu nehmen.

Die wichtige Schutzfunktion von Vitamin C für gesunde Blutgefäße ist zwar nachgewiesen, aber es konnte bisher nicht gezeigt werden, dass eine Ergänzungstherapie mit Vitamin C das Risiko von Herzkrankheiten senkt. Wie bei den Carotinoiden erkrankten Menschen, die Nahrungsmittel mit hohem Vitamin-C-Gehalt zu sich nahmen, weniger häufig an Herzerkrankungen als solche, die weniger frisches Obst und Gemüse aßen. Wer regelmäßig Lebensmittel mit viel Vitamin C verzehrt, hat vermutlich auch einen gesunden Lebensstil, und das lässt sich nicht einfach durch Vitaminzusätze ausgleichen.

Eine natürliche Substanz mit antioxidativer Wirkung, die derzeit immer mehr Beachtung findet, ist das Co-Enzym Q10 oder CoQ10. Man nennt es auch Ubichinon *(ubiquitär = überall verbreitet)*, weil es in allen lebenden Systemen vorkommt. Das Enzym stärkt die Leistungskraft des Herzmuskels und schützt bei koronaren Herzerkrankungen, Bluthochdruck und ischämischen Herzerkrankungen vor Belastungen. Wir wissen zwar noch nicht genug über diese Substanz, um ihre generelle Anwendung zu empfehlen. Aber wenn Sie an einer Herzerkrankung leiden, sollten Sie mit Ihrem Arzt über diese Möglichkeit sprechen.

Folsäure, B 12, B 6, Homozystein

Zu den wichtigsten Entdeckungen der Ernährungswissenschaft zählt die Erkenntnis, dass hohe Konzentrationen der Aminosäure Homozystein das Risiko für Koronarerkrankungen vergrößern. Dieses Protein ist für die Entwicklung von Arteriosklerose verantwortlich und erhöht die Thrombosegefahr. Folsäure sowie die Vitamine B-6 und B-12 senken den Homozystein-Spiegel im Blut.

Folsäure – 400 Mikrogramm bis 5 Milligramm – als Nahrungsergänzung kann zusammen mit B 6- und B 12-Gaben den Homozystein-Spiegel senken und die Entwicklung koronarer Herzkrankheiten verzögern.

Dem Krebs keine Chance geben

Trotz aller Fortschritte der Medizin auf dem Weg, Krebs zu verstehen, zu diagnostizieren und zu behandeln, ist diese gefürchtete Krankheit bei uns immer noch die zweithäufigste Todesursache. Dabei gibt es nur wenige andere Krisensituationen im Leben, in denen die Vorsorge sich ebenso sehr lohnt wie bei Krebs. Wir wissen immer noch nicht alles über diese Krankheit. Aber es gibt zuverlässige Hinweise darauf, dass eine Ernährung mit einem hohen Anteil an Antioxidanzien unsere Zellen gegen Toxine von innen und außen schützen, die bösartige Wucherungen auslösen können. Die Schutzwirkung zusätzlicher Vitamingaben ist dagegen nicht eindeutig nachgewiesen. Hier unsere gegenwärtige Meinung zum Thema Vitamine und Krebs.

Vitamin A und Carotinoide

Obwohl man hätte erwarten können, dass es Patienten mit einem hohen Krebsrisiko durch die Gabe von Beta-Carotin besser ginge, konnten in drei verschiedenen Studien keine positiven Wirkungen nachgewiesen werden. Weder bei Raucherinnen und Rauchern noch bei Männern, die Asbest ausgesetzt gewesen waren, bot Beta-Carotin Schutz vor Lungenkrebs. In zwei Untersuchungen zeigte die mit Beta-Carotin behandelte Gruppe sogar ein erhöhtes Erkrankungsrisiko.

Laboruntersuchungen haben gezeigt, dass Vitamin A und verschiedene Carotinoide bei Prostata-, Muttermund-, Mund- und Hautkrebs wachstumshemmend wirken. Die Ergebnisse klinischer Studien über zusätzliche Gaben dieser Vitamine fielen jedoch

Nährstoffe als Anti-Aging-Medizin

nicht überzeugend aus. Eines der interessantesten Carotinoide ist Lykopin, ein hoch konzentrierter Wirkstoff der Tomate. Dass dieses stark antioxidative Carotin vermutlich vor Prostatakrebs schützt, sollte Anlass genug für Sie sein, regelmäßig Tomaten zu essen. Wir empfehlen Ihnen also eine Ernährung, die reich ist an natürlichen Carotinoiden, und den sinnvollen Einsatz von Nahrungsergänzungen, um eine gesunde Grundversorgung zu sichern.

Vitamin E

Da bereits vor vielen Jahren in Laborstudien an Tieren nachgewiesen wurde, dass Vitamin E bei verschiedenen Krebsarten vorbeugend wirkt, vermutete man diese Wirkung auch beim Menschen. Eine breit angelegte Untersuchung in China ergab, dass Menschen, die täglich eine zusätzliche Dosis Beta-Carotin, Vitamin E und Selen bekamen, im Vergleich mit anderen Diätplänen eine signifikant niedrigere Krebsrate hatten. Nach anderen Berichten kann Vitamin E vor Oral-, Kehlkopf- und Prostatakrebs schützen. Eine tägliche Portion von dieser kraftvollen antioxidativen Substanz ist eine wesentliche Voraussetzung für jugendliches Wohlbefinden im Alter.

Vitamin C

Wie auch die anderen Antioxidanzien hat sich Vitamin C in Laborversuchen deutlicher als krebsvorbeugend erwiesen als bei klinischen Studien. Zwar gibt es Hinweise darauf, dass Vitamin C das Krebsrisiko der weiblichen Fortpflanzungsorgane, des Verdauungstrakts und der Atmungsorgane senkt, aber die Frage, ob sich diese Befunde auf den Menschen übertragen lassen, ist noch offen. Da Vitamin C im Allgemeinen gut verträglich ist, raten viele Ernährungswissenschaftler zu einer höheren Dosierung als der zurzeit empfohlenen Tagesdosis von 60 Milligramm.

Vitamine und Gedächtnis

Wir alle betrachten ein klares Denken und ein gutes Gedächtnis als Kennzeichen von Gesundheit und Wohlbefinden. Die Leistungsfähigkeit des Gehirns hängt wesentlich von einer gesunden Ernährung ab, und das ein oder andere Nahrungsergänzungsmittel hat sich hier als nützlich erwiesen. Untersuchungen zu Vitamin E haben – sowohl an Tieren wie auch an Menschen – gezeigt, dass seine antioxidativen Eigenschaften die Gehirnzellen vor der gedächtnisschädigenden Wirkung bestimmter Toxine schützten. In einer umfangreichen Studie mit älteren Menschen zeigte sich ein Zusammenhang zwischen niedriger Vitamin-E-Versorgung und verminderter Gedächtnisleistung: Alzheimer-Patienten konnten ihren Zustand unter Vitamin-E-Gaben bessern. Im Großen und Ganzen sind wir davon überzeugt, dass Sie geistig fit bleiben, wenn Sie sich täglich ausreichend mit Vitamin E versorgen.

Zunehmend Beachtung findet der Extrakt aus den getrockneten Blättern des Ginkgobaums, weil er Merkfähigkeit und Konzentration verbessert. Der Ginkgo biloba (Fächerblattbaum) ist der älteste Baum der Erde und unterstützt die geistigen Funktionen sowohl bei gesunden Menschen als auch bei Personen mit Gedächtnisstörungen. Der standardisierte Extrakt, der inzwischen fast überall erhältlich ist, kann Ihnen ein hilfreicher Verbündeter dabei sein, auf der Höhe Ihrer geistigen Leistungsfähigkeit zu bleiben. Die normale Tagesdosis liegt zwischen 120 und 240 Milligramm. Da es – sehr selten – vorkommt, dass Ginkgo zu Blutungen führt, sollte es sicherheitshalber nicht zusammen mit Blutverdünnern eingenommen werden.

Der Überträgerstoff Acetylcholin, der an Speicherung, Erinnerung und Weitergabe von Informationen beteiligt ist, spielt vermutlich bei der Gedächtnisfunktion des Gehirns eine besonders wichtige Rolle. Lange Zeit haben Wissenschaftler mit mäßigem Erfolg versucht, die Bildung von Acetylcholin durch synthetische und natürliche Substanzen zu steigern. Eine aus der Sojabohne gewonnene Substanz namens Phosphatidyl-Serin (PS) unterstützt

Nährstoffe als Anti-Aging-Medizin 103

die Acetylcholin-Synthese und verbesserte in Studien die Hirnleistung. Die im Handel erhältlichen Phosphatidyl-Serin-Präparate werden durchweg aus Soja hergestellt. In den Studien, in denen PS die Merkfähigkeit steigerte, wurde eine Tagesdosis von 300 Milligramm verwendet. Eine Reihe von Firmen bietet diese Substanz als Nahrungsergänzung an.

Acetyl-L-Carnitin (ALC) ist ein weiterer Nahrungsmittelzusatz, der die Acetylcholin-Bildung anregen soll. Dieser biologische Wirkstoff übernimmt eine wichtige Rolle in der Energiegewinnung der Muskelzellen und scheint auch in den Gehirnzellen eine bedeutende Funktion zu haben. In Untersuchungen der Alzheimer-Krankheit konnte ALC besonders bei jüngeren Patienten den Gedächtnisverlust verzögern. Bei älteren Patienten ohne Demenz konnte ALC Gedächtnisstörungen mindern. Wie außerdem berichtet wird, bessert ALC Aufmerksamkeit und Lernfähigkeit sowie depressive Symptome.

Wissenschaftliche Untersuchungen haben gezeigt, dass Carnitin nicht nur geistige Fähigkeiten und Gefühle positiv beeinflusst, sondern auch Herz- und Nervenfunktionen bei Zuckerkranken verbessert. L-Carnitin und Acetyl-L-Carnitin werden von verschiedenen Firmen meist in Form von Kapseln, die insgesamt 250 Milligramm enthalten, angeboten. Außer Verdauungsstörungen wurden bei der Einnahme dieser Substanzen so gut wie keine Nebenwirkungen beobachtet. In Studien mit Alzheimer-Patienten betrug die Tagesdosis ein bis drei Milligramm, wobei spürbare Wirkungen unter Umständen aber erst nach einigen Monaten zu erwarten sind. Wenn Sie selbst oder jemand, der Ihnen nahe steht, an fortschreitendem Gedächtnisverlust leiden, ist die Einnahme von ALC einen Versuch wert. Ansonsten halten wir es nicht für sinnvoll, dass Sie Ihre Ernährung regelmäßig mit einer Extraportion Carnitin ergänzen.

Gesunde Gelenke

Jugend und Vitalität stehen für die Fähigkeit, sich ohne Beschwerden zu bewegen. Gelenkschmerzen und Arthritis können unsere Lebensqualität einschränken und uns das Gefühl geben, älter zu sein, als wir sind. Man hört heute immer öfter, dass man seine Gelenke über die Ernährung gesund erhalten und Beschwerden und Behinderungen durch Gelenkentzündungen oder Degeneration entgegenwirken kann.

Die Vitamine A, C, D und E schützen unsere Gelenke tatsächlich vor Verschleiß durch Bewegung. Bei einer Studie am Arthritis-Zentrum der Boston University stellte sich vor kurzem heraus, dass eine höhere Vitamin-C-Aufnahme und in geringerem Maß auch Vitamin E und Beta-Carotin degenerative Arthritis und Schmerzen vermindern. Aus anderen Berichten geht hervor, dass die antioxidativen Eigenschaften von Vitamin E die entzündlichen Prozesse bei rheumatoider Arthritis bessern. Auch das B-Vitamin Niacinamid wirkt entzündungshemmend bei Gelenkproblemen.

Fettsäuren gegen Entzündungen

Unser Blut ist eine gehaltvolle Suppe aus biochemischen Substanzen, die durch die Nährstoffe »gewürzt« wird, die wir zu uns nehmen. Zytokine, chemische Substanzen, die zur Zellaktivierung beitragen, sind für den Verlauf einer Entzündung ausschlaggebend und werden von den aufgenommenen Fetten und Ölen beeinflusst.

Dieser Prozess ist zwar sehr vielschichtig, aber es zeigt sich mehr und mehr, dass man durch Nahrungsmittel, die viele Omega-3-Fettsäuren enthalten, üble entzündliche Reaktionen eindämmen kann. Leinsamen und Seefische wie Lachs, Thunfisch und Hering gehören zu den Lebensmitteln mit einem hohen Anteil an Omega-3-Fettsäuren. Aufgrund ihrer Wirkung als Lipid-Senker schützen diese Fettsäuren auch vor Koronarerkrankungen.

Nährstoffe als Anti-Aging-Medizin 105

Nährstoffe für Ihre Gelenke

Glucosaminsulfat ist ein natürlicher Bestandteil des Knorpelgewebes. In einer Reihe von Studien, die sich mit dieser Nahrungsergänzung beschäftigten, ergaben sich eine schmerzlindernde Wirkung und eine deutliche Verbesserung der Gelenkfunktion. Die Substanz wird überraschend gut aus dem Darm aufgenommen und war in vielen Untersuchungen ebenso wirksam wie die herkömmlichen entzündungshemmenden Medikamente – mit weniger negativen Nebenwirkungen. Die übliche Dosis Glucosaminsulfat beträgt 500 Milligramm drei Mal täglich.

Das Immunsystem stärken

Ein gesundes Immunsystem ist Grundlage und Spiegelbild unserer Gesundheit und Fitness. Wenn das Immunsystem optimal arbeitet, reagiert es auf Bedrohungen mit einer angemessenen Immunantwort, das heißt, es reagiert weder zu schwach noch zu stark. In vielen Studien ist nachgewiesen worden, dass die natürlichen Abwehrfunktionen mit zunehmendem Alter schwinden, was die Menschen anfälliger macht für Infektionen und Krebs. In vieler Hinsicht ist unsere Fähigkeit, zwischen vermutlich positiven und negativen Einflüssen zu unterscheiden, der Kern eines intakten Abwehrsystems und damit eines gesunden Lebens. Um jünger zu werden und länger zu leben, brauchen wir auf Dauer ein gesundes Immunsystem.

Aus der Forschung, die sich seit Jahrzehnten mit den ernährungswissenschaftlichen Aspekten des Immunsystems befasst, wissen wir, dass Menschen, die gut und ausreichend essen, eher gesunde Abwehrmechanismen zeigen als unterernährte. Dabei geht es im Besonderen um die Antioxidanzien. Die Vitamine E, C, A und Carotinoide zusammen mit ausreichenden Mengen der Mineralien Selen, Zink und Kupfer bilden die lebenswichtige Grundlage unserer Abwehrmechanismen, die uns gegen innere und äußere Angriffe auf unser Wohlbefinden schützen. Nach einer kürzlich durchgeführten Studie der Tufts University stärkt beispielsweise eine Ergänzungstherapie mit einer optimalen Tagesdosis Vitamin E das Immunsystem gesunder Erwachsener. Untersuchungen zu Vitamin C und Beta-Carotin haben ebenfalls gezeigt, dass hoch dosierte Antioxidanzien für eine optimale Immunabwehr außerordentlich wichtig sind.

FITMACHER AM HORIZONT

Das Interesse an der Rolle der Ernährung für die Gesundheit wächst. Immer neue Substanzen kommen auf den Markt und versprechen Jugend, Gesundheit und Vitalität. Meist stützen sich die Behauptungen auf kleinere Studien mit Ergebnissen, die zwar neugierig machen, aber nicht überzeugend sind. Auch wenn sich einige dieser »Nutraceuticals« (Nahrungsmittel mit Heilwirkung) am Ende als wertvoll erweisen mögen, halten wir eine routinemäßige Aufnahme in unser Ergänzungsprogramm im Augenblick noch nicht für gerechtfertigt. In diesem Abschnitt befassen wir uns mit einigen dieser »Fitmacher der Zukunft« und empfehlen Ihnen, sich selbst weiter zu informieren, bevor Sie sie in Ihr Ernährungsprogramm einbauen.

SAM – ein wirksamer Stimmungsaufheller?

Aus der essenziellen Aminosäure Methionin bildet der Körper die natürliche Substanz SAM (S-Adenosylmethionin). Sie ist an vielen wichtigen Stoffwechselreaktionen und der Biosynthese einiger Schlüsselsubstanzen im Gehirn beteiligt. In wissenschaftlichen Untersuchungen mit depressiven Menschen berichteten mehr als 60 Prozent der Teilnehmer, die eine Tagesdosis von 1600 Milligramm einnahmen, oft schon nach einer oder zwei Wochen, dass sich ihre Stimmung aufgehellt habe.

SAM ist relativ teuer und erst seit wenigen Jahren auf dem Markt. Es wird normalerweise in Tablettenform zu 200 Milligramm pro Tablette angeboten. Da eine Tablette bis zu 2,48 Euro kosten kann, beläuft sich die Tagesdosis unter Umständen auf bis zu 19,80 Euro. SAM hat meist nur leichte Nebenwirkungen wie Übelkeit, Kopfschmerzen, Schwächegefühl, in seltenen Fällen tritt Herzklopfen auf. Einige Befürworter von SAM raten davon ab, diese Substanz bei manisch-depressiven Erkrankungen einzusetzen, da es die manische Phase verstärken kann. Fibromyalgie, eine rheumatische Erkrankung mit chronischen Schmerzen, wird zum Teil mit SAM in geringerer Dosierung von 800 Milligramm pro Tag behandelt. Zur Unterstützung der Wirksamkeit wird häufig die gleichzeitige Einnahme von Vitamin B 6, B 12 und Folsäure empfohlen.

Möglicherweise ist SAM eine wirksame Alternative zu Antidepressiva. Bevor wir aber seine Verwendung empfehlen können, muss es noch weiter wissenschaftlich erforscht werden. Wenn Sie sich ständig niedergedrückt und erschöpft fühlen, fragen Sie Ihren Arzt, welche Behandlungsmöglichkeiten Sie haben und ob er SAM empfiehlt.

Wachstumshormone – Wundermittel gegen das Altern?

Im Jahr 1990 veröffentlichten Dr. David Rudman und seine Kollegen im »New England Journal of Medicine« einen interessanten Artikel zum Thema Altern. Sie hatten Männern zwischen 60 und 80 Jahren sechs Monate lang dreimal wöchentlich das Wachstumshormon Somatropin (STH) injiziert. Bei Abschluss der Studie hatten diese Männer mehr magere Körpermasse, einen geringeren Fettanteil und eine dickere Haut.

Anfangs wurde STH aufgrund dieser Ergebnisse begeistert als der lang ersehnte Jungbrunnen gefeiert. Doch leider stellte sich in Nachfolgestudien heraus, dass dieses Hormon im Langzeitgebrauch einige unerwünschte Nebenwirkungen zeigte. Die Injektionen mit Wachstumshormonen mussten abgesetzt werden, weil bei einigen Männern ein Karpaltunnelsyndrom, Ödeme, Gelenkschmerzen und Brustschwellungen auftraten. In anderen Studien kam es bei den Versuchspersonen zwar zu einer Steigerung der Muskelmasse, jedoch nicht der Körperkraft. Schließlich konnten zusätzliche Wachstumshormone die Wirkung eines guten Trainingsprogramms nicht verbessern.

Da STH-Injektionen teuer und umständlich sind, hat man versucht, die körpereigene Bildung und Freisetzung von Wachstumshormonen durch oral gegebene Aminosäuren anzuregen. Es ist seit langem nachgewiesen, dass die Injektion der Aminosäure Arginin die STH-Konzentration erhöht. Versuche, den Wachstumshormonspiegel mit oral verabreichtem Arginin zu steigern, erbrachten jedoch keine eindeutigen Ergebnisse. Nach allen Informationen, die uns bis heute vorliegen, scheint uns der langfristige Nutzen einer Ersatztherapie mit Wachstumshormonen nicht ausreichend bewiesen. Aber wir werden die Forschung auf diesem Gebiet weiterhin mit großem Interesse verfolgen.

DHEA – ein jugendliches Powerhormon?

DHEA (Dehydroepiandrosteron) ist ein von der Nebennierenrinde gebildetes natürliches Hormon. Es hat sicherlich eine Funktion, aber obwohl es bereits vor mehr als 50 Jahren identifiziert wurde, hat die Wissenschaft bisher nicht feststellen können, was es bewirkt. Man weiß, dass wir in den ersten zehn Jahren sehr wenig, im Alter zwischen 20 und 40 Jahren jedoch sehr viel DHEA produzieren. Danach sinkt die DHEA-Konzentration allmählich ab, sodass sie im Alter von 70 Jahren geringer ist als in der Jugend. Studien, in denen Tieren oder Menschen zusätzliches DHEA verabreicht wurde, zeigten keine eindeutigen Ergebnisse und führten zu kontroversen Diskussionen. Einige begeisterte DHEA-Befürworter preisen es als *das* Anti-Aging-Elixier, während die meisten Mediziner weitere Untersuchungen über die positiven Langzeitwirkungen und Gesundheitsrisiken fordern. Unter den unzähligen Studien dieser interessanten Substanz gibt es Berichte, nach denen DHEA antidepressiv wirkt, die Merk- und Konzentrationsfähigkeit steigert, das Körperfett abbaut und das Immunsystem stärkt. Vor kurzem wurde in Frankreich eine Untersuchung durchgeführt, bei der Männer und Frauen im Alter zwischen 60 und 80 Jahren täglich 50 Milligramm DHEA erhielten, während eine Vergleichgruppe ein Placebo bekam. Nach Abschluss der einjährigen Studie wiesen die jüngeren Männer leichte Verbesserungen des Hautbildes auf, während die über siebzigjährigen Frauen deutliche Verbesserungen an Haut und Knochen sowie eine erhöhte Libido zeigten. Es bleibt unklar, ob diese Wirkungen auf die Umwandlung von DHEA in männliche und weibliche Sexualhormone zurückzuführen ist oder ob es sich um eine spezifische Wirkung des DHEA handelt. Leider gibt es für fast jede Studie mit einem positiven Ergebnis eine andere, die nicht zu den gleichen Resultaten kommt.

Obwohl über schwerwiegende Nebenwirkungen nichts bekannt ist, muss doch festgehalten werden, dass DHEA eine Vorstufe der männlichen und weiblichen Sexualhormone ist. Nach seiner Umwandlung kann es zu Gesundheitsschäden wie Akne, Brustkrebs, Prostatakrebs und psychiatrischen Problemen führen. Besorgniserregend ist auch, dass die Nebenwirkungen einer Langzeitbehandlung nicht bekannt sind. Die oben genannte französische Studie erstreckte sich über ein Jahr, aber die meisten anderen Untersuchungen mit positiven oder negativen Ergebnissen umfassten weniger als drei Monate. Unserer Ansicht nach gibt es noch zu viele offene Fragen, um eine routinemäßige Anwendung dieses faszinierenden Hormons zu empfehlen. Wir werden die DHEA-Forschung weiterhin aufmerksam beobachten und neue Erkenntnisse an Sie weitergeben. In der Zwischenzeit halten wir uns an eine andere Möglichkeit, den Hormonspiegel zu beeinflussen. Verschiedene Studien haben gezeigt, dass Menschen, die regelmäßig meditieren, eindeutig höhere DHEA-Konzentrationen aufweisen als andere, die nicht meditieren.

Phenole

Ernährungswissenschaftler haben in unseren Nahrungsmitteln viele gesundheitsfördernde Substanzen identifiziert. Wegen ihrer stark antioxidativen Wirkung finden Pflanzeninhaltsstoffe wie die Phenole große Beachtung. Zu den bekannteren gehören die Bioflavonoide, Isoflavonoide, Katechine und Proanthozyanidine. Einige dieser Biosubstanzen, die in grünem Tee, Beeren, Weintraubenschalen, Samen und Nadelbaumrinde vorkommen, sind fünfzigmal stärkere Radikalenfänger für die aggressiven freien Sauerstoffradikale als Vitamin C und E. Die antioxidativen Eigenschaften der Proanthozyanidine aus Traubenschalen erklären vielleicht die herzschützende Wirkung von Wein. Diese Substanzen wirken nicht nur vorbeugend bei Herzerkrankungen, sondern verhindern möglicherweise auch Krebs, degenerative Hirnerkrankungen und eine Netzhautdegeneration.

Auf Grund dieser Studienergebnisse bieten viele Firmen diese gesundheitsfördernden Substanzen in konzentrierter Form als Kapseln an. Traubenschalenextrakt, Extrakt aus grünem Tee in Pulverform sowie Kiefernrindenextrakt (gewöhnlich als Pycnogenol) werden allgemein in Naturkostläden und Reformhäusern angeboten und als Wundermittel gegen das Altern gepriesen. Auch wir halten diese Substanzen für Geschenke der Natur, meinen aber, dass man sie am besten in natürlicher Form zu sich nimmt. Wir empfehlen Ihnen diese »Super-Antioxidanzien« in Form von Blaubeeren, Erdbeeren, Himbeeren, Brombeeren und Preiselbeeren. Essen Sie reichlich Weintrauben und kauen Sie die Kerne. Eine oder zwei Tassen grüner Tee werden Sie beleben, während Sie gleichzeitig von den darin enthaltenen Polyphenolen profitieren. Was diese Kategorie von Anti-Aging-Stoffen betrifft, halten wir eine gute Ernährung für besser als gute Medikamente.

JUNG UND GESUND – UNSERE VITAMIN-EMPFEHLUNGEN FÜR JEDEN TAG

Über Jahrtausende hinweg hat die Evolution von Lebewesen ohne Nahrungsergänzungen stattgefunden, und die meisten Substanzen, die heute in einer Multivitamintablette enthalten sind, wurden erst im Laufe des letzten Jahrhunderts chemisch entschlüsselt. Dennoch zeigt sich immer deutlicher, dass Vitaminkonzentrationen, die eine Mangelkrankheit verhindern, nicht unbedingt auch optimale Gesundheit garantieren. Wir verstehen die Nahrungser-

Jung und gesund – Vitaminempfehlungen für jeden Tag   III

gänzungen daher als eine Art Versicherungspolice: Die empfohlenen Tagesmengen sollen eine ausgewogene Ernährung ergänzen. Sie bewegen sich innerhalb der Sicherheitsgrenzen und berücksichtigen gleichzeitig, dass eine höhere Dosierung vor Erkrankungen schützen kann, die uns unserer Gesundheit und Vitalität berauben. Im Allgemeinen reicht dazu ein hoch dosiertes Multivitamin- und Multimineralpräparat aus. Unsere speziellen Empfehlungen zu Anti-Aging-Nahrungsergänzungen finden Sie im Anhang.

Wenn bei Ihnen das Risiko für Herzkrankheiten erhöht ist, können Sie zusätzlich B-Vitamine einnehmen, das heißt Folsäure, Vitamin B 6 und B 12. Wenn Sie merken, dass Ihr Gedächtnis nicht mehr so gut ist wie früher, nehmen Sie täglich ein Ginkgo-Präparat. Bei Gelenkproblemen achten Sie darauf, dass Ihre Mahlzeiten reichlich Omega-3-Fettsäuren enthalten, und ergänzen sie mit Glucosaminsulfat. Wenn Sie diese konzentrierten Nahrungsergänzungen im Rahmen einer gesunden Lebens- und Ernährungsweise anwenden, können Sie jünger werden und länger leben. Aber vergessen Sie nicht: Nahrungsergänzungen sind kein Ersatz für eine ausgewogene Ernährung!

Nahrungsergänzung Vitamine	Unsere Empfehlungen	Empfohlene Tagesdosis (in %)
B 1 (Thiamin)	7,5 mg	500
B2 (Riboflavin)	8,5 mg	500
Niacin (Niacinamid)	100 mg	500
B 6 (Pyridoxin)	10 mg	500
Folsäure	400 µg	100
B 12 (Cobalamin)	30 µg	500
Biotin	300 µg	100
Pantothensäure	50 mg	500
C (Ascorbinsäure)	500 mg	833
A (Beta-Carotin)	10 000 I. E. (½ Vitamin A, ½ Beta-Carotin)	200
D (Calciferol)	400 I. E.	100
E (Tocopherol)	400 I. E.	1333

Nahrungsergänzung Wichtige Mineralien	Unsere Empfehlungen	Empfohlene Tagesdosis (in %)
Kalzium	1000–1500 mg	100
Magnesium	400 mg	100
Jod	150 µg	100
Zink	15 mg	100
Selen	200 mg	285
Kupfer	2 mg	100
Mangan	2 mg	100
Chrom	125 µg	100
Molybdän	83 µg	100
Bor	1 mg	Noch nicht benannt

Aktivieren Sie Ihre Selbstheilungskräfte

Rituale dienen dazu, die Aufmerksamkeit zu konzentrieren. Sie wissen vielleicht nicht mehr, was Sie am letzten Donnerstag zum Abendessen anhatten, es sei denn, Sie waren zu einer Preisverleihung oder einer Geburtstagsfeier eingeladen. Rituale und besondere Anlässe führen uns von der Achtlosigkeit zur Achtsamkeit. Sie helfen uns, die Gegenwart bewusst zu erleben. In Ritualen konzentrieren wir unsere Absichten und regen die »innere Apotheke« dazu an, körpereigene Substanzen mit verjüngender Wirkung auszuschütten.

Indem Sie Ihre Nahrungsergänzungen ganz bewusst zu sich nehmen, intensivieren Sie deren Wirkung. Der oft belächelte Placebo-Effekt ist eigentlich ein wertvoller Ausdruck der Selbstheilungskraft, der natürlichen Fähigkeit unserer »inneren Apotheke«, körpereigene Heilsubstanzen zu bilden. Wenn Sie sich die positiven Effekte Ihrer Nahrungsergänzungen vorstellen, regen Sie Ihre körpereigenen Anti-Aging-Substanzen zur Mitarbeit an.

Nehmen Sie sich etwas Zeit, wenn Sie morgens Ihre Nahrungsergänzungen einnehmen. Machen Sie sich bewusst, dass diese

Jung und gesund – Vitaminempfehlungen für jeden Tag

Wirkstoffe Sie verjüngen, stärken und Ihre Lebensqualität verbessern. Stellen Sie sich vor, dass diese lebenswichtigen Substanzen einen subtilen und doch sehr kraftvollen Einfluss auf alle Zellen, Gewebe und Organe in Ihrem Körper ausüben. Gestalten Sie die morgendliche Einnahme der Nahrungsergänzungen als Ritual und wiederholen Sie dabei die Affirmationen, mit denen Sie Ihr biologisches Wunschalter bekräftigen. Unterstützen Sie die verjüngende Wirkung mit Ihrer Aufmerksamkeit und der Kraft der Absicht. Während Sie die Nahrungsergänzungen einnehmen, wiederholen Sie folgende Sätze:

An jedem Tag steigere ich auf jede nur erdenkliche Weise meine geistigen und körperlichen Fähigkeiten.
Ich wünsche mir ein gesundes biologisches Alter von ____ Jahren.
Ich sehe aus und fühle mich wie ein(e) gesunde(r) ____-Jährige(r).

Ich kehre mein biologisches Alter um,

1. *indem ich meinen Körper, sein Altern und die Zeit anders wahrnehme,*
2. *indem ich zwei Arten tiefer Entspannung erfahre – ruhevolle Wachheit und erholsamen Schlaf,*
3. *indem ich meinen Körper liebevoll mit gesunder Ernährung verwöhne und*
4. *indem ich Nahrungsergänzungen gezielt einsetze.*

5. STUFE:

UNZERTRENNLICHE PARTNER – BELEBEN SIE DIE EINHEIT VON GEIST UND KÖRPER

Ihr tägliches Übungsprogramm

Ich kehre mein biologisches Alter um, indem ich die Verbindung zwischen meinem Geist und meinem Körper fördere.

1. Ich nehme mir täglich fünf bis zehn Minuten Zeit für Atemübungen (Pranayama).

2. Ich praktiziere täglich zehn bis fünfzehn Minuten Yoga, Tai-Chi oder Qigong.

3. Ich achte auf meinen Körper und lerne, auch dann auf seine gesunden Signale zu hören, wenn mein Geist darüber hinweggehen möchte.

Der Körper und der Geist sind eins.

Wenn die enge Verbindung

zwischen Geist und Körper unterbrochen ist,

beschleunigen sich Altern und Verfall.

Die Geist-Körper-Integration wiederherzustellen

bedeutet Erneuerung.

Durch bewusste Atemübungen und Bewegungen

können Sie das Geist-Körper-System erneuern

und den Alterungsvorgang umkehren.

Sie können Ihr biologisches Alter zurücksetzen, indem Sie die Einheit zwischen Ihrem Geist und Ihrem Körper stärken und beleben. Geist und Körper sind eng miteinander verbunden. Unser Körper setzt sich zusammen aus physiologischen Systemen, Organen und Geweben, aber im Grunde ist er eine Ansammlung von Molekülen. Unser Geist setzt sich zusammen aus Ideen und Überzeugungen, Erinnerungen und Wünschen, aber im Wesentlichen ist er eine Ansammlung von Gedanken. Unser Körper ist ein Beziehungsnetz aus Molekülen, unser Geist ein Beziehungsnetz aus Gedanken. Beide entstehen aus einem allem zugrunde liegenden Bewusstseinsfeld, dem Ursprung von Geist und Körper. Jeder Gedanke, den Sie haben, ist von einem entsprechenden Molekül in Ihrem Nervensystem begleitet, das wiederum andere Moleküle im ganzen Körper beeinflusst. Wenn dieser Austausch zwischen Geist und Körper ins Stocken gerät, setzt der Alterungsprozess ein, und es entstehen Krankheiten. Indem Sie die Geist-Körper-Verbindung beleben, unterstützen Sie alle Heilungs- und Verjüngungsprozesse.

Um den Austausch zwischen Geist und Körper zu intensivieren, müssen Sie Ihren inneren Botschaften ebenso viel Aufmerksamkeit schenken wie den Informationen von außen. Die Einheit von Geist und Körper bedeutet einen gesunden Dialog zwischen Ihren Gedanken und Molekülen. Es bedeutet, dass Sie auf Ihren Körper hören und mit Liebe und Respekt auf seine Signale reagieren. Dann schenkt er Ihnen als Antwort Energie, Kraft und Flexibilität – die Eigenschaften eines jugendlichen Körpers.

Zur Stärkung der Geist-Körper-Integration gibt es viele erprobte

Wege: Yoga, Tai-Chi, Qigong, Akaido und andere Disziplinen konzentrieren mit bewusstem Atmen und Körperübungen die Aufmerksamkeit auf den Körper und den gegenwärtigen Augenblick. Diese Methoden kultivieren unsere Fähigkeit und Bereitschaft, auf die Signale unseres Körpers zu hören und den Energiefluss durch Aufmerksamkeit und Absicht zu beleben.

In der »Bhagavad Gita«, dem alten vedischen Epos, steht ein Satz, der auf Sanskrit lautet: »Yogastah kuru karmani« (II, 48). Übersetzt heißt das etwa: »Gegründet in Yoga, handle.« Yoga bedeutet hier Einheit. Unser Begriff Joch – die Verbindung zweier Zugtiere – leitet sich aus der gleichen Sanskritwurzel her. »Gegründet in Yoga« bedeutet also verankert zu sein in einem Zustand der Einheit, in dem Körper, Geist und Seele als ein Kontinuum erfahren werden. Wenn unser Bewusstsein einmal diese Ebene erreicht hat, gehen wir unseren täglichen Beschäftigungen nach, ohne den Bezug zur Ganzheit zu verlieren. Dies ist das Ziel aller Techniken zur Integration von Geist und Körper.

ATEM UND BEWUSSTSEIN

Bewusst zu atmen ist ein zentraler Punkt bei der Geist-Körper-Integration. Der Atem verbindet Geist und Körper. Mit den Gedanken verändert sich die Atmung; die Atmung wiederum beeinflusst das Denken. Wenn unser Geist unruhig ist, wird die Atmung gestört. Ist unser Geist heiter und gelassen, atmen wir ruhig. Mit geistigen Techniken wie beispielsweise der Meditation können Sie Ihre Atmung beruhigen. Umgekehrt wirken diese Atemtechniken sich entspannend auf Ihren Geist aus. Im Yoga und im Ayurveda heißen sie *Pranayama*. Der Ausdruck bedeutet »Prana ausdehnen« oder »Ausweitung der Lebenskraft«.

Es gibt Pranayama-Übungen, die Ihnen Energie geben, und solche, die Ihren Körper entspannen und Ihren Geist zur Ruhe kommen lassen. Je nach Technik und Ziel können Sie mit Pranayama morgens Energie tanken, zur Ruhe kommen, wenn Sie aufgeregt sind, oder Ihren Geist harmonisch stimmen, bevor Sie zu Bett

Atem und Bewusstsein 119

gehen. Wir stellen Ihnen nun drei grundlegende Atemübungen vor, mit denen Sie Ihre Geist-Körper-Integration verbessern und den Alterungsvorgang umkehren können.

Bringen Sie die Energie zum Fließen

Die folgende Atemtechnik, *Bhastrika* oder »Blasebalg-Atmung« genannt, stärkt die körperliche und geistige Energie, reinigt die Lungen und fördert die Sauerstoffversorgung von Zellen und Geweben. Setzen Sie sich bequem aufrecht hin und schließen Sie die Augen. Atmen Sie vollständig aus. Beginnen Sie dann, durch die Nase tief ein- und auszuatmen. Denken Sie beim Einatmen das Mantra »So«, beim Ausatmen »Hum«. Während der ersten 20 langsamen Atemzüge sollte das kräftige Ein- und Ausatmen jeweils zwei Sekunden dauern. Während der Übung zählen Sie die Atemzüge am besten an den Fingern ab.

Die nächsten 20 Atemzüge werden schneller durchgeführt: Atmen Sie durch die Nase etwa eine Sekunde ein und eine Sekunde aus, während Sie beim Einatmen »So« und beim Ausatmen »Hum« denken.

Den Abschluss bilden 20 rasche Bhastrika-Atemzüge, wobei das Ein- und das Ausatmen jeweils eine halbe Sekunde dauert. Anschließend atmen Sie noch einmal tief ein und aus und achten dann einfach auf die Empfindungen in Ihrem Körper. Sie werden feststellen, dass Ihr Geist ruhig und klar ist und Ihr Körper voller Energie.

Achten Sie darauf, dass Sie nicht hyperventilieren, sonst wird Ihnen schwindelig. Da die Luft durch das Zwerchfell bewegt wird, handelt es sich bei dieser Übung vor allem um Bauchatmung; Kopf und Schultern bleiben entspannt und bewegen sich kaum. Wenden Sie Bhastrika an, wenn Sie ein bisschen erschöpft sind und rasch Energie tanken möchten. Auch vor Ihrer Meditation am späten Nachmittag vertreibt diese Übung eine eventuelle Schläfrigkeit.

Blasen Sie Ihren Ärger weg

Die harmonisierende Atemtechnik *Ujayi* dient dazu, Geist und Körper zu beruhigen, wenn Sie frustriert oder gereizt sind. Richtig ausgeführt, wirkt sie kühlend im Rachenbereich und stabilisierend auf Lunge und Kreislauf.

Zu Beginn der Ujayi-Übung atmen Sie etwas tiefer ein als gewöhnlich.

Beim Ausatmen ziehen Sie die Rachenmuskeln leicht zusammen, sodass es wie ein leises Schnarchen klingt. Atmen Sie mit geschlossenem Mund durch die Nase aus. Um die Übung richtig auszuführen, kann man auch damit beginnen, beim ersten Ausatmen den Laut »Haah« zu flüstern. Dann schließen Sie den Mund und wiederholen den gleichen Flüsterlaut, ohne die Stimme zu gebrauchen. Dabei entsteht ein leiser Schnarchlaut an der Rachenhinterwand.

Sobald Ihnen das beim Ausatmen gelingt, »schnarchen« Sie auch beim Einatmen.

Wenn Sie merken, dass Sie nervös oder ärgerlich werden, wechseln Sie einfach zur Ujayi-Atmung über. Sie werden sich sofort ruhiger fühlen. Auch bei Yoga-Übungen oder nicht zu anstrengender körperlicher Bewegung ist diese Art der Atmung geeignet. Wenn Sie diese beruhigende Atemübung regelmäßig praktizieren, wirken Sie dem körperlichen Verschleiß entgegen und verlangsamen den Alterungsprozess.

Reinigen Sie sich von Angst und Sorgen

Eine ausgleichende und beruhigende Wirkung hat die Atemtechnik *Nadi Shodana* (»die Energiekanäle reinigen«). Diese Übung eignet sich besonders dazu, den Geist zu beruhigen, wenn Sie sich mit Ängsten und Sorgen herumquälen. Sie schließen dabei mit der rechten Hand abwechselnd die rechte und die linke Nasenöffnung. Halten Sie die Hand so, dass der Daumen, der Zeigefinger und die anderen Finger leicht gespreizt sind. Benutzen Sie den

Daumen, um die rechte, und den Zeige- und Mittelfinger, um die linke Nasenöffnung zu schließen.
 Atmen Sie normal ein und halten Sie das rechte Nasenloch mit dem Daumen zu. Atmen Sie langsam durch das linke Nasenloch aus; atmen Sie dann durch das linke Nasenloch langsam wieder ein. Verschließen Sie jetzt mit dem Zeige- und Mittelfinger die linke Nasenöffnung und atmen Sie durch das rechte Nasenloch aus. Dann atmen Sie durch das rechte Nasenloch leicht wieder ein. Verschließen Sie jetzt noch einmal die rechte Nasenöffnung mit dem Daumen und atmen Sie langsam durch das linke Nasenloch aus. Wiederholen Sie diese Übung fünf bis zehn Minuten lang, wobei Sie stets nach dem Einatmen wechseln und das jeweils andere Nasenloch benutzen. Schon nach wenigen Wiederholungen werden Sie spüren, wie sich Ihr Geist beruhigt und Ihr Körper entspannt.

Die Atemübung Nadi Shodana

Nutzen Sie alle drei Übungen, um im Alltag geistig und körperlich im Gleichgewicht zu bleiben. Pranayama ist eine Methode, die Batterien aufzuladen, ohne Kaffee zu trinken, den Körper zu entspannen, ohne Beruhigungsmittel zu nehmen, und sich ohne Alkohol ausgeglichen zu fühlen. Mit Hilfe dieser natürlichen Techniken können wir das Feld aus Energie, Transformation und Intelligenz – unser Körper-Geist-System – mit Energie versorgen und im Gleichgewicht halten.

TRAINING FÜR KÖRPER UND GEIST

Techniken wie Yoga, Tai-Chi und Qigong sind ein Training, mit dem Sie sich selbst in einen Zustand bringen, in dem Körper, Geist und Ihr innerstes Sein eine Einheit bilden, während Sie eine Handlung ausführen. Jede dieser traditionellen Übungen belebt den Austausch zwischen Körper und Geist.

Jung und gesund durch Yoga

Yoga-Kurse gibt es inzwischen auch im Westen fast überall. Noch vor 25 Jahren stellte sich der durchschnittliche Amerikaner oder Europäer unter einem Yogi einen abgemagerten Asketen im Lendentuch auf einem Nagelbett vor. Heute ist Yoga allgemein akzeptiert, und selbst in Einkaufszentren, Jugendclubs und firmeneigenen Fitnesszentren werden Kurse angeboten. Yoga hält Geist und Körper in vieler Hinsicht fit – es entspannt, macht gelenkig und fördert Muskeltonus und Körperkraft.

Über alle Zeiten und kulturellen Traditionen hinweg hat Yoga in den vergangenen 5000 Jahren seinen Wert bewiesen. Erst in jüngster Zeit hat auch die moderne Wissenschaft ihr Augenmerk auf die messbar positiven Wirkungen von Yoga bei verschiedenen Gesundheitsbeschwerden wie Arthritis, Asthma, Herzkrankheiten und Diabetes gerichtet. Die meisten Menschen praktizieren Yoga, weil die Übungen ihnen einen zentrierten, entspannten Zustand und körperliches Wohlbefinden schenken.

Unter den Hunderten verschiedener Yoga-Systeme, die heute weltweit angeboten werden, zielen einige darauf ab, den Körper zu stärken, andere wiederum machen ihn gelenkiger und entspannter. Welches System Sie auch wählen – wichtig ist, dass Sie die Yoga-Stellungen mit voller Aufmerksamkeit auf Ihren Körper einnehmen und genau darauf achten, ob er Wohlbefinden oder Unbehagen signalisiert. Wenn Sie die Yoga-Übungen regelmäßig und bewusst durchführen, werden Sie eine stetige Besserung Ihrer Gelenkigkeit und Ihrer Körper-Geist-Integration erfahren.

Der Sonnengruß

Der Sonnengruß, ein Zyklus aus zwölf Yoga-Stellungen, ist eine Abfolge aus wunderbar ausgewogenen Bewegungen, die Gelenkigkeit, Muskelkraft und sogar die Sauerstoffaufnahmekapazität erhöhen können, je nachdem, wie sie ausgeführt werden. Wir empfehlen, mindestens einmal täglich einige Sonnengruß-Zyklen durchzuführen, und zwar frühmorgens bei Sonnenaufgang oder am Spätnachmittag, wenn die Sonne untergeht. Bei den Positionen werden alle wichtigen Körperbereiche gedehnt und unsere innere Vitalität wird geweckt.

1. Grußstellung

1. Beginnen Sie in aufrechter Haltung. Ihre Füße stehen fest nebeneinander auf dem Boden. Schauen Sie geradeaus, und legen Sie die Handflächen vor der Brust gegeneinander. Atmen Sie langsam und gleichmäßig, und achten Sie auf Ihren Körper.

2. Armheben

2. Während sie das Gesäß anspannen, heben Sie beide Arme über den Kopf. Wenden Sie das Gesicht aufwärts, während Sie die Wirbelsäule dehnen. Bei dieser Stellung atmen Sie ein.

3. Fußfassen

3. Beugen Sie sich langsam aus der Hüfte nach vorn. Entspannen Sie die Wirbelsäule, während Sie mit den Händen den Boden neben den Füßen berühren. Lassen Sie Nacken und Schultern entspannt, und beugen Sie bei Bedarf die Knie, um mit den Händen den Boden zu berühren. Atmen Sie bei dieser Stellung aus.

4. Reiterstellung

4. Strecken Sie das linke Bein nach hinten, und senken Sie das Knie zum Boden. Das rechte Knie winkeln Sie nach vorn ab, bis Sie auf dem linken Knie und den Zehen des linken Fußes ruhen. Dehnen Sie gleichzeitig den Brustkorb, während Sie Kopf und Hals nach oben wenden. Atmen Sie tief ein, während Sie sich nach hinten strecken.

5. Bergstellung

5. Ziehen Sie das linke Bein nach vorn und stellen es neben das rechte. Heben Sie Gesäß und Hüften an, während Beine und Arme gestreckt bleiben. Stemmen Sie die Fersen auf den Boden, und strecken Sie die Rückseite der Beine. Der Körper bildet zwischen Becken und Händen einerseits und Becken und Füßen andererseits ein umgekehrtes V.

6. Acht-Punkte-Stellung

6. Berühren Sie behutsam mit beiden Knien den Boden, und senken Sie in gestreckter Haltung langsam den Körper, bis Brust und Kinn ebenfalls den Boden berühren. Das Körpergewicht ruht hauptsächlich auf Zehen und Fingern. Atmen Sie in dieser Stellung leicht ein und aus.

7. Kobrastellung

7. Lassen Sie das Körpergewicht auf dem Becken ruhen, während Sie den Brustkorb dehnen und Kopf und Brust leicht nach oben strecken. Benutzen Sie anfangs nur die Rückenmuskeln. Wenn Sie eine bequeme Haltung erreicht haben, können Sie die Arme strecken, aber vermeiden Sie eine zu starke Beugung nach hinten. Atmen Sie bei dieser Stellung ein.

Die übrigen fünf Haltungen wiederholen die Stellungen 1 bis 5 in umgekehrter Reihenfolge:

8. Bergstellung

8. Wiederholen Sie diese Stellung. Beim Ausatmen heben Sie Gesäß und Hüften an.

9. Reiterstellung

9. Stellen Sie das linke Bein angewinkelt nach vorn zwischen die Arme. Das rechte Bein bleibt nach hinten gestreckt, das rechte Knie ruht flach auf dem Boden. Atmen Sie ein, während Sie die Wirbelsäule und den Brustkorb schräg nach oben dehnen.

10. Fußfassen

10. Stellen Sie den rechten Fuß nach vorn neben den linken, und heben Sie dabei langsam das Gesäß nach oben. Beide Hände liegen flach auf dem Boden neben den Füßen. Beugen Sie bei Bedarf ein wenig die Knie, während Sie ausatmen.

11. Armheben

11. Richten Sie sich langsam auf. Heben Sie dabei zuerst die Arme und strecken sie über den Kopf hinaus zum Himmel. Beim Einatmen dehnen Sie die Wirbelsäule.

12. Grußstellung

12. Wiederholen Sie die Ruhestellung. Atmen Sie aus, während Sie die Arme senken, und führen Sie die Handflächen vor der Brust zusammen. Atmen Sie leicht und gleichmäßig.

Diese zwölf Stellungen bilden einen Zyklus. Wiederholen Sie diese Abfolge jeweils vier- bis zwölfmal. Kraftvoll und rasch ausgeführt, beschleunigt der Sonnengruß Ihre Herzfrequenz und trainiert so Herz und Kreislauf. Wenn Sie die Positionen langsam und entspannt einnehmen, wirken sie beruhigend auf Körper und Geist. Versuchen Sie, während der Stellungen die Ujayi-Atmung anzuwenden. Bleiben Sie mit Ihrer Aufmerksamkeit in Ihrem Körper, und lassen Sie jede Spannung oder Blockade, die Sie spüren, los. Hören Sie genau auf die Signale Ihres Körpers, während Sie nacheinander die Positionen für eine optimale verjüngende Geist-Körper-Integration einnehmen.

Der Sonnengruß im Sitzen

Sie können die zwölf Stellungen des Sonnengrußes in leicht abgewandelter Form auch im Sitzen ausführen. Die Wirkung ist ähnlich positiv wie beim Sonnengruß im Stehen. Gute Gelegenheiten bieten sich zum Beispiel bei einer Pause auf Ihrem Bürostuhl. Die Dehnübungen fördern die Spannkraft und regen den Blutkreislauf an.

1. Setzen Sie sich bequem auf einen festen Stuhl, und stellen Sie die Füße flach auf den Boden. Legen Sie die Handflächen vor der Brust gegeneinander, und zentrieren Sie Ihr Bewusstsein im Körper; atmen Sie normal.

2. Während Sie einatmen, heben Sie die Arme über den Kopf. Dehnen Sie dabei die Schultern und den Oberkörper.

3. Während Sie ausatmen, beugen Sie sich vornüber. Strecken und entspannen Sie die Wirbelsäule, bis Sie mit den Händen den Boden neben den Füßen berühren. Der Oberkörper ruht auf den Oberschenkeln, während der Nacken entspannt bleibt.

4. Beim Einatmen richten Sie den Oberkörper auf, während Sie das rechte Knie mit verschränkten Händen umgreifen. Strecken Sie die Wirbelsäule, und beugen Sie sich nach hinten, während Sie die Arme nach vorn strecken.

5. Beugen Sie das Becken nach vorn, und ziehen Sie das Knie zur Brust hoch. Beugen Sie die Schultern, den Oberkörper und den Nacken nach vorn. Atmen Sie nicht ganz aus.

6. Lassen Sie das Bein los, und stellen Sie die Füße wieder flach auf den Boden. Während Sie vollständig ausatmen, beugen Sie sich vornüber und berühren mit den Händen den Boden. Der Oberkörper ruht auf den Oberschenkeln.

7. Während die Fingerspitzen den Boden (fast) berühren, heben Sie den Kopf und strecken den Nacken und den Oberkörper. Halten Sie beim Einatmen inne.

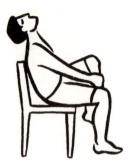

8. Richten Sie den Oberkörper wieder auf, und umgreifen Sie dieses Mal das linke Knie mit verschränkten Händen. Beugen Sie den Oberkörper nach vorn, während Sie mit gestreckten Armen das Knie nach unten ziehen. Atmen Sie dabei weiter ein.

9. Beugen Sie wieder das Becken nach vorn, während Sie das Knie zum Brustkorb hochziehen. Atmen Sie teilweise aus.

10. Atmen Sie vollständig aus, während Sie sich zum dritten Mal vornüber beugen. Legen Sie die Handflächen auf den Boden neben den Füßen.

11. Richten Sie den Oberkörper vollständig auf, und heben Sie die Arme über den Kopf. Während Sie sich nach oben strecken, atmen Sie vollständig ein.

12. Kehren Sie in die Ausgangsstellung zurück. Legen Sie die Handflächen vor der Brust gegeneinander, und spüren Sie aufmerksam den Empfindungen in Ihrem Körper nach. Atmen Sie normal.

Im Gleichgewicht mit Tai-Chi und Qigong

Die jahrhundertealten Geist-Körper-Techniken Tai-Chi und Qigong verbessern durch anmutige, langsame Bewegungen Gleichgewicht, Beweglichkeit und Muskelkraft und fördern geistige Fitness und körperliches Wohlbefinden. Qi oder Chi ist das chinesische Wort für Lebenskraft. Tai-Chi ist der Prozess der Verbindung mit der höchsten universalen Kraft. Qigong wird mit »Kultivierung der Energie« übersetzt. Bei diesen Techniken handelt es sich um eng verwandte Bewegungsmeditationen, die darauf abzielen, mit fließenden, zentrierten Bewegungen das Körperbewusstsein zu wecken. In China, wo Millionen von Menschen täglich Tai-Chi und Qigong üben, gelten diese Techniken als die wichtigsten Fitnessprogramme für Geist und Körper, um die Entspanntheit in der Aktivität zu kultivieren. Sie stimmen Absicht, Atmung und Bewegung aufeinander ab und fördern so die Einheit von Geist und Körper.

In wissenschaftlichen Untersuchungen wurden zahlreiche positive Auswirkungen auf verschiedene Gesundheitsaspekte nachgewiesen. Tai Chi verbessert das Gleichgewicht, die Koordination sowie die Gesundheit von Herz und Lungen. Vielleicht suchen Sie sich einen Tai-Chi- oder Qigong-Kurs in Ihrer Nähe, um mit diesen wunderschönen Bewegungen Ihre Geist-Körper-Integration wiederzubeleben?

Damit Sie einen Eindruck von der Ruhe und Lebendigkeit dieser Bewegungen bekommen, probieren Sie einfach einmal folgende Grundübung aus:

Energie in Bewegung

Konzentrieren Sie sich bei dieser Übung von Anfang an ganz auf Ihren Körper. Bewegen Sie sich kontinuierlich, weich, fließend und langsam wie in Zeitlupe.

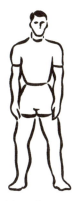

1. Stellen Sie sich aufrecht hin. Ihre Füße stehen parallel zueinander, etwas mehr als schulterbreit.

2. Heben Sie langsam Ihre Arme nach vorn und nach oben, während Sie gleichzeitig leicht Ihre Knie beugen. Die Fingerspitzen sind mit einem Abstand von etwa 20 Zentimetern einander zugewandt; die Handflächen weisen zum Körper. Setzen Sie die Bewegung fort, bis die Hände etwa in Schulterhöhe sind.

3. Rollen Sie nun langsam Ihre Schultern nach vorn und führen Ihre Hände nach unten, bis die Handflächen in Taillenhöhe zum Boden zeigen. Beugen Sie gleichzeitig die Knie etwas stärker.

4. Heben Sie nun langsam wieder Arme und Hände, bis die Fingerspitzen einander zugewandt sind; richten Sie sich gleichzeitig etwas auf, indem Sie die Knie leicht strecken.

5. Wiederholen Sie diesen Bewegungsablauf ein paarmal, und stellen Sie sich dabei vor, Sie bewegten sich im Wasser. Dann lassen Sie langsam Ihre Arme nach unten sinken und nehmen eine normale, entspannte Haltung ein.

Bewusstsein in Bewegung

Alle diese Geist-Körper-Techniken regen den Körper dazu an, seine natürliche Vitalität durch Bewegung auszudrücken. Wenn die Körperenergie zu fließen beginnt, tritt das geistige Geplapper in den Hintergrund, und es stellt sich ein Zustand wertfreier Beobachtung ein. Die Erfahrung, im eigenen Körper vollständig wach zu sein, stärkt die Geist-Körper-Integration und verfeinert die Sensibilität der Gedanken für die Moleküle.

Wir wissen, dass unsere Gedanken und Gefühle auf unseren Körper einwirken und dass dieser wiederum unser seelisches und emotionales Befinden beeinflusst. Wenn wir unsere Haltung, Stellung oder Position verändern, sind auch unsere Gefühle und Gedanken direkt davon betroffen. Wenn Sie ausgelaugt und erschöpft sind, versuchen Sie einmal, sich so hinzusetzen oder stellen, dass Sie entspannt und wach wirken. Sie werden merken, wie sich Ihre Stimmung ändert. Wenn die Einheit von Geist und Körper durch Yoga, Tai-Chi und Qigong gestärkt wird, kommt alles, was im Ungleichgewicht ist, rascher zum Vorschein und kann korrigiert werden, bevor es zu ausgeprägten Beschwerden führt.

Suchen Sie sich eine der Techniken für bewusste Bewegung aus. Wenn Sie die Übungen mit voller Aufmerksamkeit durchführen, können Sie in all Ihren Lebensphasen die ungestörte, gesunde Kommunikation zwischen Körper und Geist aufrechterhalten.

DIE KOMMUNIKATION ZWISCHEN KÖRPER UND GEIST

Wenn wir nicht auf die gesunden Signale des Körpers hören, beschleunigen wir das Altern und legen den Grundstein für viele Erkrankungen. Wenn Ihr Körper ein gesundes Bedürfnis ausdrückt, Ihr Geist aber nicht darauf reagiert, entsteht ein Ungleichgewicht, das die Einheit von Geist und Körper zerstören kann. Übliche Beispiele für den Zusammenbruch der Geist-Körper-Kommunikation sind folgende Situationen:

- Ihr Körper ist müde und braucht Schlaf; Ihr Geist missachtet dieses Bedürfnis wegen einer Late-Night-Show im Fernsehen.
- Ihr Körper ist am Ende einer Mahlzeit gesättigt; Ihr Geist besteht darauf, noch eine weitere Portion Nachtisch vom Buffet zu holen.
- Ihr Körper ist hungrig; Ihr Geist besteht darauf, die Mittagspause durchzuarbeiten.
- Ihr Körper erinnert Sie daran, die Blase zu leeren; Ihr Geist weigert sich, mitten im Film hinauszugehen.
- Ihr Körper möchte sich strecken; Ihr Geist weigert sich, die anderen Passagiere neben Ihnen im Flugzeug zu stören.

Fangen Sie an, auf die Signale Ihres Körpers zu hören, und folgen Sie denjenigen, die Ihre Gesundheit fördern. Sie wissen selbst am besten, welche Signale positiv und welche auf ungesunde Gewohnheiten zurückzuführen sind. Immer wenn Ihre körperlichen und geistigen oder emotionalen Bedürfnisse im Widerstreit liegen, sollten Sie sich einfach fragen: Werde ich jünger werden und länger leben, wenn ich dieses Verlangen stille? Lautet die Antwort ja, erfüllen Sie das Bedürfnis. Lautet die Antwort nein, weil Sie erkennen, dass das Verhalten vermutlich Ihrer Gesundheit schadet, lassen Sie es sein. Sollte das Bedürfnis, sei es aus Gewohnheit oder Sucht, stärker sein als Ihr gesundes Urteil, geben Sie ihm ganz bewusst nach, und achten Sie dabei genau auf Ihren Körper. Nehmen Sie Ihre Entscheidung bewusst zur Kenntnis, ohne sich dafür zu verurteilen. Wenn Sie regelmäßig meditieren und Ihre Entscheidungen wertfrei erleben, werden Sie immer seltener in Konfliktsituationen zwischen Geist und Körper geraten.

An jedem Tag steigere ich auf jede nur erdenkliche Weise meine geistigen und körperlichen Fähigkeiten.
Ich wünsche mir ein gesundes biologisches Alter von ____ Jahren.
Ich sehe aus und fühle mich wie ein(e) gesunde(r) ____-Jährige(r).

Die Kommunikation zwischen Körper und Geist

Ich kehre mein biologisches Alter um,

1. *indem ich meinen Körper, sein Altern und die Zeit anders wahrnehme,*
2. *indem ich zwei Arten tiefer Entspannung erfahre – ruhevolle Wachheit und erholsamen Schlaf,*
3. *indem ich meinen Körper liebevoll mit gesunder Ernährung verwöhne,*
4. *indem ich Nahrungsergänzungen gezielt einsetze und*
5. *indem ich die Einheit von Geist und Körper wiederbelebe.*

6. STUFE:

AKTIV UND FIT –
TREIBEN SIE REGELMÄSSIG SPORT

Ihr tägliches Übungsprogramm

Ich kehre mein biologisches Alter um, indem ich regelmäßig Fitnesstraining betreibe.

1. *Ich mache mindestens dreimal pro Woche gymnastische Übungen.*
2. *Ich betreibe mindestens dreimal pro Woche 20 Minuten Krafttraining.*
3. *Ich entscheide mich im Alltag bewusst für Tätigkeiten, die mich körperlich fit und aktiv halten.*

❦ *Ein komplettes Trainingsprogramm*
umfasst Dehnübungen, Krafttraining
und Herz-Kreislauf-Training.
Körperliche Bewegung beeinflusst alle Biomarker
und setzt Ihr biologisches Alter zurück. ❧

Ein regelmäßiges Bewegungstraining gehört zu den wichtigsten Schritten auf dem Weg, Ihr biologisches Alter umzukehren. Wir leben im Zeitalter der Automatisierung und laufen Gefahr, so viel Zeit mit Kopfarbeit zu verbringen, dass wir darüber vergessen, was unser Körper braucht. Und Bewegung gehört zu seinen Grundbedürfnissen:»Wer rastet, der rostet.« In den westlichen Industriestaaten breitet sich die Übergewichtigkeit wie eine Epidemie aus, auch bei Kindern. Das kommt vor allem daher, dass die Menschen sich heute weniger körperlich bewegen als zu irgendeiner Zeit in der menschlichen Entwicklungsgeschichte. Als Ergebnis dieses Bewegungsmangels sind wir anfälliger für Herzkrankheiten, Bluthochdruck, Diabetes, Arthritis, Osteoporose und Krebs.

In einer ganzen Reihe von Studien hat sich gezeigt, wie sehr Bewegungsmangel unsere Gesundheit gefährdet. Laut einem Bericht von 1968 verschlechterten sich die Herz- und Kreislaufwerte junger, gesunder Männer nach dreiwöchiger Bettruhe in einem Maß, das einem Altern um fast 20 Jahre entsprach. Wie jeder weiß, der schon einmal einen Gips tragen musste, weil er sich einen Knochen gebrochen hatte, führt die mangelnde Bewegung eines Muskels zu Muskelschwund und Schwäche.

Körperliche Bewegung allein beeinflusst schon viele wichtige Biomarker des Alterns. Dr. William Evans und Dr. Irwin Rosenberg von der Tufts University haben die nachhaltige Wirkung dokumentiert, die das Bewegungstraining auf Muskelmasse, Kraft, Sauerstoffaufnahmekapazität, Knochendichte und viele andere entscheidende Biomarker des Alterns ausübt. Bewegung ist die effektivste Methode, um die HDL-Cholesterinkonzentration (das

»gute« Cholesterin) zu steigern. Studien belegen, dass Männer im Alter zwischen 60 und 70 Jahren nach nur zwölf Wochen Training ihre Muskelkraft um 100 bis über 200 Prozent steigerten. Sobald Ihre physische Kraft zunimmt, wird Ihr Körper magerer. Dadurch kann er Zucker besser verstoffwechseln, und das Diabetes-Risiko sinkt. Durch ein regelmäßiges Krafttraining stärken Sie Ihre Knochen und sind damit weniger gefährdet, Osteoporose zu bekommen. Das ist besonders wichtig für Frauen, weil sie nach der Menopause an Knochenmasse verlieren.

Von allen Methoden, jung zu bleiben, führen Sport und Fitnesstraining am ehesten zu greifbaren Ergebnissen. Bereits eine Woche nach Trainingsbeginn werden Sie eine entscheidende Besserung Ihres Allgemeinbefindens spüren. Nach ein paar Wochen werden Sie die Bewegung gar nicht mehr missen mögen. Regelmäßige Bewegung ist ein unentbehrlicher Bestandteil des Programms zur Umkehrung des Alterungsvorgangs.

RUNDUM IN FORM

Ein umfassendes Fitnessprogramm umfasst Übungen, die Elastizität, Kraft und Ausdauer stärken. Wenn der Körper gelenkiger wird, steigert sich das körperliche und emotionale Wohlbefinden, das Verletzungsrisiko sinkt. Wie wir im letzten Kapitel gesehen haben, fördern Yoga, Tai-Chi und Qigong die Gelenkigkeit und die Geist-Körper-Integration. Beginnen Sie also jedes Training mit mindestens zehn Minuten sanftem, bewusstem Stretching. Leider gibt es immer noch zu viele Leute, die mit den besten Absichten ein Bewegungsprogramm anfangen, ohne sich genügend Zeit zum Aufwärmen zu nehmen. Deshalb überanstrengen sie dann einen Muskel oder zerren sich eine Sehne und sind nicht mehr in der Lage, das Fitnesstraining durchzuführen, das sie dringend brauchen.

Kraft aufzubauen fördert die Vitalität und bremst den Abbau der Muskelmasse im Alter, die Sarkopenie. Dieser Ausdruck stammt von den Forschern der Tufts University und bedeutet so viel wie »Mangel an Fleisch«. Ein Krafttraining kann die bekannten Folgen

Rundum in Form 145

von Bewegungsmangel wie körperliche Schwäche, weniger Muskelmasse und mehr Körperfett jedoch rückgängig machen. Trainieren mit Gewichten steigert den Muskeltonus, verbessert dadurch die Haltung und vermindert Rückenschmerzen. Wenn Sie chronische Probleme mit der Lendenwirbelsäule haben und glauben, dass Sie nicht trainieren können, beginnen Sie ganz langsam mit dem Aufbau Ihrer Rücken- und Bauchmuskulatur – Ihre Beschwerden werden zurückgehen.

Körperliche Bewegung wirkt sich auch emotional und psychisch positiv aus. Hunderte von Studien belegen, dass ein regelmäßiges Fitnesstraining die seelische und geistige Stimmung hebt. Hier einige der positiven psychologischen Effekte, die sich in Zusammenhang mit dem Training gezeigt haben:

- Weniger Depressionen
- Weniger Angstzustände
- Weniger Gereiztheit
- Weniger Misstrauen und Zynismus
- Mehr Selbstachtung
- Besseres Stressmanagement
- Besserer Schlaf

Indem Sie Ihren Körper trainieren, steigern Sie Ihr Selbstvertrauen. Es ist gut für Ihren Körper, und es ist gut für Ihren Geist. Lassen Sie uns nun die einzelnen Bestandteile eines effektiven Fitnessprogramms zur Verjüngung genauer betrachten.

Werden Sie gelenkig

Nehmen Sie sich vor einem anstrengenden Kraft- oder einem Herz-Kreislauf-Training ein paar Minuten Zeit für Dehn- und Streckübungen. Besonders wenn Sie am Arbeitsplatz viele Stunden lang sitzen, verbessern ein paar Dehnübungen die Muskelverkürzungen und -verspannungen, die durch Bewegungsmangel entstehen. Erstaunlicherweise gibt es nur wenige wissenschaftlich gestützte Aussagen darüber, dass Stretching vor dem Training das Risiko von Muskelverletzungen herabsetzt. Dehnübungen, bei denen die einzelnen Stellungen 15 Sekunden gehalten werden, sind nach den vorliegenden Berichten am günstigsten. Wenn Sie häufig Schmerzen in der Gegend der Lendenwirbelsäule haben, können Übungen, die die Wirbelsäule strecken, während und nach dem Training Ihre Beschwerden lindern.

Machen Sie vor dem Training täglich fünf bis zehn Minuten Yoga oder andere Dehnübungen. Der Sonnengruß, den Sie bereits kennen gelernt haben, dehnt alle Muskelgruppen, fördert die Gelenkigkeit der Wirbelsäule, den Blutkreislauf und den Muskeltonus. Vor einem Kraft- oder Aerobictraining können Sie den Sonnengruß dazu nutzen, Ihre Aufmerksamkeit ganz auf Ihren Körper zu konzentrieren.

Sammeln Sie Kraft

Unsere Muskeln verändern sich je nachdem, ob sie benutzt werden oder nicht. Deshalb sollten wir die verschiedenen Muskelgruppen regelmäßig aktivieren, um sie zu kräftigen. Unser Körper besitzt über hundert verschiedene Muskeln, die unsere Bewegungen steuern und unsere Haltung unterstützen. Ein systematisches Krafttraining der wichtigsten Muskelgruppen von Armen, Beinen und Rumpf hat außerordentlich positive Folgen. Am besten kräftigen Sie Ihre Muskeln, indem Sie langsam anfangen und dann allmählich Ihre Kondition aufbauen. Gewiss bieten Fitness-Studios vielfältige Trainingsmöglichkeiten und sorgen auch für die nötige Motivation. Aber Sie brauchen keine aufwändigen Geräte, um ein effektives Fitnesstraining zu betreiben.

Die sieben Basisübungen

Wenn Sie die folgenden sieben Übungen zwei Wochen lang ein über den anderen Tag ausführen, werden Sie feststellen, dass sich Ihr Muskeltonus und Ihre Kraft deutlich steigern. Nehmen Sie sich für jede Übung vier bis fünf Minuten, dann kommen Sie insgesamt auf eine halbe Stunde Krafttraining.

1. Bizeps-Beuger

Diese Übung kräftigt den Beugemuskel der Unterarme. Beginnen Sie mit einem Gewicht von zwei bis zweieinhalb Kilo. Sie können eine kleine Hantel kaufen oder einen anderen Gegenstand mit diesem Gewicht benutzen. Wiederholen Sie die Übung zehn- bis fünfzehnmal, während Sie auf einem Stuhl mit gerader Lehne sitzen. Anfangs ruht der Unterarm auf dem Oberschenkel, die Handfläche zeigt nach oben. Strecken Sie den Unterarm gerade aus und beugen ihn dann vollständig. Beim Beugen atmen Sie ein, beim Strecken atmen sie aus. Nach einem Durchgang machen Sie eine halbe Minute Pause, dann wiederholen Sie die Übung, und zwar mit jedem Arm drei- bis fünfmal. Nach ein paar Wochen können Sie das Gewicht allmählich erhöhen. Diese Übung stärkt vor allem die Bizeps-Muskeln.

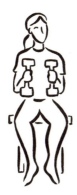 

2. Außenrotatoren

Diese wertvolle Übung zur Vermeidung von Schulterbeschwerden kräftigt die Muskeln, die für die Außenrotation sorgen. Viele Trainingsprogramme, die die Außenrotatoren vernachlässigen, verursachen Ungleichgewichte im Schultergürtel und führen so leicht zu Verletzungen der Rotatorenmanschette.

Sitzen Sie auf einem Stuhl mit aufrechter Lehne, und benutzen Sie die gleichen Gewichte wie bei der ersten Übung. Legen Sie die Ellenbogen seitlich dicht an den Körper, die Arme sind parallel zum Boden gerade nach vorn gerichtet. Führen Sie die Arme jetzt langsam so weit wie möglich nach außen. Halten Sie diese Stellung einige Sekunden lang, gehen Sie dann wieder in die Ausgangsposition zurück. Wiederholen Sie die Außenrotation zehnmal.

Diese Muskelgruppe lässt sich auch mit einem Theraband (breites Gummiband, Stretchband) trainieren. Halten Sie das Theraband mit beiden Händen fest, führen Sie die Arme gegen den Widerstand des Therabands nach außen.

3. Liegestütz

Diese bekannte Übung trainiert den Schultergürtel und den Trizeps. Wenn Ihnen die Übung nicht mit ausgestreckten Beinen gelingt, senken Sie die Knie auf den Boden. Dadurch wird Ihr Körpergewicht etwas abgefangen. Atmen Sie ein, während Sie den Körper zum Boden senken, atmen Sie aus, während Sie den Körper anheben. Wiederholen Sie die Übung am Anfang acht bis zehn Mal, machen Sie nach jedem Durchgang eine halbe Minute Pause. Beginnen Sie in der ersten Woche mit drei und steigern dann langsam auf fünf Durchgänge.

4. Halbe Sit-ups

Um bei dieser Übung eine maximale Wirkung zu erzielen, genügt es, den Kopf nur 25 bis 30 Grad vom Boden anzuheben. Im Gegensatz zu vollständigen Sit-ups vermeiden halbe Sit-ups eine unnötige Belastung der Wirbelsäule. Legen Sie sich mit angewinkelten Knien auf eine gepolsterte Unterlage, verschränken Sie die Hände hinter dem Kopf. Ziehen Sie Kopf und Schultern von der Unterlage hoch, bis das Kinn etwa eine Faustbreite von der Brust entfernt ist. Atmen Sie während des Anhebens ein und während des Zurücklegens aus. Wiederholen Sie die Übung 15-mal, machen Sie dann eine Pause von einer halben Minute. Beginnen Sie mit drei Durchgängen, erhöhen Sie allmählich auf fünf.

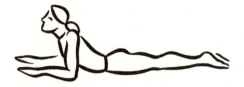

5. Kräftigung des Rückens

Legen Sie sich auf den Bauch, der Unterarm liegt bis zu den Handflächen auf dem Boden. Heben Sie nun – *ohne sich mit den Händen abzudrücken* – Kopf und Brust langsam an. Spannen Sie dabei die Rückenmuskeln an, die Arme dienen nur zur Stabilisierung und bleiben vollkommen entspannt liegen. Wiederholen Sie die Übung 20- bis 25-mal.

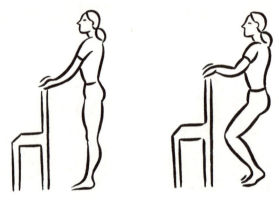

6. Kräftigung der Oberschenkel

Diese Übung wird am besten vor einem Tisch oder Stuhl durchgeführt. Legen Sie die Hände auf die Stuhllehne (oder den Tischrand), und beugen Sie dann die Knie. Um die Knie zu schützen und die Oberschenkelmuskeln optimal zu trainieren, sollten die Knie nicht mehr als neunzig Grad gebeugt werden. Halten Sie die Wirbelsäule senkrecht zum Boden. Atmen Sie ein, während Sie die Knie beugen, atmen Sie aus, wenn Sie sie strecken. Beginnen Sie mit 15-mal, und wiederholen Sie die Übung nach einer Pause von einer halben Minute.

Treppensteigen eignet sich ebenfalls zur Kräftigung der Oberschenkel. Trainieren Sie an einer Stufe von etwa 30 Zentimetern Höhe, wobei Sie zuerst das eine, dann das andere Bein benutzen. Steigen Sie anfangs mit jedem Bein 25-mal die Stufe hinauf. Trainieren Sie, bis Sie ein leichtes Brennen in den Oberschenkelmuskeln spüren.

Sie können die Muskeln, die das Knie strecken, auch mit Gewichten trainieren. Setzen Sie sich auf einen Stuhl mit gerader Rückenlehne; beschweren Sie die Fußgelenke mit Gewichten zwischen einem und zweieinhalb Kilo. Strecken Sie langsam das Knie, und halten Sie diese Stellung ein paar Sekunden. Führen Sie das Bein dann langsam in die Ausgangsposition zurück. Danach wechseln Sie die Seite. Fangen Sie mit etwa zehn Wiederholungen an.

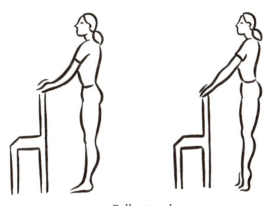

7. Ballenstand

Diese Übung tonisiert und kräftigt die Wadenmuskeln. Stellen Sie sich barfuß oder in Strümpfen vor einen Stuhl oder einen Tisch. Legen Sie die Hände auf die Lehne oder den Tischrand. Atmen Sie ein, während Sie sich langsam auf die Zehenspitzen stellen, atmen Sie aus, während Sie langsam wieder in die Ausgangsstellung zurückgehen. Führen Sie die Übung 20- bis 25-mal durch, wiederholen Sie sie nach einer kurzen Pause von einer halben Minute. Beginnen Sie zunächst mit drei Durchgängen, und steigern Sie sich langsam auf fünf.

Schwung für Ihren Kreislauf

Der menschliche Körper ist ein überaus kompliziertes biologisches System, das dazu geschaffen ist, schöpferische Ideen in die Praxis, Gedanken in die Tat umzusetzen. Wenn Sie nicht regelmäßig dafür sorgen, dass die Sauerstoffversorgung Ihrer Lungen und die Blutzirkulation in Ihrem Körper ansteigen, bekommt dieses System nie die Gelegenheit zu Spitzenleistungen. Ohne regelmäßiges Training von Herz, Kreislaufsystem und Atmungsorganen steigt das Risiko für Herzkrankheiten, Bluthochdruck und verschiedene Krebsarten. Unabhängig von Alter und gegenwärtiger Fitness verbessert ein Trainingsprogramm das körperliche und emotionale Wohlbefinden und macht Sie jünger.

Ebenso wie das Krafttraining braucht auch ein wirksames Herz-Kreislauf-Fitnessprogramm nicht kompliziert zu sein. Allerdings sollte man regelmäßig trainieren, auch wenn sich immer wieder scheinbar gute Gründe finden, weshalb das Training gerade heute ausfallen könnte. Es ist leichter, sich an die Trainingsroutine zu halten und keinen Termin auszulassen. Entscheiden Sie sich für sportliche Übungen, die Sie unabhängig vom Wetter ausführen können, und halten Sie sich an die einmal gewählte Routine. Drei bis vier Trainingsrunden von jeweils 20 bis 30 Minuten pro Woche reichen in der Regel aus, um deutliche Erfolge zu erzielen. Beachten Sie ein paar einfache Regeln dazu, wie viel und wie oft sie trainieren sollten, um Herz und Kreislauf optimal zu trainieren.

Wie Sie den Zielbereich Ihres persönlichen Trainings bestimmen

Als Ausgangswert berechnen Sie Ihre maximale Herzfrequenz (MHF) nach der Formel 220 minus Lebensalter.

$$220 - \frac{\text{Ihr Alter in Jahren}}{} = \frac{\text{Ihre maximale Herzfrequenz}}{}$$

Mit 50 Jahren beispielsweise beträgt Ihre maximale Herzfrequenz 170 (220 − 50). Wenn Sie bisher keinen Sport betrieben haben,

Rundum in Form

lassen Sie sich zuerst noch einmal von Ihrem Arzt durchchecken, um sicherzustellen, dass es keine Kontraindikationen gegen ein Trainingsprogramm ohne ärztliche Aufsicht gibt wie zum Beispiel eine Herzkrankheit, starkes Übergewicht oder Arthritis. Wenn Sie mit dem Training beginnen, sollten Sie einen Zielbereich zwischen 50 und 60 Prozent Ihrer maximalen Herzfrequenz anstreben – 60 Prozent, wenn Sie ganz gut in Form sind, und 50 Prozent, wenn das nicht der Fall ist oder wenn Sie Herz und Kreislauf längere Zeit nicht belastet haben.

$$\frac{}{\text{Maximale Herzfrequenz}} \times 0{,}6 = \frac{}{\text{Zielbereich der Herzfrequenz}}$$

Mit 50 würde der Zielbereich Ihrer Herzfrequenz zwischen 85 und 102 Schlägen pro Minute liegen (50 % von 170 = 85; 60 % von 170 = 102).

Messen Sie vor Trainingsbeginn Ihren Puls, und trainieren Sie so lange, bis Ihre Herzfrequenz den Zielwert erreicht. Es gibt schon ab etwa 50 Euro qualitativ gute elektronische Herzfrequenzmesser. Ohne ein solches Gerät können Sie Ihren Puls während des Trainings alle fünf bis zehn Minuten mit dem Zeigefinger am Handgelenk kontrollieren, aber es ist natürlich einfacher, wenn Sie nur einen Blick auf den Herzfrequenzmesser an Ihrem Handgelenk werfen müssen.

Die besten Ergebnisse erzielen Sie, wenn Sie 20 bis 30 Minuten trainieren. Wenn Sie aber nicht gut in Form sind, fangen Sie erst einmal mit 10 oder 15 Minuten an. Es gibt eine ganze Reihe von Sportarten und -geräten, mit denen Sie Ihr Herz-Kreislauf-System wirkungsvoll in Schwung bringen können: Jogging, Radfahren, Tanzen, Kickboxen, Spinning, Laufband, Stepper, Rudern, Wandern und Schwimmen. Suchen Sie sich etwas aus, das Ihnen Spaß macht und ohne größeren Aufwand umzusetzen ist. Gute Erfolge erzielen Sie auch mit einem gemischten Training. Damit ist gemeint, dass Sie an verschiedenen Tagen zwischen Kraft- und Herz-Kreislauf-Übungen abwechseln: zum Beispiel an einem Tag 20 Minuten Laufband, am nächsten Radfahren und an einem anderen Tag ein Aerobic-Kurs. Jede dieser Sportarten trainiert andere

Muskelgruppen und verbessert gleichzeitig Ihre Herz-Kreislauf-Fitness. Reservieren Sie für Ihre Übungen an jedem Tag möglichst die gleiche Zeit, um eine Kontinuität zu gewährleisten.

Sobald Sie ohne Anstrengung in Ihrem derzeitigen Zielbereich trainieren, versuchen Sie, Ihre Herzfrequenz von 65 auf 70 Prozent des maximalen Werts zu steigern. Mit 50 Jahren würde Ihre angestrebte Herzfrequenz nun zwischen 110 und 128 Schlägen pro Minute liegen (65 % von 170 = 110; 75 % von 170 = 128). Bleiben Sie in den ersten Wochen bei 60 Prozent und steigern sich dann schrittweise alle paar Wochen um 5 Prozent, bis Sie 70 oder 75 Prozent erreicht haben.

Setzen Sie den Zielbereich Ihrer Herzfrequenz nicht herauf, wenn Sie sich auf dem gegenwärtigen Trainingsniveau anstrengen müssen. Sie sollten sich während des Trainings nebenbei bequem unterhalten können. Sobald Ihnen das leicht fällt, sind Sie vermutlich so weit, das Training zu intensivieren. Bei den meisten Übungen sollten Sie durch die Nase atmen können. Um die Aufmerksamkeit auf den Körper zu konzentrieren, wiederholen Sie während des Trainings in Gedanken das Mantra »So Hum«, und zwar beim Einatmen »So« und beim Ausatmen »Hum«.

Ein leichtes Schwitzen zeigt Ihnen, dass Ihr Körper Kalorien verbrennt, aber Sie sollten nicht übermäßig schwitzen. Wenn Ihnen die Luft ausgeht oder Sie Schmerzen in der Brust bekommen, sollten Sie aufhören und sich sofort an Ihren Arzt wenden. Natürlich spürt man während eines guten Trainings, dass man Energie verbraucht. Aber man sollte sich anschließend nicht völlig erschöpft oder ausgelaugt fühlen. In der Anfangszeit oder wenn Sie das Training intensivieren, ist ein leichter Muskelkater normal, aber Sie sollten keine wirklichen Schmerzen haben. Benutzen Sie Ihren gesunden Menschenverstand, und nehmen Sie sich vor, Ihre Leistungsfähigkeit durch ein ausgewogenes, regelmäßiges Ausdauertraining über längere Zeit zu steigern.

Wenn Sie Ihr Fitnessprogramm konsequent durchführen, wird der Erfolg nicht lange auf sich warten lassen: Ihre Muskeln werden zusehends kräftiger, und die Herz-Kreislauf-Leistung verbessert sich. Sie werden sich nicht nur rundum wohl fühlen, sondern auch überflüssige Pfunde verlieren, besser schlafen und eine regelmäßige Verdauung haben. Am wichtigsten ist jedoch, dass Sie sich so fühlen und so aussehen werden, wie es Ihrem Wunschalter entspricht. Aber erst müssen Sie selbst den Schritt zur Steigerung Ihrer körperlichen Leistungsfähigkeit tun. Fangen Sie gleich heute damit an, und Sie werden bald erleben, wie Sie jünger werden.

Trainieren Sie auch unterwegs

Wenn Sie häufig auf Reisen sind, sollten Sie ganz besonders darauf achten, Ihr Trainingsprogramm einzuhalten. In den meisten Hotels gibt es heute einen Fitnessraum mit einer Grundausstattung. Wenn Sie ein Zimmer buchen, fragen Sie gleich auch nach den Trainingsmöglichkeiten. Falls es keine gibt, können Sie die wichtigsten Übungen auch im Hotelzimmer durchführen, indem Sie einfach zwei Wasserflaschen als Gewichte verwenden. Für die anderen Kraftübungen brauchen Sie nur Ihren Körper.

Wenn Ihnen kein Laufband zur Verfügung steht, führen Sie einfach 15 bis 20 Minuten lang rasch hintereinander die Stellungen des Sonnengrußes aus, um Ihren Kreislauf zu trainieren. Nehmen Sie im Hotel nicht den Aufzug, sondern benutzen Sie die Treppe. Wenn Sie zu einer geschäftlichen Verabredung zu Fuß gehen können, verzichten Sie auf das Taxi und nehmen sich genügend Zeit für einen zügigen Spaziergang. Es ist leichter, das Training regelmäßig beizubehalten, als ein oder zwei Wochen aufzuhören und dann wieder damit anzufangen. Machen Sie Ihr Fitnessprogramm zu einer Sache von höchster Priorität!

WERDEN SIE BEWUSST AKTIV

Achten Sie den ganzen Tag über auf Möglichkeiten, sich körperlich zu bewegen. Wenn Sie einen Kilometer von Ihrem Fitness-Studio entfernt wohnen, ziehen Sie Ihre Laufschuhe an und joggen Sie dorthin, anstatt mit dem Auto zu fahren und dann zehn Minuten nach einem Parkplatz zu suchen. Wenn sich Ihr Büro im zwanzigsten Stock eines Hochhauses befindet, fahren Sie bis zum sechzehnten Stock mit dem Aufzug und steigen die restlichen Treppen hinauf. Wenn Sie mit dem Fahrrad zum Einkaufen fahren, sparen Sie außerdem noch Benzin. Stellen Sie Ihr Auto in einiger Entfernung von Ihrer Arbeitsstelle ab, und gehen Sie zu Fuß dorthin. Um körperlich aktiv zu bleiben, treffen Sie bewusste Entscheidungen. Körper und Geist werden es Ihnen mit mehr Energie und Leistungsfähigkeit danken. Körperliche Aktivität trägt wesentlich dazu bei, dass Sie jünger werden und länger leben.

An jedem Tag steigere ich auf jede nur erdenkliche Weise meine körperliche und geistige Leistungsfähigkeit.
Ich stelle mich auf ein gesundes biologisches Alter von ____ Jahren ein.
Ich sehe aus und fühle mich wie ein(e) gesunde(r) ____-Jährige(r).

Ich kehre mein biologisches Alter um,

1. *indem ich meinen Körper, sein Altern und die Zeit anders wahrnehme,*
2. *indem ich zwei Arten tiefer Entspannung erfahre – ruhevolle Wachheit und erholsamen Schlaf,*
3. *indem ich meinen Körper liebevoll mit gesunder Ernährung verwöhne,*
4. *indem ich Nahrungsergänzungen gezielt einsetze,*
5. *indem ich die Einheit von Geist und Körper wiederbelebe und*
6. *indem ich Fitnesstraining betreibe.*

7. STUFE:

GROSSREINEMACHEN – ENTGIFTEN SIE IHR LEBEN

Ihr tägliches Übungsprogramm

Ich kehre mein biologisches Alter um, indem ich mich körperlich und emotional von Gift- und Schadstoffen befreie.

1. *Ich ernähre mich frei von Gift- und Schadstoffen und trinke täglich zwei bis drei Liter Wasser.*
2. *Ich lerne, mit negativen Gefühlen umzugehen.*
3. *Ich harmonisiere »giftige« Beziehungen oder gebe sie auf.*

❦ *Die Ansammlung von Giften*

im Körper-Geist-System beschleunigt das Altern.

Wenn wir uns von Gift- und Schadstoffen reinigen,

wecken wir unsere Fähigkeit zu Erneuerung und Verjüngung.

Alles Schädliche muss aufgespürt

und aus unserem Körper, unserem Geist und unserer Seele

entfernt werden. ❧

Sie können Ihr biologisches Alter umkehren, indem Sie Ihr Leben von gesundheitsschädlichen Einflüssen befreien. Jeder Lebensimpuls wirkt entweder positiv und gesundheitsfördernd oder schädigend. Eine positive Erfahrung stimmt Sie glücklich, sie wirkt bewusstseinserweiternd und verjüngend. Eine negative, »giftige« Erfahrung macht Sie unglücklich, führt zu Stagnation und beschleunigt das Altern. Das gilt sowohl für giftige Substanzen und Nahrungsmittel als auch für schädliche Beziehungen oder Gefühle. Untersuchen Sie jeden Bereich Ihres Leben und sondern Sie alles Schädliche aus. Das ist ein wichtiger Schritt auf dem Weg, den Alterungsprozess umzukehren.

Hauptursache für beschleunigtes Altern und Krankheit sind toxische Reaktionen. Wie die Medizin heute weiß, entstehen Zell- und Gewebeschäden durch die so genannten freien Radikale, das sind aggressive Abfallprodukte der Sauerstoffverbrennung. Andere Bezeichnungen sind reaktiver Sauerstoff, Hydroxyl, Superoxid und Wasserstoffperoxid. Ein freies Radikal ist ein Molekül, dem ein Elektron fehlt und das danach strebt, sich zu vervollständigen. Deshalb »raubt« es einem anderen, intakten Molekül ein Elektron und kümmert sich nicht darum, wer Opfer dieser Beutezüge wird: Proteine, Fettsäuren oder die Erbinformation der DNA. Unter kontrollierten Bedingungen sind freie Radikale im Nahrungsstoffwechsel und in der körpereigenen Abwehr gegen eindringende Bakterien nützlich. Allerdings richten sie auch zusätzlich Schaden an und sind verantwortlich für Krankheiten und Alterungsvorgänge. Viele der häufigsten Krankheiten in unserer Gesellschaft werden mit freien Radikalen in Zusammenhang gebracht:

- Krebs
- Herzkrankheiten
- Schlaganfall
- Zuckerkrankheit
- Arthritis
- Osteoporose
- Entzündliche Darmerkrankungen
- Glaukom
- Netzhautdegeneration
- Alzheimer-Krankheit

Faltige Haut, graues Haar und steife Gelenke gehen ebenfalls auf das Konto der freien Radikale. Bestimmte Faktoren, die wir beeinflussen können, begünstigen die Radikalenbildung, andere verringern sie. Folgende Faktoren fördern freie Radikale:

- Rauchen
- Umweltverschmutzung
- Alkohol
- Strahlung, übermäßige Sonneneinwirkung
- Gegrilltes und geräuchertes Fleisch
- Alte und fermentierte Nahrungsmittel
- Chemotherapie
- Erhöhter Verzehr von gesättigten und gehärteten Fetten
- Stress und Stresshormone

Der Mensch hat einen komplexen Abwehrmechanismus entwickelt, um die zerstörerische Wirkung der freien Radikale im Körper zu neutralisieren. Unser antioxidatives Schutzsystem aus zahlreichen Enzymen, Vitaminen und Mineralien hemmt normalerweise die Oxidationsprozesse. Wenn es intakt ist, fängt es die freien Radikale ab, bevor sie Schaden anrichten können.

Mit folgenden Maßnahmen stärken Sie Ihr antioxidatives Schutzsystem:

- Essen Sie mehr Nahrungsmittel mit einem hohen Gehalt an natürlichen Antioxidanzien – frisches Obst, Gemüse, Getreide, Nüsse und Bohnen.
- Verwenden Sie reichlich Kräuter und Gewürze mit einem hohen Antioxidanzien-Gehalt – Dill, Koriander, Rosmarin, Salbei, Thymian, Minze, Fenchel, Ingwer und Knoblauch.
- Nehmen Sie antioxidative Vitamine zu sich – Vitamin A, C und E.
- Meiden Sie Tabak, übermäßigen Alhoholgenuss und Medikamente, die nicht lebensnotwendig sind.
- Sorgen Sie für weniger Stress – meditieren Sie.

Die Ansammlung von Giftstoffen im Körper-Geist-System beschleunigt das Altern.

VIER SCHRITTE ZUR ENTGIFTUNG

Merkwürdigerweise tut der Mensch gern Dinge, die ihm schaden. Diese Neigung hat zum Teil chemische Ursachen, denn Nikotin, illegale Drogen und Alkohol ahmen in ihrer Wirkung natürliche, körpereigene Substanzen nach, die bei Entzug ein starkes Verlangen auslösen. Ein weiterer Aspekt dieser Neigung ist möglicherweise unser kindlicher Widerstand gegen Autoritäten, die uns vorschreiben, was gut oder schlecht für uns ist. Wie auch immer, wenn sich das gesundheitsschädigende Verhalten erst einmal eingeschliffen hat, verstärkt sich die Gewohnheit durch das damit verbundene Ritual. So kann zum Beispiel schon das bloße Einschenken eines Drinks oder das Anzünden einer Zigarette beruhigend wirken und Ängste lösen. Problematisch daran ist natürlich, dass uns dieses Verhalten zwar kurzfristig Erleichterung verschafft, aber auch anfällig macht für langfristiges Leiden.

Am Chopra Center haben wir die Erfahrung gemacht, dass mehrere Elemente zusammenkommen müssen, wenn jemand etwas aufgeben soll, das ihm nicht gut tut. Um sich aus einem negativen Verhaltensmuster zu lösen und es durch ein gesundes zu ersetzen, müssen Sie diese Veränderung mit Ihrem Denken und Handeln unterstützen. Vier entscheidende Schritte sind notwendig, um etwas Schädliches aus Ihrem Leben zu entfernen.

Den Entschluss fassen

Der erste wichtige Schritt ist das Ziel, eine klar formulierte, feste Absicht. Wenn Sie nicht davon überzeugt sind, dass es Ihnen ohne schädliche Einflüsse besser ginge, fehlt Ihnen die Motivation oder der nötige Wille zur Veränderung. Formulieren Sie Ihre Absicht am besten nicht negativ, sondern positiv. Wenn Sie mit dem Rauchen aufhören wollen, sollten Sie Ihre Absicht etwa so ausdrücken: »Ich möchte problemlos atmen können und mich körperlich wohl fühlen – ohne das Verlangen nach Zigaretten«, nicht so: »Ich muss diese schrecklichen Zigaretten aus meinem Leben verbannen«. Wenn Sie aufhören möchten, Alkohol zu trinken, formulieren Sie den Wunsch, sich sicher und zentriert zu fühlen – ohne die Notwendigkeit der »Selbstmedikation«. Wenn Sie abnehmen wollen, wünschen Sie sich einen gesunden, leistungsfähigen Körper. Stellen Sie sich in allen Einzelheiten vor, was sich in Ihrem Leben positiv verändern wird, sobald Sie die schädliche Gewohnheit aufgeben. Wenn Sie fest entschlossen sind, eine bestimmte Abhängigkeit aufzugeben, finden Sie in der »Vision der Gesundheit« Unterstützung.

Wenn Sie regelmäßig giftige Substanzen zu sich nehmen, von denen Sie wissen, dass Sie Ihnen nicht gut tun, verpflichten Sie sich jetzt, diese Gewohnheit aufzugeben. Formulieren Sie eine klare Absicht und bekräftigen Sie sie durch eine Affirmation.

Ich verpflichte mich hiermit, _____
ein für alle Mal aus meinem Leben zu entfernen.

Ohne _____ sehe ich aus wie ein(e)
gesunde(r) ____-Jährige(r) und fühle mich auch so.

Sprechen Sie sich Ihre Affirmation jeden Tag immer wieder vor, und malen Sie sich dabei Ihr Leben ohne die schädliche Gewohnheit aus, bis diese Vision Ihres Lebens in Ihrem Körper-Geist-System ein spontanes Echo findet. Entwickeln Sie eine klare Vorstellung Ihrer neuen Wirklichkeit, die Sie dann durch Ihre täglichen Entscheidungen erschaffen.

Die Vision der Gesundheit

Setzen Sie sich bequem hin, und schließen Sie die Augen. Meditieren Sie ein paar Minuten, um den inneren Dialog zur Ruhe kommen zu lassen. Praktizieren Sie die bei der fünften Stufe genannten Atemtechniken. Stellen Sie sich dann vor, wie Ihr Leben ohne die negativen Wirkungen der gesundheitsschädlichen Gewohnheit aussehen könnte. Was verändert sich in Ihrem häuslichen Umfeld und am Arbeitsplatz, wenn Sie nicht mehr durch Ihre Abhängigkeit behindert sind? Stellen Sie sich vor, wie Ihr Körper ohne die toxische Wirkung der Sucht aussieht, riecht und sich anfühlt und wie sich die Beziehungen zu Ihrer Familie und Ihren Freunden positiv verändern. Malen Sie sich auf der Leinwand Ihres Bewusstseins aus, wie Ihre Leistungsfähigkeit, Ihr Wohlbefinden und Selbstvertrauen wachsen, sobald Sie sich von dem negativen Verhaltensmuster befreit haben, das Ihr Leben einschränkt. Lassen Sie diese Vision der Gesundheit in jede einzelne Zelle Ihres Körpers dringen.

Wertfrei beobachten

Der zweite Schritt besteht darin, das gesundheitsschädliche Verhalten in eine bewusste Meditation zu verwandeln. Das bedeutet, dass Sie während des gewohnheitsmäßigen Handelns den Standpunkt eines wertfreien Beobachters einnehmen. Wenn Sie mit dem Rauchen aufhören wollen, konzentrieren Sie Ihre ganze Aufmerksamkeit auf die entsprechenden Handgriffe. Sitzen Sie ruhig da und beobachten sich selbst, wie Sie langsam nach der Schachtel greifen, eine Zigarette herausnehmen, sie anzünden und den Rauch inhalieren. Achten Sie darauf, mit welchen Empfindungen Ihr Körper reagiert, und hören Sie auf, wenn Ihr Verlangen gestillt ist.

Nur sehr wenige Leute genießen ihre erste Zigarette oder den ersten Schluck Whisky – was für die Weisheit des Körpers spricht. Erst wenn wir uns mit falschen Botschaften wie »Rauchen ist cool«, »Wenn ich Alkohol trinke, wirke ich erwachsen« oder » Drogen sind angesagt« über die körperlichen Signale hinweggesetzt haben, sendet unser Körper keine Impulse mehr. Er ist darauf aus, Energie zu sparen, und stellt die Kommunikation ein, wenn die Botschaften aus dem Inneren nicht beachtet werden. Begleiten Sie Ihre gewohnte Handlung mit einer Art unverdorbenem »Anfängerbewusstsein«, dann spüren Sie, wie die entsprechende Substanz tatsächlich auf Sie wirkt.

Sich systematisch entgiften

Im dritten Schritt geht es nun um ein umfassendes Entgiftungsprogramm. Setzen Sie ein Datum fest, an dem Sie aufhören wollen, und nutzen Sie die Gelegenheit, um beides zu säubern – Ihren Geist und Ihren Körper. Indem Sie sich voll auf den Reinigungsvorgang konzentrieren, verkürzen Sie die Entzugsperiode und helfen Ihrem Geist und Ihrem Körper beim Übergang in eine gesündere Funktionsweise. Trinken Sie in dieser Zeit reichlich frischen Obst- und Gemüsesaft: morgens Obstsaft, tagsüber abwechselnd Obst- und Gemüsesaft und abends Gemüsesaft und Gemüsesuppe. Empfehlenswert ist auch Ingwertee: Geben Sie 1 TL frische geriebene Ingwerwurzel in einen halben Liter heißes Wasser. Legen Sie sich für ein paar Tage einen einfachen Speiseplan an, auf dem vor allem Vollwertgetreide, gedämpfte Gemüse und Linsensuppe stehen. Nehmen Sie öfter ein heißes Bad oder gehen Sie in die Sauna oder ein Dampfbad, damit die Giftstoffe besser über die Haut ausgeschieden werden können. Machen Sie täglich einen Spaziergang, im Park, am Fluss, am See oder am Meer. Atmen Sie ganz bewusst die frische Luft ein, spüren Sie die Sonne auf Ihrem Gesicht, und laufen Sie barfuß im Sand oder im Gras. Nehmen Sie direkten Kontakt mit dem reinigenden Einfluss der Natur auf.

Panchakarma

Im Ayurveda gibt es eine umfassende Reinigungstherapie: Panchakarma, die »Fünf Handlungen zur Reinigung und Verjüngung des Körpers«. Das vollständige Programm, das im Chopra Center und in anderen Ayurveda-Gesundheitszentren angeboten wird, ist ein systematisches Verfahren, um Stoffwechselschlacken und Giftstoffe im Körper aufzuspüren, zu mobilisieren und auszuschleusen. Auf angenehme Ölmassagen folgen Wärmebehandlungen und anschließend eine Art Reinigungsprozedur, die die Abfall- und Schadstoffe über die Haut, den Darm oder die Nase ausleitet. Sie können eine sanfte Reinigungskur auch bei sich zu Hause durchführen:

1. Halten Sie fünf Tage lang eine einfache Diät ein, die aus reichlich gedünstetem Gemüse, Getreide und Linsensuppe besteht. Essen Sie in dieser Zeit keine gebratenen und fermentierten Speisen, Milchprodukte, tierischen Produkte und raffinierten Kohlenhydrate.
2. Essen Sie drei Tage lang Sesamsamen und helle Rosinen, um Ihren Verdauungstrakt geschmeidiger zu machen. Bereiten Sie eine Mischung im Verhältnis eins zu eins aus ⅛ Tasse weißen Sesamsamen und ⅛ Tasse hellen Rosinen. Nehmen Sie 1 TL dieser Mischung eine Stunde vor oder zwei Stunden nach jeder Mahlzeit zu sich. Wenn Sie Probleme mit der Verdauung der Samen haben, nehmen Sie dreimal täglich ½ TL Sesamöl und drei bis vier helle Rosinen.
3. Trinken Sie reichlich Ingwertee: Geben Sie 1 TL frische geriebene Ingwerwurzel in einen halben Liter heißes Wasser und trinken Sie den Tee tagsüber in kleinen Schlucken. Am besten

füllen Sie den Tee in eine Thermoskanne, damit Sie ihn auch unterwegs mitnehmen können. Trinken Sie täglich mindestens einen Liter.

4. Führen Sie am Abend des vierten Tages eine Selbstmassage mit Öl durch (beschrieben in Stufe 2), und nehmen Sie anschließend ein heißes Bad.

5. Nehmen Sie am Abend gegen zehn Uhr 1 TL Joghurt mit einem milden Abführmittel aus Sennesblättern ein. Halten Sie sich bei der Dosierung an die Anweisungen auf der Packung.

6. Essen Sie am folgenden Tag nur etwas Leichtes, und erweitern Sie Ihren Speiseplan dann allmählich wieder um kräftigere Speisen.

Die Freiheit nutzen

Der abschließende vierte Schritt besteht darin, den Raum, den die schädliche Substanz bisher eingenommen hatte, mit etwas Positivem zu füllen. Wir glauben, dass der Friede, das Wohlbefinden und die Bewusstheit, die man durch die Meditation erlangt, am besten geeignet sind, um diese Leere zu füllen. Wenn Menschen mit einer lebensschädigenden Angewohnheit zu meditieren beginnen, löst sich ihr Verlangen nach der giftigen Substanz häufig spontan auf. Wenn jemand wieder rückfällig wird, fragen wir als Erstes: »Meditieren Sie noch?« Und so gut wie jeder antwortet mit Nein, oft, weil sein Leben sich inzwischen so dynamisch entwickelt hatte, dass die Meditation in den Hintergrund getreten war. Wenn man eine ungesunde Gewohnheit aufgeben will, ist und bleibt die regelmäßige Meditation mit ihrem ruhigen, erweiterten Bewusstseinszustand ein entscheidender Faktor.

Sie können aber auch noch weitere Dinge in Angriff nehmen, um die Leere zu füllen, die die aufgegebene Gewohnheit hinterlässt, zum Beispiel anfangen, Sport zu treiben oder einen Kurs über ein Thema zu machen, das Sie interessiert. Vielleicht beschließen Sie auch, Ihre Beziehungen zu verbessern. Es ist traurig, wie oft ein ungesundes Verhalten, das einen Mangel an Zuwendung ausgleichen soll, echte Liebesbeziehungen tatsächlich verhindert. Sehr hilfreich kann eine Selbsthilfegruppe sein, in der sich Menschen treffen, die die Veränderung, die Sie anstreben, bereits durchgemacht haben oder gerade durchmachen. Suchen Sie den Kontakt zu solchen Menschen, die sich ebenfalls für ein gesundes Leben entschieden haben. All jenen allerdings, die ihren giftigen Gewohnheiten auch noch dadurch huldigen, indem sie sich über Ihre Anstrengungen lustig machen, gehen Sie am besten weiträumig aus dem Weg.

Wenn wir uns von Gift- und Schadstoffen befreien,
wecken wir unsere Fähigkeit zu Erneuerung und Verjüngung.

WASSER – REINHEIT AUS DER NATUR

Eine einfache, aber sehr wirksame Reinigungstechnik besteht darin, mehr Wasser zu trinken. Der menschliche Körper besteht fast zu drei Vierteln aus Wasser, und die meisten biochemischen Reaktionen brauchen einen bestimmten Wassergehalt in den Geweben. Verschiedene Studien haben gezeigt, dass unsere Sensibilität für das Gefühl des Durstes abnimmt, wenn wir älter werden. Wir laufen also Gefahr, allmählich und ohne dass wir etwas merken auszutrocknen. Die meisten Menschen trinken nicht genügend Wasser, was eine Reihe von Beschwerden nach sich ziehen kann: Kopfschmerzen, Verstopfung, trockene Haut, Müdigkeit und Verdauungsstörungen sind häufig Anzeichen einer nicht erkannten Austrocknung. Einige Ärzte sind sogar der Ansicht, dass sich viele Gesundheitsstörungen wie Bluthochdruck, Asthma und chronische Schmerzen unter Umständen auf einen Wassermangel im Körper zurückführen lassen.

Wenn Sie keine Probleme mit den Nieren oder der Leber haben, empfehlen wir Ihnen, den ganzen Tag über Wasser zu trinken, und zwar etwa 30 ml Wasser pro Kilogramm Körpergewicht.

Körpergewicht x 0,03 = tägliche Wasseraufnahme in l

Wenn Sie beispielsweise 80 Kilogramm wiegen, sollten Sie täglich 2,4 l oder 10 Tassen Wasser trinken. Viele stille Mineralwässer werden in Flaschen zu 1,5 l angeboten, was etwa sechs Tassen entspricht. Sie müssten also jeden Tag etwas weniger als zwei große Flaschen stilles Wasser trinken. Erfrischungsgetränke, Tee und Kaffee zählen nicht, da das darin enthaltene Koffein die Wasserausscheidung fördert. Auch Alkohol bewirkt keine Flüssigkeitszufuhr, sondern führt zu Wasserverlust. Wenn Sie viel Sport treiben, Entwässerungstabletten nehmen oder in einem heißen, trockenen Klima leben, trinken Sie täglich 10 bis 15 Prozent mehr Wasser. Bevorzugen Sie wasserhaltiges Obst und Gemüse wie Cantaloupe-Melonen, Grapefruit, Pfirsiche, Wassermelonen, Spargel, Paprika, Karotten und Pilze. Meiden Sie, soweit es geht, künstlich gesüßte Getränke. Wenn Sie genügend Wasser trinken, werden Sie etwa alle zwei Stunden das Bedürfnis haben, Ihre Blase zu leeren.

Viele Menschen, die sich an die angegebenen Wassermengen halten, berichten, dass sie leichter abnehmen, mehr Energie und weniger chronische Schmerzen haben. Reichlich frisches, reines Wasser zu trinken ist eine simple und preiswerte Methode, den Alterungsvorgang umzukehren.

SCHLUSS MIT FERTIGGERICHTEN

Frisch geerntete und liebevoll zubereitete Nahrungsmittel haben den höchsten Gehalt an Prana oder Lebensenergie. Konserven, die schon monatelang im Regal herumgestanden haben, liefern kaum noch Energie für Körper, Geist und Seele. Bereichern Sie Ihre Mahlzeiten mit Gemüse aus Ihrem Garten oder frischen Kräutern und Gewürzen von der Fensterbank oder dem Balkon. Kaufen Sie auf dem Markt ein, und nehmen Sie sich die Zeit, köstliche Speisen nach den bei Stufe 3 erläuterten Prinzipien zuzubereiten. Vielleicht haben Sie bisher oft auf Tiefkühlkost, Konserven, Fertiggerichte oder Menüs für die Mikrowelle zurückgegriffen. Von nun an sollten Sie sich mehr Zeit dafür nehmen, sich gesund zu ernähren. Bereiten Sie die Mahlzeiten gemeinsam mit

Ihrer Familie oder Freunden zu, dann haben Sie Spaß am Essen *und* am Kochen.

Es zeigt sich immer deutlicher, dass die Pestizide und die künstlichen Düngemittel, die in der modernen Landwirtschaft eingesetzt werden, ihren Tribut von unserer Gesundheit fordern. Diese synthetischen Chemikalien finden ihren Weg in die Luft, die wir atmen, und in unser Trinkwasser. Vermutlich sind sie für verschiedene Krebsarten, speziell der Fortpflanzungsorgane, verantwortlich.

Wie Studien ergeben haben, können die Pestizidrückstände an Obst und Gemüse nur durch sehr sorgfältiges Waschen entfernt werden. Greifen Sie daher lieber zu naturbelassenen Bio-Produkten. Sie mögen etwas teurer sein, geben Ihnen aber die Sicherheit, dass Sie beim Essen keine unnötigen Giftstoffe zu sich nehmen. Sie wissen natürlich, dass Sie damit auch Ihren Teil dazu beitragen, die Umweltvergiftung zu verringern.

GIFTIGE GEFÜHLE ABSTREIFEN

Dass Giftstoffe und giftige Rückstände in Nahrungsmitteln gesundheitsschädlich sind, wissen wir alle. Aber auch »giftige« Gefühle können den Alterungsvorgang stark beschleunigen. Wenn uns Wut, Feindseligkeit, Bedauern oder Unzufriedenheit auf der Seele liegen, sind auch unsere Leistungsfähigkeit und Lebensfreude beeinträchtigt. Versuchen Sie es einmal mit dieser einfachen Übung:

• Setzen Sie sich auf einem bequemen Stuhl in einem ruhigen Raum, und schließen Sie die Augen.

• Meditieren Sie ein paar Minuten mit dem So-Hum-Mantra, bis Ihr Geist zur Ruhe gekommen ist.

• Konzentrieren Sie sich dann auf Ihren Körper, und suchen Sie nach Spannungen oder Widerstand. Wenn Sie spüren, dass sich irgendwo etwas angestaut hat, nehmen Sie sich vor, es loszulassen.

• Lenken Sie Ihre Aufmerksamkeit auf Ihr Herz, und denken Sie an all die Dinge, für die Sie dankbar sind.

- Hören Sie nun in Ihr Herz hinein, und fragen Sie sich: »Welche Gefühle aus der Vergangenheit, die in der Gegenwart nicht mehr sinnvoll sind, trage ich noch mit mir herum?«
- Wenn Sie spüren, dass Ihnen eine Last auf dem Herzen liegt, lassen Sie sie jetzt los. Befreien Sie sich von allen Gefühlen des Grolls, der Unzufriedenheit und des Bedauerns, die Sie finden.
- Nachdem Sie diese giftigen Gefühle losgeworden sind, versuchen Sie das Geschenk zu finden, das von den negativen Gefühlen verdeckt wurde. Wenn Ihnen zum Beispiel das Verhalten eines anderen Menschen Kummer bereitet hat, besteht das Geschenk vielleicht darin, dass Sie mehr Selbstvertrauen gefasst haben.
- Nehmen Sie sich vor, regelmäßig Dankbarkeit zum Ausdruck zu bringen und Ihr Herz dabei von allen Lasten zu befreien.

Wenn Sie Ihr Herz mit giftigen Gefühlen belasten, hindern Sie sich daran, in vollen Zügen den Zauber, das Geheimnis und die Freude zu genießen, die Sie jetzt gerade erfahren könnten. Geben Sie sich selbst das Versprechen, dass Sie Gefühle des Grolls, des Nachtrauerns und der Unzufriedenheit loslassen, denn sie schaden Ihnen mehr als alles andere.

Von giftigen Gefühlen befreit man sich auf eine ähnliche Weise wie von Giftstoffen im Körper. Zunächst müssen Sie den klaren Vorsatz fassen, lebensschädigende durch lebensbejahende Gefühle zu ersetzen. Der Stoffwechsel der Gefühle, das heißt die Umwandlung von Bedauern und Groll in Mitgefühl und Verzeihen, weckt auf dramatische Weise die ursprüngliche Lebenskraft von Körper, Geist und Seele.

Bringen Sie die Geschichte der giftigen Emotion zu Papier. Schildern Sie, was passiert ist und wie Sie sich infolge der Situation fühlen. Wenn Sie aufwühlende Gefühlserlebnisse niederschreiben, verbessern sich nicht nur Ihre Immunfunktionen, sondern Sie gewinnen auch mehr Klarheit und Einsicht. Der Psychologe Marshall Rosenberg verwendet in seinem Buch »Gewaltfreie Kommunikation« für Gefühle nur solche Bezeichnungen, die die Opferrolle vermeiden. Benutzen Sie auf keinen Fall Wörter wie verlassen, missbraucht, vernachlässigt und misshandelt. Beschreiben Sie stattdessen die Gefühle von Zorn, Trauer, Einsamkeit und Angst, die Sie in dem Moment bewegen.

Sobald Sie die Umstände beschrieben haben, aus denen die giftigen Gefühle hervorgegangen sind, vollziehen Sie ein körperliches Ritual, um sich von den Empfindungen zu befreien, die Ihre Seele gefangen halten. Atmen Sie tief, lassen Sie sich massieren, schlagen Sie auf ein Kissen ein, tanzen Sie mit Hingabe oder laufen Sie so lange durch die Gegend, bis Ihr Körper die Spannung abgebaut hat, die mit dem aufgestauten Gefühl verbunden war. Dann öffnen Sie Ihr Herz für verjüngende Gefühle wie Vergebung, Harmonie, Lachen und Liebe und lassen solch zerstörerische Emotionen wie Angst, Wut, Bedauern und Verzweiflung hinter sich.

Giftige Gedanken und Gefühle sind schädlich
und lassen die Menschen oft rasant altern.
Geben Sie sich selbst das Versprechen,
Ihr Herz und Ihren Geist davon zu befreien.

GIFTIGE BEZIEHUNGEN VERÄNDERN ODER AUFLÖSEN

Jeder von uns findet sich manchmal in einer Beziehung wieder, in der es ständig zu Konflikten kommt. Auch wenn Sie die Leidenschaft und Dramatik dieser Verbindungen schätzen mögen – auf Dauer werden Sie sich durch die ewigen Streitereien älter und erschöpft fühlen. Es ist ungeheuer wichtig, dass Sie solche giftigen Beziehungen in liebevoll-aufbauende verwandeln. Wenn Sie akzeptieren, dass Wirklichkeit durch selektive Wahrnehmung und Interpretation entsteht, lässt sich eine Beziehung am besten verändern, indem Sie Ihr Gegenüber in einem anderen Licht sehen. Jede Beziehung hält Ihnen einen Spiegel vor, in dem Sie Ihre Persönlichkeit erkennen können. Wenn Sie in einen Konflikt verstrickt sind, fragen Sie sich: »Was sagt diese Situation über mein eigenes

Wesen aus?« Die folgende einfache Übung hilft Ihnen, die verborgene Bedeutung einer schwierigen Beziehung aufzudecken. Notieren Sie spontan so viele Eigenschaften wie möglich, die die Person, mit der Sie Schwierigkeiten haben, charakterisieren:

_____   _____

_____   _____

_____   _____

_____   _____

Schauen Sie sich jetzt noch einmal an, was Sie geschrieben haben, und spüren Sie nach, welche Eigenschaften unangenehme Gefühle in Ihnen wachrufen. Sie haben Ihren Chef vielleicht so beschrieben:

- herrschsüchtig
- streitlustig
- bedürftig
- kompromisslos
- gleichgültig
- eigensinnig

Wenn Sie sich die Liste ansehen, fallen Ihnen vielleicht Charakterzüge auf, über die Sie sich ganz besonders ärgern: herrschsüchtig, bedürftig, gleichgültig und eigensinnig. Wenn Sie nun an sich selbst denken: Würden andere Menschen Sie selbst ebenfalls mit diesen Worten beschreiben? Neigen Sie heute dazu, diese Eigenschaften an den Tag zu legen? Und wie war das früher? Häufig ärgern uns an anderen Menschen gerade die Charaktereigenschaften, die wir an uns selbst am hartnäckigsten leugnen. Schließen Sie die Schattenseiten Ihrer Persönlichkeit mit in Ihr Herz ein, dann fällt es Ihnen leichter, sie an anderen nicht zu verurteilen. Wenn Sie Ihre Bewertungen und Deutungen aufgeben, öffnen Sie sich der

Möglichkeit, dass die betreffende Person vielleicht auch andere – und liebenswerte – Qualitäten besitzt, die Sie bisher ausgeblendet haben.

Die eigenen Bedürfnisse äußern

Beziehungen gedeihen, wenn beide Parteien das Gefühl haben, dass ihre Bedürfnisse erfüllt werden; ansonsten kommt es zu Konflikten. Simpel ausgedrückt: Sie fühlen sich gut, wenn Ihre Bedürfnisse erfüllt werden, und Sie fühlen sich schlecht, wenn das nicht der Fall ist. Unbefriedigte Bedürfnisse führen zu Stress, giftigen Gefühlen und giftigen Beziehungen. Seine Bedürfnisse und Gefühle auf konstruktive Weise äußern zu lernen fördert positive Beziehungen und hält jung.

Als Kleinkinder halten wir es für selbstverständlich, dass uns jedes Bedürfnis erfüllt wird, auch wenn wir noch gar nicht wissen, was das eigentlich ist. Wir kreischen ein paarmal und erwarten, dass Mama angelaufen kommt und feststellt, ob wir Hunger haben, frieren, müde oder gelangweilt sind oder einfach nur in den Arm genommen werden wollen. Genau diese Bedürfnisse tragen wir auch in unser Erwachsenendasein hinein und sind verletzt, frustriert, zornig oder deprimiert, wenn unsere Geliebten, Freunde oder Geschäftspartner nicht sofort wissen, was wir brauchen, und unsere Wünsche erfüllen. Mit dieser Einstellung kommen wir nicht weit. Suchen wir also nach wirksameren Möglichkeiten, unsere Gefühle und Bedürfnisse auszudrücken.

Andere Menschen – andere Bedürfnisse

Der humanistische Psychologe Abraham Maslow hat fünf Grundbedürfnisse beschrieben, die uns alle antreiben. Erstens haben wir körperliche Bedürfnisse wie Hunger, Durst und Schutz vor Hitze und Kälte. Sobald diese gestillt sind, geht es uns, zweitens, um Sicherheit vor körperlichem und emotionalem Schaden. Das dritte ist ein soziales Bedürfnis – der Wunsch nach Gemeinschaft, Freundschaft, Liebe und Zugehörigkeit. Wenn auch diese Bedürfnisse erfüllt sind, wünschen wir uns Selbstachtung. Auf der vierten Stufe streben wir nach Erfolg, Respekt, Anerkennung und sozialem Status. Der Wunsch nach Sinngebung, Schönheit und Weisheit im Leben ist das höchste Bedürfnis. Maslow nannte diese letzte Stufe Selbstverwirklichung. In den östlichen Traditionen ist das der Zustand der Erleuchtung.

Menschen, die sich selbst verwirklicht haben, akzeptieren andere, sind spontan, natürlich und einfach. Sie streben danach, ihrem Leben einen Sinn zu geben und ihre Kreativität zu entfalten. Sie fühlen sich allein ebenso wohl wie in einer engen persönlichen Beziehung, sie sind spielerisch und lachen gern. Sie wissen, was sie tun müssen, um ihre Bedürfnisse zu verwirklichen.

In dem schon genannten Buch »Gewaltfreie Kommunikation« beschreibt Rosenberg, wie man auf eine einfache Weise die Chancen steigern kann, dass die eigenen Bedürfnisse erfüllt werden. Immer wenn Sie nicht bekommen, was Sie brauchen, und Sie sich darüber aufregen, sollten Sie sich als Erstes fragen: »Was beobachte ich?« Anstatt Ihrem Gegenüber vorzuwerfen, »Sie kommen zu jedem Termin zu spät!«, sagen Sie: »Wir hatten ein Treffen um 12.00 Uhr vereinbart, und Sie sind erst um 12.30 Uhr gekommen«. Wenn Sie Ihre Wertung von den objektiven Fakten trennen, lösen Sie weniger Abwehrmechanismen aus.

Im zweiten Schritt machen Sie sich bewusst, was Sie fühlen. Entwickeln Sie ein reiches emotionales Vokabular mit Formulierungen, die Sie nicht als Opfer abstempeln. Vermeiden Sie Ausdrücke wie ignoriert, zurückgewiesen, vernachlässigt, verlassen oder missbraucht – sie beschreiben Ihre Gefühle aus der Sicht eines anderen. Wenn Sie sagen, Sie seien alarmiert, verärgert, erschöpft, verängstigt, einsam, wütend oder traurig, bestimmen Sie weiterhin die Situation. Geben Sie nicht die Kontrolle aus der Hand, indem Sie sich als Opfer darstellen!

Finden Sie im dritten Schritt heraus, welches Bedürfnis die betreffende Situation befriedigen soll. Wenn Sie selbst nicht genau wissen, was Ihnen fehlt, wird es auch anderen kaum gelingen.

Im vierten Schritt formulieren Sie einen Wunsch. Bitten Sie so genau wie möglich um das, was Sie brauchen. Sagen Sie nicht: »Nimm dir endlich mehr Zeit für mich!«, sondern: »Möchtest du nicht am Mittwoch eine Stunde früher von der Arbeit nach Hause kommen, damit wir am Nachmittag gemeinsam spazieren gehen können?« Eine genau formulierte Bitte lässt sich leichter erfüllen als eine allgemeine Forderung.

Wir möchten Rosenbergs vier Schritten noch einen fünften hinzufügen. Auch wenn Ihre Bitte nicht erfüllt wird, fragen Sie nach Sinn und Bedeutung der Situation. Was können Sie daraus über sich selbst und das Leben lernen? Welche Lehre können Sie daraus ziehen, die Sie auf eine höhere Bewusstseinsstufe hebt? Finden Sie das Geschenk, auch wenn es nicht das ist, was Sie erwartet haben.

Nehmen Sie sich vor, Ihren Mitmenschen bewusst mitzuteilen, was Sie im Einzelnen brauchen, und Sie werden sehen, dass Sie viel weniger Energie auf Konflikte verschwenden. Akzeptieren Sie, dass Sie anders sind als andere, und freuen Sie sich darüber. Dann müssen Sie den anderen auch nicht mehr ins Unrecht setzen. Wir sind davon überzeugt, dass die Pflege liebevoller Beziehungen ein überaus wichtiger Beitrag zur Umkehr des Alterungsvorgangs ist. Deshalb widmen wir diesem Aspekt als Stufe neun ein ganzes Kapitel.

Akzeptieren Sie, dass Sie sich von anderen unterscheiden,
und freuen Sie sich darüber.

DIE ARBEIT ENTGIFTEN

Die meisten Menschen verbringen einen großen Teil ihres Lebens am Arbeitsplatz. Deshalb sollte uns unsere Arbeit im Idealfall die Möglichkeit bieten, unsere schöpferischen Talente auszudrücken, sinnvoll mit unseren Kollegen zusammenzuarbeiten und uns finanziell abzusichern. Doch leider erleben viele Menschen am Arbeitsplatz keine Erfüllung, sondern Stress, der ihren Alterungsprozess beschleunigt.

Unsere Welt sähe anders aus, wenn wir alle das tun könnten, was uns Freude macht, und gleichzeitig unsere einzigartigen Talente für andere und für uns selbst einsetzen könnten. Wenn das der Fall ist, sagt der Ayurveda, leben wir unser *Dharma*, das heißt, wir erfüllen die Aufgabe, die uns im Leben gestellt ist. Aber auch wenn Sie Ihren Lebensunterhalt nicht mit Ihrer Lieblingsbeschäftigung verdienen können, sollten Sie sich darum bemühen, Ihre Arbeit so lebendig wie möglich zu gestalten.

- Gehen Sie offen mit Ihren Arbeitskollegen um, damit das Arbeitsklima gesünder ist.
- Überlegen Sie, wie Sie Ihre Umgebung – zum Beispiel Lärmpegel, Lichtverhältnisse, Geruchsbelästigung – verbessern können.
- Suchen Sie nach Möglichkeiten, Ihre Arbeit mit Ihren persönlichen Werten, Bedürfnissen und Überzeugungen in Einklang zu bringen.

Ihre Lebenszeit ist kostbar, und Sie haben das Recht, eine sinnvolle Arbeit zu tun. Sie können ganz einfach herausfinden, ob Sie im Einklang mit Ihrem Dharma leben: Achten Sie einmal darauf, wie oft Sie bei der Arbeit auf die Uhr schauen. Schleicht die Zeit im Schneckentempo dahin, und Sie können es gar nicht erwarten, bis endlich Dienstschluss ist? Dann sind Sie an Ihrem Arbeitsplatz wohl kaum glücklich. Wenn es Ihnen dagegen so vorkommt, als ob die Zeit verfliegt, während Sie vollauf beschäftigt sind, hält Ihre Arbeit Sie jung. Hören Sie auf die Botschaften aus Ihrem Inneren, und nehmen Sie sich vor, Ihre Tage mit Tätigkeiten zu verbringen, die Ihnen und den Menschen in Ihrem Leben größere Erfüllung schenken.

EIN JUGENDLICHES AUSSEHEN – WIE SIE DER HAUTALTERUNG ENTGEGENWIRKEN

Das Feld aus Energie, Information und Intelligenz, das wir normalerweise Haut nennen, ist das größte und vielseitigste Organ unseres Körpers. Als schützende Hülle zwischen Innen und Außen schirmt die Haut Gewebe, Zellen und Moleküle vor aggressiven Mikroorganismen, extremen Temperaturen, ultravioletten und infraroten Strahlen und chemischer Umweltverschmutzung ab. Mit unzähligen Tast-, Temperatur- und Schmerzrezeptoren prüft sie ständig Außenreize und gibt diese Informationen an das Gehirn weiter. Zudem hat die weiche, elastische Haut die erstaunliche Fähigkeit, durch Umstrukturierung der Kollagenmoleküle lange Haarsträhnen oder harte Nägel zu bilden. In der Haut wird Vitamin D aktiviert, das für starke Knochen lebenswichtig ist. Die Haut enthält Schweiß- und Talgdrüsen, Fettzellen, Nervenfasern, Immunzellen und viele Kilometer Blutgefäße. Außerdem spielt sie bei der Regelung der Körpertemperatur und des Wasserhaushalts eine wichtige Rolle und stellt unseren Kontakt zur Außenwelt her.

Sie brauchen sich nur nach ein paar Grundprinzipien der Hautpflege zu richten, um der Alterung Ihres Äußeren entgegenzuwirken. Das Anti-Aging-Programm für die Haut besteht aus drei Schritten: 1. Reinigen, 2. Vitalisieren und 3. Nähren und Pflegen.

Reinigen

Die Haut spiegelt den Reinheitsgrad des gesamten Körpers wider. Eine gesunde Ernährung, Nahrungsergänzungen und Entgiftung sorgen für eine gute Hautqualität. Außer einem gesunden Lebensstil braucht die Haut ein- oder zweimal täglich eine sorgfältige Reinigung, um Schadstoffe zu entfernen, die die Hautporen verstopfen und Entzündungen hervorrufen können. Nehmen Sie keine scharfe Seife, sondern besser natürliche Reinigungsmittel. Der Ayurveda empfiehlt Reinigungspulver auf Kräuterbasis, um

Schadstoffe und überschüssiges Fett zu entfernen und gleichzeitig den Säuremantel der Haut wiederherzustellen. Eine Mischung, die Sie sich auch leicht zu Hause anrühren können, besteht zu gleichen Teilen aus Kichererbsenmehl, Milchpulver, Muskat, Zitronenschale und gemahlenem Koriander. Verrühren Sie ½ TL dieser Mischung mit Wasser, und verteilen Sie die Paste sanft auf dem angefeuchteten Gesicht. Sobald sie antrocknet, spülen Sie die Paste mit warmem Wasser ab.

Wenn Sie Lust haben, mit traditionellen ayurvedischen Reinigungskräutern zu experimentieren, probieren Sie einmal Zusätze von Neem, Manjistha oder Sandelholzpulver. Als allgemeine Regel gilt dabei: Bringen Sie nichts auf Ihre Haut, das Sie nicht auch essen würden.

Auch Kräuterdampfbäder sind geeignet, verstopfte Poren zu öffnen und Schlackenstoffe auszuschleusen. Nehmen Sie einmal wöchentlich ein Gesichtsdampfbad, dem Sie ein paar Tropfen ätherisches Öl zusetzen. Lavendel, Wacholder, Rosmarin, Bergamotte oder Salbei haben eine reinigende Wirkung auf den ganzen Körper.

Vitalisieren

Vitalisierung ist der zweite Schritt, um die Alterserscheinungen der Haut umzukehren. Spannkraft und Aussehen der Haut verbessern sich durch Stimulation der kollagenen Fasern, die das Bindegewebe stützen. Viele moderne Hautpflegeprodukte enthalten natürliche Säuren wie Glykolsäure, Azelaicsäure und Milchsäure, die die Kollagenbildung der Hautzellen anregen. In hohen Konzentrationen haben diese Säuren einen Peeling-Effekt und sollten nur unter Aufsicht eines Hautspezialisten angewendet werden. Mit natürlichen Produkten wie Joghurt, Zitronen- oder Grapefruitsaft, die leicht stimulierend wirken, können Sie die Haut auch zu Hause vitalisieren. Tragen Sie frischen Joghurt direkt auf die Haut auf und spülen ihn nach fünf Minuten wieder ab. Verdünnen Sie Zitronen- oder Grapefruitsaft mit der gleichen Menge Aloe-vera-Saft, tragen

Ein jugendliches Aussehen – Wie Sie der Hautalterung entgegenwirken

Sie die Mischung auf die Haut auf und spülen sie nach zwei Minuten ab. Diese tägliche Pflege empfehlen wir für eine fettige Haut; für eine trockene oder empfindliche Haut sollte die Mischung stärker verdünnt und nur jeden zweiten oder dritten Tag angewendet werden.

Nähren und Pflegen

Nach der Reinigung und Vitalisierung sollte die Haut gepflegt und genährt werden. Verwenden Sie ein reines Pflanzen- oder Nussöl, dem Sie ein paar Tropfen eines ätherischen Blüten- oder Kräuteröls zusetzen. Probieren Sie eine Mischung aus Mandel-, Jojoba-, Avocado- oder Sonnenblumenöl mit den ätherischen Ölen aus Rosen, Lavendel, Sandelholz, Jasmin, Geranie oder Zitrone. Verteilen Sie eine kleine Menge Öl auf der Haut, und lassen Sie es einziehen. Wenn Sie trockene Haut haben, nehmen Sie etwas mehr. Bücher über natürliche Hautpflege finden Sie im Anhang.

Sonnenschutz

Immer wenn Sie sich im Freien aufhalten, sollten Sie einen Sonnenschutz benutzen. Die Ultraviolettstrahlung schädigt die kollagenen Fasern und führt zu Faltenbildung und Hautkrebs. Vorbeugen ist besser als Heilen – hüten Sie sich deshalb vor den hautschädigenden Wirkungen der Sonne. Das gilt umso mehr, wenn Sie in einem heißen Klima oder in großer Höhe wohnen. Bringen Sie auch Ihren Kindern bei, einen Sonnenschutz zu benutzen, um spätere Hautschäden zu verhindern.

An jedem Tag steigere ich auf jede nur erdenkliche Weise meine geistige und körperliche Leistungsfähigkeit.
Ich wünsche mir ein gesundes biologisches Alter von _____ Jahren.
Ich sehe aus und fühle mich wie ein(e) gesunde(r) _____-Jährige(r).

Ich kehre mein biologisches Alter um,

1. *indem ich meinen Körper, sein Altern und die Zeit anders wahrnehme,*
2. *indem ich zwei Arten tiefer Entspannung erfahre – ruhevolle Wachheit und erholsamen Schlaf,*
3. *indem ich meinen Körper liebevoll mit gesunder Ernährung verwöhne,*
4. *indem ich Nahrungsergänzungen gezielt einsetze,*
5. *indem ich die Einheit von Geist und Körper wiederbelebe,*
6. *indem ich Fitnesstraining betreibe und*
7. *indem ich mich von Gift- und Schadstoffen befreie.*

8. STUFE:

FLEXIBEL UND KREATIV –
GLEITEN SIE AUF DEN WELLEN
DES LEBENS

Ihr tägliches Übungsprogramm

*Ich kehre mein biologisches Alter um, indem ich Flexibilität
und Kreativität in meinem Bewusstsein kultiviere.*

Flexibilität bedeutet, dass
- *ich lerne loszulassen, wenn sich die Dinge anders entwickeln
  als geplant,*
- *ich der Ungewissheit mit Weisheit begegne – ich versteife mich
  nicht auf ein bestimmtes Ergebnis und versuche nicht mehr, alles
  unter Kontrolle zu halten,*
- *ich lerne zu verzeihen und mich von Unzufriedenheit, Groll und
  Bedauern zu lösen.*

Kreativität bedeutet, dass
- *ich die neun Schritte der kreativen Reaktion lerne,*
- *ich auf alle Aufgaben und/oder Probleme in meinem Leben
  kreativ reagiere,*
- *ich anderen helfe, ihre Probleme mit Hilfe der kreativen
  Reaktion zu lösen.*

Altern ist verbunden mit Erstarrung und Verfall,

Jugend mit Flexibilität und Kreativität.

Flexibilität und Kreativität sind erlernbar.

Wenn Sie Flexibilität und Kreativität im Bewusstsein kultivieren,

erneuern Sie sich in jedem Augenblick

und kehren den Alterungsprozess um.

Ein alter vedischer Aphorismus lautet:

»Grenzenlose Flexibilität und Kreativität

sind das Geheimnis der Unsterblichkeit.«

Sie können Ihr biologisches Alter umkehren, indem Sie in Ihrem Bewusstsein Flexibilität und Kreativität kultivieren. Mit dem Älterwerden verbindet sich für uns gewöhnlich die Vorstellung, weniger flexibel und kreativ zu werden. Das spiegelt sich auch in unserer Sprache wider, in Redewendungen wie »Was Hänschen nicht lernt, lernt Hans nimmermehr« oder »Einen alten Baum verpflanzt man nicht« oder »Das haben wir schon immer so gemacht«. Sowohl in der modernen Medizin als auch in der altindischen vedischen Wissenschaft wird der Verlust von Flexibilität und Kreativität als Ergebnis von Stagnation, Verfall und Ungeordnetheit im Geist-Körper-System betrachtet.

Nach den alten vedischen Texten sind im Universum drei grundlegende Schöpfungsprinzipien am Werk: *Sattva*, *Rajas* und *Tamas*. Sattwa ist die aufbauende, evolutionäre, transformierende Kraft. Tamas charakterisiert Stabilität, Widerstand und Trägheit. Rajas ist die bewegte Spannung zwischen der schöpferischen und der trägen Kraft. Als Kinder und Heranwachsende werden wir von Wandel, Flexibilität und Kreativität beherrscht, und wir haben einen Überschuss an natürlichem Sattwa. Unser Geist und unser Verhalten spiegeln unsere ungeheure Fähigkeit, zu wachsen, uns anzupassen, zu verändern und zu entwickeln, ebenso wider wie Wissensdurst und Abenteuerlust. Als Erwachsene werden wir mehr und mehr von Rajas bestimmt. Der alltägliche Stress, unser Streben nach Erfolg und der Versuch, uns in der Welt zu beweisen, verstärken die treibende Kraft von Rajas. Wenn Sicherheit und Stabilität mit zunehmendem Alter in den Vordergrund rücken, gewinnt das Tamas-Prinzip die Oberhand. Stabilität, das heißt Verfestigung des Bestehenden, kennzeichnet dann nicht nur unser Verhalten, sondern auch die Verbindungen zwischen den Gehirnneuronen. Diese Stabilität führt zu Erstarrung und Stillstand, Stillstand wiederum zu Verfall; Verfall mündet in Ungeordnetheit und Chaos und hat letztlich den Tod zur Folge.

Der Tod ist die Antwort der Seele auf den Verlust der Flexibilität. Wenn der Körper nicht mehr flexibel und kreativ genug ist, um die Energien und Informationen unserer Lebenserfahrungen zu verarbeiten, fällt die Seele in eine Art »Tempelschlaf«, wie man in der Antike die Ruhezeit zur Heilung oder Belehrung durch einen Gott nannte. Die Veden beschreiben eine Übergangsphase, in der die Seele die Erfahrungen des vergangenen Lebens verarbeitet; dann vollzieht sie einen Quantensprung, um sich in einem neuen Geist-Körper-System, in einer neuen Existenz zu verkörpern. Östliche Weisheitstraditionen schildern diesen Wandel als Vorgang der Wiedergeburt – die Seele verkörpert sich, um neue Lebenserfahrungen zu machen.

Warten Sie nicht bis zum Tod, um durch einen Quantensprung eine neue Existenz zu gewinnen, wagen Sie den Quantensprung jetzt, wo Sie lebendig sind. Auf diese Weise werden Sie im wahrsten Sinne des Wortes kontinuierlich wiedergeboren. Sie müssen dazu zwei grundlegende Verhaltensmuster lernen: erstens Flexibilität, das heißt die Kunst des Loslassens, und zweitens Kreativität (wozu Absicht, Ruhezeit und Wiedergeburt gehören). Wenn Sie lernen, immer flexibler und schöpferischer zu werden, vollbringen Sie Tag für Tag etwas, wofür die meisten Menschen zuerst sterben müssen – neu geboren zu werden, um sich einen neuen Körper-Geist zu schaffen. Befassen wir uns mit diesen beiden Qualitäten, den Voraussetzungen für ewige Jugend.

Wenn Sie Flexibilität und Kreativität im Bewusstsein kultivieren, erneuern Sie sich in jedem Augenblick selbst und kehren den Alterungsvorgang um.

FLEXIBILITÄT HEISST LOSLASSEN

Das Wesen der Flexibilität ist die Bereitschaft loszulassen. In wissenschaftlichen Studien werden Hundertjährige oft gefragt: »Was ist Ihrer Ansicht nach der Grund für Ihr langes, gesundes Leben? Ist es Ihre Ernährung? Haben Sie Ihr ganzes Leben lang Sport getrieben? Haben Sie Tabak gemieden? Trinken Sie Alkohol?« Mit diesen Fragen sucht man nach gemeinsamen Prinzipien, die uns allen helfen könnten, länger und gesünder zu leben. Überraschenderweise enthüllt jedoch keine dieser Fragen das Geheimnis der Langlebigkeit. Die häufigste Erklärung der ältesten Menschen für ihr langes Lebens ist ihre Fähigkeit loszulassen.

Langlebige Menschen reagieren flexibel und unverwüstlich auf die unvermeidlichen Herausforderungen des Lebens. In hundert Jahren wird ein Mensch mit vielen Erfolgen und Verlusten konfrontiert. Diese »Superserioren« waren jedoch in der Lage, alle Widrigkeiten zu meistern und ihr Leben fortzusetzen. Sie klammern sich nicht an Erfahrungen, die ihnen nichts mehr nützen. Sie lassen sie los und schreiten voran.

Aus ayurvedischer Sicht ist die Fähigkeit, Ereignisse zu bewältigen, ohne Schaden zu nehmen, das Merkmal einer starken Verdauungskraft, im Sanskrit *Agni* genannt. Verdauungskraft bedeutet hier die Fähigkeit, nicht nur Nahrung zu verdauen, sondern auch alle anderen Lebenserfahrungen zu verarbeiten. Das Wort Agni ist verwandt mit dem lateinischen *ignis* (Feuer) und bezieht sich auf die Kraft des Feuers, Dinge von einem stofflichen Zustand in einen anderen zu überführen. Wenn Ihr Verdauungsfeuer kräftig lodert, können Sie jeder Erfahrung die aufbauenden Bestandteile entziehen und die unnützen ausscheiden. Ein starkes Agni befähigt uns, alles zu verarbeiten, was das Leben bringt, ohne uns mit unverdauten Resten zu belasten, die verhindern, dass wir das Leben aus vollem Herzen genießen. Menschen, die lange leben und vital bleiben, zeichnet eine starke Verdauungskraft aus.

Weil das Leben einem immer während en Wechsel und Wandel unterworfen ist, müssen wir lernen loszulassen. Wenn wir versuchen, am Bestehenden festzuhalten, um Veränderungen zu verhindern, stemmen wir uns gegen die natürliche Kraft der Evolution. Wir reiben unsere Kräfte im vergeblichen Kampf gegen den Strom des Lebens auf, denn letztlich können wir gegen die Natur nicht gewinnen. Anhaltender Widerstand führt zu verstärktem körperlichen Verschleiß und beschleunigt das Altern. Wenn wir unseren Widerstand aufgeben und den Wandel freudig begrüßen, kehren wir den Alterungsprozess um.

Dieses Loslassen bedeutet aber nicht, dass wir auch unsere Ziele aufgeben. Absichten und Wünsche strukturieren unseren Lebensweg, sie sind die Stufen unserer Erfahrungen, die zu Erfüllung und höheren Bewusstseinsebenen führen. Flexibilität bedeutet zwar nicht, dass wir unsere Absichten aufgeben müssen, aber sie erfordert, dass wir uns von fixierten Erwartungen lösen. Wie sich eine Situation entwickelt, lässt sich nicht kontrollieren; und wenn wir uns an eine bestimmte Vorstellung klammern, wie die Dinge laufen sollten, strengen wir uns an und altern schneller. Immer wenn Sie merken, dass sich ein anderes als »Ihr« Ergebnis abzeichnet, denken Sie an den folgenden Ausspruch eines spirituellen Lehrers:

»Wenn die Dinge sich nicht so entwickeln, wie ich es mir wünsche, löse ich mich von meiner Vorstellung, wie sie sein sollten, denn ich weiß, dass ich nicht das gesamte Spektrum überblicke. Wenn ich das Ganze überschauen könnte, würde ich verstehen, dass die Dinge sich mit gutem Grund auf diese Art und Weise entwickeln und dass ich in einen kosmischen Plan eingebunden bin, der viel großartiger ist als alles, was ich mir je vorgestellt habe.«

Loslassen und uns vom Ergebnis unabhängig machen – das ist das Wesen wahrer Stärke und bietet die einzig wirkliche Möglichkeit von Sicherheit. Wenn wir uns nicht an ein bestimmtes Ergebnis binden, vertrauen wir der allumfassenden Intelligenz des Universums und fühlen uns in ihr geborgen. Mit einer solchen Haltung zeigen wir unsere Bereitschaft, unbekanntes Terrain – den Bereich aller Möglichkeiten – zu betreten. Dies ist die eigentliche Bedeutung von Flexibilität. Bindung an das, was wir bereits kennen, ist eine Bindung an Vergangenes. Die Vergangenheit verheißt zwar Stabilität, birgt aber auch die Gefahr von Trägheit, Stagnation und Verfall. Wenn wir uns an bekannte Dinge – an die Vergangenheit – klammern, beschleunigen wir das Altern.

Die meisten Menschen suchen ihr Leben lang nach Sicherheit, indem sie sich binden, gewöhnlich an Positionen und Besitztümer. Da ihnen diese Bindungen nur sehr selten dauerhafte Sicherheit oder Glück bescheren, glauben sie, die Erfüllung läge in einer höheren Stellung oder mehr Besitz. Ihr innerer Dialog hört sich etwa so an: »Wenn ich nur mehr Geld hätte ... wenn ich nur eine bessere Stellung hätte ... wenn meine Beziehung nur leidenschaftlicher wäre ... dann würde ich mich sicher fühlen und glücklich sein.« Geld, Stellung, Besitz und Titel sind hier Symbole für Sicherheit, aber sie können niemals die wirkliche Sicherheit ersetzen, die aus unserem Inneren kommt.

Paradoxerweise finden wir wahre, dauerhafte Sicherheit erst dann, wenn wir uns der Weisheit der Ungewissheit überlassen und eine innere Haltung der Neugier und des Annehmens entwickeln. Hören wir also auf, bestimmte Ergebnisse zu erwarten, und akzeptieren wir, dass alles, was geschieht, in dem Moment das beste Ergebnis im Sinne der Evolution ist. Diese Haltung der Flexibilität, die das Unbekannte willkommen heißt und sich nicht auf irgendein Ergebnis versteift, kehrt den Alterungsprozess um.

Wenn Sie allen Widerstand aufgeben und Veränderungen willkommen heißen, kehren Sie den Alterungsprozess um.

Bewusst im Hier und Jetzt leben

Bei den Buddhisten gilt der Satz: »Klammere dich nicht an Dinge.« Nichts von dem, mit dem wir uns identifizieren, können wir wirklich unser Eigen nennen. Vielleicht betrachten Sie den Körper, das physische Vehikel, das Sie bewohnen, als Ihr Eigentum, aber Sie wissen ja inzwischen, dass jedes einzelne Atom darin nur eine zeitweise Leihgabe Ihrer Umwelt ist. In einem Jahr werden fast alle

Atome, die Sie jetzt »mein« nennen, sich nicht mehr innerhalb der Grenzen Ihrer Haut befinden. Auch Ihre Gedanken gehören nicht wirklich Ihnen; sie sind Bestandteile des Kollektivbewusstseins. Vor hundert Jahren wäre der Gedanke: »Ich fliege mit einem Jumbo-Jet B 747 nach Las Vegas« nicht möglich gewesen, denn diese Vorstellung war noch nicht Teil des Kollektivbewusstseins. Ebenso wenig sind Ihre Gefühle Ihr Eigentum. Alle Gefühlsregungen, die Sie je hatten – Stolz, Verzweiflung, Freude, Frustration, Ekstase, Eifersucht –, sind seit Menschengedenken auch von anderen empfunden worden. Nicht ein einziges Molekül, kein einziger Gedanke, nicht eine Gefühlsregung, die Sie jemals hatten, gehört ausschließlich Ihnen. Sie sind Teil eines größeren Ganzen, Teil des unendlichen kosmischen Gewebes aus Energie, Umwandlungsprozessen und Intelligenz.

»Klammere dich nicht an Dinge.« Grundlage dieser Aufforderung ist die Erkenntnis, dass alle Probleme im Leben entweder durch Habgier oder durch Ablehnung entstehen. Wenn Sie irgendetwas festhalten, sei es ein materieller Gegenstand, eine Stellung oder eine Beziehung, engen Sie Ihr Bewusstsein ein und altern schneller. Der Alterungsvorgang beschleunigt sich, weil jedes Festhalten auf einer feineren Ebene mit Angst verbunden ist – Angst vor Verlust, Angst, die Kontrolle zu verlieren, Angst vor Zurückweisung. Wenn Sie Angst haben, übersetzt Ihr Körper dieses Gefühl in Stressmoleküle, die das biologische Altern beschleunigen. Sie müssen diese Angst loslassen, wenn Sie das Altern rückgängig machen wollen.

Unser Geist wendet sich bevorzugt Dingen zu, von denen wir uns Vergnügen erhoffen. Gegen alles, was uns Schmerz bereiten könnte, hat er eine Abneigung. Als Folge dieser Neigung sind wir außerstande, im gegenwärtigen Augenblick zu leben.

Wenn Sie sich dabei ertappen, dass Sie nicht in der Gegenwart sind, fragen Sie sich: »Was stimmt nicht mit diesem Moment?« Sie werden sehen, dass es nur zwei mögliche Antworten gibt: Entweder Sie sträuben sich gegen diesen Augenblick, oder Sie sind in Gedanken nicht da, in einer anderen Zeit. Wenn Sie Widerstand spüren, überlassen Sie sich bewusst dem Hier und Jetzt. Wenn Sie gedanklich in einer anderen Zeit sind, bringen Sie sich sanft in die Gegenwart zurück. Öffnen Sie sich der unendlichen Vielfalt an Möglichkeiten, die Ihnen gerade dieser Moment bietet.

Sie können Ihr Bewusstsein für das Hier und Jetzt kultivieren, indem Sie unvoreingenommen und aufmerksam beobachten. Verlagern Sie Ihre Aufmerksamkeit von der äußeren Wahrnehmung zum stillen Beobachter, der stets im Inneren gegenwärtig ist. Während Sie weiterhin handeln und äußere Dinge wahrnehmen, verbinden Sie sich so mit Ihrem inneren Selbst.

Unsere Sinneswahrnehmungen verändern sich von einem Augenblick zum anderen. Wenn Sie sich mit dem identifizieren, was Sie wahrnehmen, hat Ihre Identität keinen Bestand, denn sie muss sich jeden Moment neu formieren. Wenn Sie sich mit ständig wechselnden Gegenständen identifizieren, opfern Sie Ihr innerstes, wahres Selbst den Objekten, die Ihr Selbstbild ausmachen. Wenn Sie sich als Generaldirektor eines Unternehmens, als Besitzer eines Luxusautos, als Manager eines berühmten Künstlers oder Musikers definieren, beziehen Sie Ihr Selbstverständnis aus einer äußeren Quelle. Ihre Persönlichkeit ist dann abhängig von einer äußeren Funktion – einer Organisation, einem Bankkonto oder einer Beziehung –, die Ihnen Macht verleiht. Problematisch wird es, wenn die Bindung endet – dann ist es auch mit Ihrer Macht und Ihrem Selbstwertgefühl vorbei.

Das Gegenteil dieses abhängigen Selbstbilds ist die Kraft aus dem eigenen Inneren. Grundlage aller Sinneswahrnehmungen und Erfahrungen im Leben, Grundlage aller Bindungen an Menschen, Situationen und wechselnde Umstände ist der Bereich der Bewusstheit des allgegenwärtigen, stillen Beobachters. Das ist Ihr wahres Selbst, das spirituelle innere Sein.

Wenn Sie die Aufmerksamkeit verlagern und nicht mehr erfolgs-, sondern prozessorientiert sind, werden Sie zum hellwachen, unbeteiligten Beobachter. Sie sind vollkommen flexibel und fühlen sich im Reich der Unbestimmtheit und Ungewissheit zu Hause. Sobald Sie das spirituelle, innere Sein zu Ihrem inneren Bezugspunkt machen, erwarten Sie weder ein bestimmtes Ergebnis, noch fürchten Sie sich davor – Sie lassen einfach geschehen. Natürlich haben Sie ein Ziel vor Augen, wenn Sie einen Weg einschlagen; sollten sich unterwegs jedoch andere Möglichkeiten ergeben, sind Sie innerlich flexibel genug, um sich vom Strom der Ereignisse tragen zu lassen. Diese Haltung lässt sich in einem Satz zusammenfassen:»Ich nehme es, wie es kommt.« Der Weg ist das Ziel.

Immer wenn Sie spüren, dass Sie mit aller Macht etwas besitzen oder vermeiden wollen, etwas ersehnen oder fürchten, verlagern Sie die Aufmerksamkeit zum stillen Beobachter in Ihrem Inneren. Der gegenwärtige Moment ist das Tor zum Feld der unendlichen Möglichkeiten, er ist unendlich flexibel. Bewusst im Hier und Jetzt zu leben kehrt den Alterungsprozess um.

Wenn Sie Angst haben, lösen Sie die Stressreaktion aus,
die das Altern beschleunigt.
Sie müssen diese Angst loslassen,
um den Alterungsprozess umzukehren.

Frei werden durch Vergeben

Der große vedische Gelehrte Eknath Easwaran erzählt eine traurige Geschichte: Am Ende seines Lebens erreicht die Seele eines Menschen eine Existenzebene, auf der alle Leben dokumentiert sind. Es ist, als ob die Seele im Kino einen Film über ihr gerade beendetes Leben sehen würde. Sie schaut sich den Film an, muss sich aber häufig abwenden, weil die dargestellten Szenen unerträglich sind. Über den Versäumnissen und begangenen Sünden verkrampft sich das Herz, und irgendwann wird der Film unerträglich schmerzvoll. Weil aber die Seele nicht imstande ist, den ganzen Film anzuschauen, versäumt sie wichtige Lektionen. Sie muss sich wieder verkörpern, um diese im nächsten Leben zu lernen.

In dieser Geschichte sind die Szenen des vergangenen Lebens deshalb so unerträglich, weil die Seele nicht vergeben hat – weder sich selbst noch anderen. Vergebung ist die Essenz des Loslassens. Es bedeutet, dass man die Bindung an Vergangenes aufgibt und Hindernisse beseitigt, die einem auf dem Herzen liegen, denn

Kummer führt zu Stillstand, Ungeordnetheit und Altern. Lassen Sie los, um sich zu verjüngen. Hier ist eine einfache Übung dazu: Schließen Sie die Augen, achten Sie auf Ihr Herz und spüren Sie, ob Sie darin Unzufriedenheit, Feindseligkeit, Zorn oder Bedauern finden. Wenn ja, fragen Sie, wie es zu dieser Gefühlsblockade gekommen ist, danach, wie diese negativen, giftigen Gefühle am besten aufzulösen sind. Fragen Sie sich, was Sie aus dieser Situation lernen können, und seien Sie für die Erfahrung dankbar, auch wenn sie schmerzhaft war.

Denken Sie an den schönen Satz aus dem Buch »Ein Kurs in Wundern«: »Immer wenn ich eine Wahl treffe, entscheide ich mich zwischen Unzufriedenheit und einem Wunder.«

Wir möchten Sie ermutigen, sich für ein Wunder zu entscheiden. Wenn die Dinge nicht so laufen, wie sie sollen, können Sie natürlich in Selbstmitleid zerfließen. Sie können sich beklagen und über die Ungerechtigkeit des Lebens schimpfen. Sie können jammern, wie viel Ihnen entgeht, und sich selbst und alle anderen unglücklich machen. Oder Sie betrachten die Situation als Chance für Hingabe, Flexibilität und Wachstum. Unzufriedenheit, Feindseligkeit, Groll und Bedauern verwandeln sich in schwärende emotionale Wunden, die das Altern beschleunigen. Vergeben und vergessen Sie, und kehren Sie damit den Alterungsvorgang um.

Offen sein für Neues

Häufig stecken wir in eingeschliffenen Verhaltensmustern fest, die uns nichts mehr nützen und die zu geistiger Erstarrung führen. Davor schützen wir uns am besten, indem wir bewusst Flexibilität kultivieren, Veraltetes aufgeben und uns neuen Denk- und Verhaltensweisen öffnen. Wenn Sie sich flexibel verhalten, wird auch Ihr Nervensystem anpassungsfähig, denn neue Denkweisen erfordern neue Verbindungen zwischen den Gehirnzellen. Diese neuronalen Verknüpfungen und die Entscheidungen, die Sie treffen, bilden eine ständige Rückkoppelungsschleife: Wenn Sie bereit sind, Neues auszuprobieren, wird auch das Nervensystem beweglicher und offen für neue Wahrnehmungen, Deutungen und Entscheidungen. Diese wiederum tragen dazu bei, dass im Gehirn neue Nervenverbindungen entstehen.

Hier sind ein paar Vorschläge, wie Sie eingefahrene Verhaltensmuster durchbrechen können. Probieren Sie eine Woche lang das ein oder andere aus, und beobachten Sie, was in Ihrem Körper und in Ihrem Geist geschieht:

- Essen Sie etwas, was Sie noch nie gegessen haben.
- Stellen Sie Ihr Trainingsprogramm um.
- Nehmen Sie einen anderen Weg zu Ihrem Arbeitsplatz.
- Gehen Sie zu einem anderen Zeitpunkt zu Bett.
- Meditieren Sie länger.
- Kaufen Sie sich etwas Neues zum Anziehen.
- Tragen Sie ungewohnte Farben.
- Hören Sie andere Musik.
- Tragen Sie keine Armbanduhr.
- Tragen Sie die Armbanduhr am anderen Arm.
- Gehen Sie mit jemandem essen, den Sie noch nicht so gut kennen.
- Probieren Sie ein neues Restaurant aus.
- Ändern Sie Ihre Meinung über etwas oder jemanden.
- Rufen Sie einen Freund an, mit dem Sie seit Jahren nicht gesprochen haben.
- Melden Sie sich anders am Telefon.
- Ändern Sie die Ansage auf Ihrem Anrufbeantworter.
- Lesen Sie ein Buch, das Sie normalerweise nicht lesen würden.
- Schauen Sie eine andere Fernseh-Show an.
- Hören Sie einen anderen Sender im Radio.
- Melden Sie sich für einen Kurs an.

Lösen Sie sich von alten Gewohnheiten, und Sie werden sich erneuert fühlen. Flexibel zu sein heißt, sich mit dem flexibelsten Bereich des eigenen Seins zu verbinden – dem Feld des zeitlosen Bewusstseins in Ihrem Geist und Ihrem Körper. Die Verbindung zu diesem höchst flexiblen Bereich macht uns jünger. Tauchen Sie täglich während der Meditation in dieses Feld unendlicher Flexibilität ein. Nehmen Sie sich vor, bewusst flexibel zu denken und zu handeln. Üben Sie loszulassen, wenn Festhalten nicht mehr angebracht ist.

ZURÜCK ZUR KREATIVITÄT

Wenn Sie flexibel geworden sind, sind Sie auch bereit, schöpferisch zu sein, denn ohne Flexibilität gibt es keine Kreativität. Der indisch-amerikanische Physiker Amit Goswami definiert in seinem Buch »Quantum Creativity« Kreativität als nicht kontinuierlichen, keiner Methode folgenden Quantensprung von einem bereits bestehenden zu einem vollkommen neuen Denkschema. Es ist ein Quantensprung ohne Zwischenschritte – ein Paradigmenwechsel – von einem Denkmuster zu einem anderen. Alle großen schöpferischen Fortschritte in der Welt der Kunst, Musik, Architektur oder Wissenschaft sind Sprünge der Vorstellungskraft, die aufgrund der bisherigen Muster nicht vorhersagbar waren. Durch einen kreativen Quantensprung – sei es Einsteins Relativitätstheorie, Picassos Kubismus oder die Musik der Beatles – hat sich die Welt für immer verändert.

Es entspricht vielleicht nicht mehr Ihrem Selbstbild – aber Sie sind von Natur aus schöpferisch. Als Kind besaßen Sie eine blühende Phantasie, die Quelle aller Kreativität. In Ihrer jugendlichen Flexibilität und Ihrer Konzentration auf den Augenblick konnten Sie immer Neues wahrnehmen und die Dinge neu interpretieren. In Ihrer Phantasie konnten Sie ganze Welten erschaffen, Sandburgen am Strand bauen oder mit Ihren Puppen »Mutter und Kind« spielen. Heute ist der beste Beweis für Ihre Kreativität die Tatsache, dass Sie am Leben sind, denn Sie erschaffen Ihre Wirklichkeit jeden Augenblick neu. Mit jeder Erfahrung und jedem Atemzug schaffen Sie sich einen neuen Körper-Geist. Lernen Sie, Ihre Schöpferkraft wieder zum Leben zu erwecken, und Sie werden vor jugendlicher Energie und Begeisterungsfähigkeit sprühen. Der kreative Prozess macht Sie nicht nur jünger, Sie können ihn auch zum Heilen, in Beziehungen, in der Kunst und in Ihrem Geschäftsleben anwenden.

Neun Schritte zum schöpferischen Quantensprung

Schöpferisch zu sein bedeutet, aus Energie, Information und dem Rohmaterial, das wir im Universum vorfinden, etwas zu schaffen, das noch nie da gewesen ist. Wenn Sie ein Originalkunstwerk, ein neues Musikstück, ein einzigartiges Software-Programm schaffen oder sich spontan von einer Krankheit heilen, erfordert diese Kreativität einen Bewusstseinssprung. Wenn Sie etwas bereits Bestehendes verbessern, handelt es sich um Innovation. Schöpferkraft schafft etwas Neues, das es bisher noch niemals gegeben hat.

Der kreative Prozess vollzieht sich in neun grundlegenden Schritten. Machen Sie sich diese Schritte bewusst, und wenden Sie sie an, wenn Sie im Leben vor einer Aufgabe oder einer Herausforderung stehen. Da Ihr schöpferisches Potenzial unbegrenzt ist, können Sie jedes Problem lösen.

Ein klares Ziel festsetzen

Der erste Schritt des kreativen Vorgehens ist ein klares Ziel oder Ergebnis. Sie sollten eine genaue Vorstellung davon haben, was entstehen soll. Wenn Sie nicht sicher wissen, was Sie wollen, werden Sie Ihre Bedürfnisse nicht erfüllen können. Formulieren Sie das angestrebte Ziel in klaren, positiven Ausdrücken: »Ich habe einen gesunden Körper und Energie im Überfluss.« »Meine Beziehungen sind liebevoll und konstruktiv.« Beschreiben Sie Ihre Absichten nicht negativ. Sagen Sie also nicht: »Ich möchte endlich diesen schrecklichen Job loswerden«, sondern: »Ich habe eine Arbeit, in der ich meine Möglichkeiten voll entfalten kann«.

Schreiben Sie Ihre Ziele nieder, und prüfen Sie regelmäßig, ob sie noch mit Ihren gegenwärtigen Wünschen übereinstimmen. Leben im Zustand der Flexibilität bedeutet zwar, sich nicht auf ein

Zurück zur Kreativität

bestimmtes Ergebnis zu fixieren, aber Ziele (ohne verbissenen Ehrgeiz) sind doch wichtig. Formulieren Sie ein klares Ziel, aber binden Sie sich nicht an ein festgelegtes Ergebnis.

Informationen sammeln

Im zweiten Schritt werden Informationen gesammelt. In dieser Phase sollten Sie alles über das Projekt, das Sie verwirklichen möchten, in Erfahrung bringen. Werden Sie Experte auf dem Gebiet, und betrachten Sie Ihr Ziel als einzigartig. Lesen Sie Bücher, recherchieren Sie, nutzen Sie das Internet, beschäftigen Sie sich mit spiritueller Literatur, gehen Sie zu Vorträgen, nehmen Sie an Seminaren teil, sprechen Sie mit Freunden und Familienmitgliedern. Sammeln Sie Informationen aus jeder nur verfügbaren Quelle, ohne zu werten oder zu filtern. Achten Sie auf Ihre Körperempfindungen, wenn Sie hören, was andere zu dem Thema zu sagen haben, und beobachten Sie, bei welchem Lösungsansatz Sie sich wohl fühlen und bei welchem nicht.

Informationen ordnen und analysieren

Während Sie Informationen sammeln, verarbeiten Sie das Gelernte geistig, machen sich damit vertraut und bringen es in eine brauchbare Form. Dieses Ordnen der Informationen geschieht auf der bewussten wie auf der unbewussten Ebene. Bei der Analyse der Daten achten Sie auf Muster, die vielleicht zu einem neuen Verständnis des Problems führen können.

Reifezeit

Der vierte Schritt umfasst die Ausreifung. Sie geben Ihrem Bewusstsein nun die Möglichkeit, durch Meditation in einem erweiterten Zustand zur Ruhe zu kommen. Es ist die Phase der Hingabe, des

Loslassens. Nachdem Sie Ihr Ziel formuliert, Informationen gesammelt, aufgearbeitet und geordnet haben, gehen Sie nun im nächsten Schritt über den rationalen Geist hinaus und nehmen Verbindung zu einem tieferen Bewusstseinsbereich auf, der für die praktische Umsetzung des Ziels sorgt. Praktizieren Sie die So-Hum-Meditation, um geistig zur Ruhe zu kommen und Ihr Bewusstsein zu erweitern. Denken Sie vor der Meditation ein paar Minuten über Ihr Ziel nach, und kümmern Sie sich dann nicht weiter darum. Dieses Loslassen schafft genügend Raum, um etwas völlig Neues im Bewusstsein entstehen zu lassen – etwas, von dem Sie bisher noch keine Vorstellung hatten.

Einsicht

Unter günstigen Bedingungen kommt es zum vierten Schritt, der Einsicht. Sie blitzt urplötzlich auf, wenn bisherige Beziehungen und Bedeutungen in einem völlig neuen Licht erscheinen und auf diese Weise ganz neue Interpretationen ermöglichen. Einsicht ist ein Aha-Erlebnis, ein kreativer Sprung – Ihre Wahrnehmung und Interpretation des Problems sind völlig andere als bisher. Diese neue »einleuchtende« innere Vision, Kern des kreativen Prozesses, entspringt dem Bewusstseinsbereich, der an keinen Ort gebunden ist. In der Meditation haben wir Zugang zu diesem nichtörtlichen Bereich, der zu jeder Zeit in den Lücken zwischen den Gedanken erfahrbar ist. Wenn wir unsere gewohnte Vorstellung, wie die Dinge sein sollten, hinter uns lassen können, geschieht etwas Unvorhergesehenes: Wir haben eine Einsicht.

Inspiration

Aus der Einsicht entsteht spontan der Funke der Inspiration. Der durch die Einsicht ausgelöste Überschwang ist ein guter Gradmesser dafür, ob es sich wirklich um einen kreativen Sprung handelt. Wenn Sie die Dinge tatsächlich in einem neuen Licht sehen, erfüllt diese Einsicht das ganze Körper-Geist-System mit pulsierender Energie. Nicht nur die geistige Erkenntnis, auch die Signale des Körpers bestärken Sie in der Gewissheit, die richtige »einleuchtende« Einsicht zu haben. Gefühle wie Leidenschaft, Heiterkeit, Aufregung, Freude und Begeisterung zeigen, dass die Einsicht während der Phase des Loslassens das Problem lösen und das Ziel verwirklichen wird.

Praktische Umsetzung, Integration, Inkarnation

Jetzt muss auf die Einsicht die Tat folgen. Da Sie nun wissen, wie Sie Ihren Wunsch erfüllen können, handeln Sie. Vollziehen Sie die Veränderung, tun Sie den Schritt und setzen Sie Ihre Absicht in der Praxis um, um die kreative Reaktion zu verwirklichen. Integrieren Sie die neue Einsicht in Ihr Leben. In dieser Phase wandelt sich auch Ihr Körper, Sie inkarnieren gewissermaßen die gewonnene Einsicht. Damit werden Sie zu einem neuen Menschen, denn die neue Einsicht ist nun Teil Ihres Selbst. Sie haben einen kreativen Sprung vollbracht und Ihr Körper-Geist-System erneuert.

Archimedes, der Urvater der kreativen Reaktion

Archimedes lebte im dritten Jahrhundert v. Chr. auf Sizilien und war der größte Mathematiker der Antike. Eines Tages bat ihn König Hieron zu prüfen, ob die für ihn angefertigte Krone wirklich aus purem Gold war *(Ziel, Absicht)*. Archimedes war sich im Klaren darüber, dass er die Materialdichte berechnen musste *(Informationen sammeln)*, um herauszufinden, ob der Krone andere Metalle beigemengt waren. Er wusste, dass sich die Dichte aus dem Gewicht (Masse) ergibt, geteilt durch das Volumen. Archimedes konnte die Krone zwar wiegen, aber auf Grund der unregelmäßigen Form nicht ihr Volumen berechnen. Nachdem er sich mehrere Tage mit dem Problem beschäftigt hatte *(Informationen ordnen)*, überredete ihn sein Diener, die Arbeit zu unterbrechen und ein warmes Bad zu nehmen *(Reifezeit).* Als er sich in die Badewanne setzte, bemerkte er, dass sein Körper Wasser verdrängte; sein Körpergewicht entsprach dem Gewicht des verdrängten Wasservolumens. Diese Beobachtung führte zu der Idee *(Einsicht),* die Dichte der Krone zu berechnen, indem er feststellte, wie viel Wasser sie verdrängte. Er freute sich so überschwänglich über diese Entdeckung *(Inspiration),* dass er durch die Straßen von Syrakus lief und »Heureka!« rief, was auf Griechisch heißt: »Ich hab's gefunden!« Wie sich herausstellte, hatte der Goldschmied das Gold mit Silber versetzt.

Um die neun Kreativitätsphasen einmal auf die persönliche Ebene zu übertragen, stellen wir uns eine Frau vor, die unglücklich ist, weil ihr Mann nicht ihren Erwartungen entspricht. Ihrer Meinung nach verbringt er viel zu viel Zeit allein oder am Telefon mit Freunden und Kollegen. Wegen ihrer Sorgen und Ängste isst sie zu viel, nimmt zu und verliert ihre Selbstachtung.

Dann beschließt sie, die neun Schritte des kreativen Prozesses anzuwenden, und formuliert als Erstes ihr Ziel: Sie möchte sich sicher, geachtet und geliebt fühlen. Sie liest mehrere Bücher zum Thema Beziehungen und wird darin mit neuen Sichtweisen konfrontiert. Sie erlernt eine Meditationstechnik und praktiziert sie regelmäßig. Während einer besonders tiefen Meditation hat sie die Einsicht, dass *sie* ihre Freunde vermisst. Ihre Unzufriedenheit kommt daher, dass ihr Mann Freude an etwas hat, das sie eigentlich selbst gern hätte. Sie ist von diesem Gedanken inspiriert und beschließt, eine alte Schulfreundin in einer anderen Stadt zu besuchen. Sie genießt diesen Besuch so sehr, dass sie eine ganz neue Lebenseinstellung gewinnt. Sie beginnt ein Fitnessprogramm und stellt ihre Ernährung um, worauf sich alle ihre Beziehungen, einschließlich ihrer Ehe, verbessern.

Die Frau in unserem Beispiel hat Bedingungen geschaffen, die ihr einen kreativen Akt ermöglichten. Dadurch fand sie wieder den Zugang zu ihrer eigenen Lebensenergie, der ihr bis dahin verwehrt war. Die Fähigkeit, Probleme schöpferisch zu lösen, ist das Wesen der Flexibilität und ein wichtiger Schlüssel zur Umkehr des Alterungsvorgangs.

Zurück zur Kreativität

Grenzenlose Möglichkeiten für Ihre Kreativität

Sie können diese neun kreativen Schritte auf jedes Problem in Ihrem Leben anwenden. Betrachten Sie Krisen als Gelegenheit, eine schöpferische Lösung zu finden, und Sie werden sich in Zukunft auf neue Herausforderungen freuen. Zeigen Sie anderen – Arbeitskollegen, Freunden, der Familie –, wie man Probleme kreativ löst. Bringen Sie Ihren Kindern bei, mit ihren Problemen schöpferisch umzugehen. Flexibilität und Kreativität spielen im Prozess der Evolution eine Schlüsselrolle. Oder mit Darwins Worten: Wer sich anpassen kann, überlebt. Anpassung erfordert zuerst Flexibilität, dann Kreativität. Jeder Entwicklungssprung ist ein Quantensprung der Schöpferkraft. Kultivieren Sie Ihre Flexibilität und reagieren Sie kreativ. Sie werden merken, wie viel jünger, flexibler und anpassungsfähiger Sie werden.

An jedem Tag steigere ich auf jede nur erdenkliche Weise meine geistige und körperliche Leistungsfähigkeit.
Ich wünsche mir aus diesem Grund ein gesundes biologisches Alter von _____ Jahren.
Ich sehe zur Zeit aus und fühle mich wie ein(e) gesunde(r) _____-Jährige(r).

Ich kehre mein biologisches Alter um,

1. *indem ich meinen Körper, sein Altern und die Zeit anders wahrnehme,*
2. *indem ich zwei Arten tiefer Entspannung erfahre – ruhevolle Wachheit und erholsamen Schlaf,*
3. *indem ich meinen Körper liebevoll mit gesunder Ernährung verwöhne,*
4. *indem ich Nahrungsergänzungen gezielt einsetze,*
5. *indem ich die Einheit von Geist und Körper wiederbelebe,*
6. *indem ich Fitnesstraining betreibe,*
7. *indem ich mich von Gift- und Schadstoffen befreie und*
8. *indem ich Flexibilität und Kreativität im Bewusstsein kultiviere.*

9. STUFE:

LIEBEN UND GELIEBT WERDEN – NICHTS HÄLT SIE LÄNGER JUNG

Ihr tägliches Übungsprogramm

Ich kehre mein biologisches Alter um, indem ich die Liebe zum Wichtigsten in meinem Leben mache.

1. *Ich höre anderen aufmerksam zu, ohne sie zu unterbrechen.*
2. *Ich drücke jeden Tag mindestens einem Menschen gegenüber offen und ehrlich meine Zuneigung aus.*
3. *Ich suche den Austausch liebevoller Berührungen mit den Menschen, die mir nahe stehen, und werde mir meiner sexuellen Energie in all ihren verschiedenen Ausdrucksformen bewusst.*

Liebe heilt.

Liebe erneuert.

Liebe gibt Sicherheit.

Liebe bringt uns näher zu Gott.

Liebe besiegt alle Furcht.

Liebe macht uns jung.

Liebe kehrt den Alterungsprozess um.

Sie können Ihr biologisches Alter durch Liebe umkehren. Liebe ist die Essenz des Lebens. Für uns Menschen ist die Liebe ebenso wichtig wie Nahrung und Wasser – ohne sie können wir nicht leben. Liebe ist nicht nur eine seelische Erfahrung, sie verändert auch den Körper. Alle Säugetierbabys – vom Kaninchen bis zum Schimpansen – bleiben in ihrer Entwicklung stecken, wenn ihnen die Mutterliebe entzogen wird. Normalerweise betrachten wir die Liebe ja nicht unter wissenschaftlichen Aspekten, aber in den vergangenen 25 Jahren haben entsprechende Studien den unwiderlegbaren Beweis erbracht, dass die Erfahrung von Liebe tief greifende lebensfördernde Auswirkungen auf unseren Körper hat.

Es hat sich gezeigt, dass allein schon der Anblick eines barmherzigen Verhaltens unser Immunsystem stärkt. David McClelland von der Harvard University fand heraus, dass Studenten, die in einem Film sahen, wie Mutter Teresa ein Kind tröstet, mehr Antikörper im Speichel hatten. Beim Betrachten von Kriegsszenen dagegen sank die Antikörperkonzentration. David Spiegels Studien an der Stanford University zeigten, dass in einer Selbsthilfegruppe doppelt so viele Frauen mit metastasierendem Krebs überleben wie Frauen, die an keiner Gruppe teilnehmen. Wir wissen auch, dass sich Männer nach einem Herzanfall schneller erholen, wenn sie sich von ihren Frauen geliebt fühlen. Auch ein simpler monatlicher Telefonanruf von einer warmherzigen Krankenschwester kann die Überlebenszeit eines Herzpatienten um das Doppelte verlängern. Sogar bei Tieren senken Zärtlichkeit und liebevolle Behandlung das Krankheitsrisiko. In einer interessanten Studie an der Ohio State University erhielten zwei Gruppen von Kaninchen Futter mit hohem Cholesteringehalt. Eine Gruppe wurde regelmäßig von den Laborassistenten gestreichelt, während die Tiere der anderen Gruppe nicht berührt wurden. Am Ende der Untersuchung wiesen die gestreichelten Kaninchen im Vergleich zu der »lieblos« behandelten Gruppe nur zehn Prozent Fettablagerungen in den Blutgefäßen auf. Liebe wird körperlich verstoffwechselt und kann über Gesundheit und Krankheit, Leben und Tod entscheiden.

Für die meisten von uns sind diese wissenschaftlichen Ergebnisse keine Überraschung. Wir alle haben schon erlebt, wie viel überschwängliche Freude und Lebenskraft wir spüren, wenn wir uns geliebt fühlen. Aber die meisten kennen auch die Gefühle der Qual und Verzweiflung, die auf eine Trennung oder Zurückweisung folgen. Bei Menschen, die einen Liebesverlust erleiden, ändern sich die biochemischen Prozesse im Gehirn, die jede Zelle in ihrem Körper beeinflussen. Dadurch steigt das Risiko für ein breites Spektrum von Krankheiten, vom Krebs bis zu Herzkrankheiten, erheblich an. In gleicher Weise rufen die Gefühle der freudigen Erregung, Begeisterung und Beruhigung, die uns die Liebe schenkt, lebensunterstützende Veränderungen hervor, die unser emotionales und körperliches Wohlbefinden beleben. Liebe bewirkt, dass wir uns gut fühlen, denn sie erzeugt eine Biologie des Entzückens, der Freude und der Sicherheit. Liebe heilt, Liebe nährt, Liebe tut uns gut.

Liebe bewirkt positive körperliche Veränderungen.

WAS IST LIEBE?

Da wir nun wissen, dass die Liebe unsere Gesundheit und Leistungsfähigkeit steigert, können wir uns der grundlegenden Frage zuwenden: Was ist Liebe? Von alters her beschäftigt dieses zeitlose Thema Dichter, Philosophen und Komponisten. Kein anderes Wort in irgendeiner Sprache wird so persönlich aufgenommen wie Liebe. Alle Erinnerungen und Wünsche unseres Lebens, in denen Unschuld und Leidenschaft unserer Körper, Herzen und Seelen miteinander verwoben sind, schwingen in dem Wort Liebe mit.

Für die meisten Menschen ist Liebe eine Emotion, eine Empfindung, ein Gefühl, das Gedanken und Moleküle bewegt. Verliebtsein versetzt uns in einen anderen Bewusstseinszustand mit veränderter Wahrnehmung, neuen Interpretationsweisen und anderen Entscheidungen. Wenn wir lieben, sind wir unbeschwert und offen für neue Erfahrungen, wir sind verletzbar und unbesiegbar zugleich. Wir fühlen uns erneuert, heiter und voller Freude. Die Liebe befreit uns von den gewöhnlichen, trivialen Alltagssorgen und öffnet das Bewusstsein dem Zauber und dem Geheimnis des Lebens. Durch die Liebe fühlen wir uns lebendig.

Die Liebe inspiriert uns zu großen Taten. Die Macht der Liebe weckt unsere Urenergien, wir werden zu mythischen Wesen. Liebende dürsten nach Heldentaten, um die Macht ihrer Liebe zu erproben. Unsere Liebe vereint uns mit dem Urbild der Liebenden. Freudigen Herzens beschwören wir immer wieder aufs Neue die großen Liebesgeschichten aus dem mythologischen Reich des menschlichen Unterbewusstseins herauf. Jede Kultur erzählt ihre eigenen großen Liebesgeschichten. Von Cupido und Psyche bis Rama und Sita, von Romeo und Julia bis Spencer Tracy und Katherine Hepburn inszenieren diese romantischen Liebesgeschichten die Hölle der Trennung und den Himmel der Wiedervereinigung. Die ewigen Liebesgeschichten sind unser Schlüssel zur Tür der universalen Liebe.

PERSÖNLICHE LIEBE ALS KONZENTRAT DER UNIVERSELLEN LIEBE

Die großen spirituellen Traditionen aller Kulturen lehren uns, dass die letzte Wirklichkeit aller Existenz die Einheit ist. Der eine universale, ungeteilte Geist gibt sich hinein in unendlich viele Einzelwesen. Nach dieser Aufteilung jedoch werden die Einzelteile von fundamentalen Kräften dazu angetrieben, die Einheit wiederherzustellen. Atome streben danach, Moleküle zu werden, Himmelskörper bilden Sonnensysteme, Menschen möchten mit ihren Lieben vereint sein. Die Liebe ist ihrem Wesen nach die

Suche nach dem universalen Geist, die Sehnsucht nach Gemeinschaft. Das Bedürfnis nach Einheit ist tief in unserem persönlichen und kollektiven Gedächtnis verankert. Während wir danach streben, außerhalb von uns selbst Erfüllung zu finden, wissen wir jedoch auf einer vorbewussten Ebene, dass die einzig wahre Liebe nur im unendlichen, unbegrenzten Ozean des reinen Geistes in unserem Inneren zu finden ist. Je stärker wir in unserer inneren Spiritualität verankert sind, desto liebevoller fühlen und verhalten wir uns.

Die meisten Menschen sind allerdings nicht unmittelbar in Einklang mit ihrem innersten Sein. Deshalb hat uns die Natur in ihrem Mitgefühl für die menschlichen Wesen die Möglichkeit gegeben, uns ineinander zu verlieben und dadurch eine Ahnung von der transformierenden Kraft des Geistes zu bekommen. Die persönliche Liebe gibt uns eine Kostprobe der universalen Liebe. Wie großartig wir uns auch fühlen, wenn wir lieben, es ist uns nicht genug. Immer spüren wir den Drang nach noch mehr Liebe, mehr Vertrautheit, mehr Wunder, weil unsere Seele sich nach der endgültigen Vereinigung mit dem universalen Geist sehnt.

Wenn Sie erkennen, dass Liebe und reiner Geist identisch sind, verstehen Sie Ihre Sehnsucht nach Liebe als Wunsch nach mehr Bewusstheit, mehr Gemeinschaft, mehr Verbindung mit der universalen Intelligenz, die dem Universum zugrunde liegt. Jeder Akt der Liebe ist ein göttlicher Akt, ein Ausdruck des reinen Geistes, unseres innersten Seins.

Nehmen Sie sich vor, jede liebevolle Handlung als spirituellen Ausdruck des reinen Geistes zu sehen. Der süße Blick eines Kindes, die Spende für einen Obdachlosen, die Hilfe für einen Fremden beim Reifenwechsel, ein Blumenstrauß für den Partner, ehrenamtliche Arbeit in einem Krankenhaus – alle diese Handlungen sind persönlich und spirituell zugleich. Sie machen Ihnen Freude, weil sie Ihr Selbstverständnis erweitern und bereichern. Jede liebevolle Tat sprengt die Fesseln des Ego-Gefängnisses. Jede liebevolle Handlung gibt Ihnen einen Vorgeschmack auf die Einheit in der universalen Liebe und bringt Sie der Integration von Zeitlosigkeit in die zeitgebundene Existenz einen Schritt näher. In der Liebe erfahren

wir die Ewigkeit des Augenblicks, und je intensiver wir die Ewigkeit spüren, desto jünger werden wir. Je tiefer wir in das innerste Sein, den reinen Geist, eintauchen und diese Erfahrung im Alltag ausdrücken, desto liebevoller und freier fühlen wir uns.
Denken Sie an Liebe. Sprechen Sie über Liebe. Suchen Sie nach Liebe. Ermutigen Sie Liebe. Bringen Sie im Leben in jeder Beziehung Liebe zum Ausdruck – auf diese Weise erinnert sich Ihre Seele an ihre ureigenste Vollkommenheit. Alle Lektionen des Lebens sind Lektionen der Liebe. Gelebte Spiritualität bedeutet, die Liebe in jeder Situation zu erkennen. Machen Sie die Liebe zur Hauptsache in Ihrem Leben, und Sie werden jünger und leben länger.

Die Suche nach dem universalen reinen Geist
ist das eigentliche Wesen der Liebe.

LIEBE ZEIGEN

Liebe ist Spiritualität in Bewegung. Liebe, die von einem Herzen zum anderen fließt, bewirkt biologische Veränderungen, die das Altern umkehren. Wenn Liebe im Alltag zum Ausdruck kommt, geht es Ihnen und denen, die Sie lieben, gut. Sie können Ihre Liebe zu anderen Menschen auf dreierlei Weise ausdrücken:

• Sie hören ihnen aufmerksam zu.
• Sie drücken Ihre Zuneigung in Worten oder Taten aus.
• Sie berühren andere liebevoll und zärtlich.

Diese Liebesbezeugungen geschehen spontan, wenn Sie sich verlieben. Schauen Sie nur ein verliebtes Paar an. Jeder hängt an den Lippen des anderen. Jeder schwärmt davon, was er am anderen anziehend, brillant und außergewöhnlich findet. Mit liebevollen Geschenken wie zum Beispiel Blumen, Schmuck oder einem selbst gebackenen Kuchen zeigen sie sich ihre Zuneigung. Und schließlich können sie die Finger nicht voneinander lassen.

Ob Sie gerade frisch verliebt sind, seit Jahren mit Ihrem Partner zusammenleben oder einen alten Schulfreund besuchen – die drei Gesichter der Liebe sind immer von Bedeutung. Zeigen Sie Ihre Liebe, indem Sie sich ganz auf den andern konzentrieren. Drücken Sie Ihre Zuneigung in Worten und Taten aus. Seien Sie liebevoll. Folgen Sie bewusst diesen Prinzipien der Liebe, dann werden Sie jünger und leben länger.

LIEBE, SEX UND SPIRITUALITÄT

Sexuelle Energie ist die schöpferische Urenergie des Universums, der alle Lebewesen ihr Dasein verdanken. Tiere und andere Lebensformen nutzen sexuelle Energie fast ausschließlich zur biologischen Reproduktion – Tiere zeugen einfach neue Tiere. Die sexuelle Energie des Menschen jedoch kann auf allen Ebenen – körperlich, emotional und spirituell – in Kreativität münden. Immer wenn Sie Anziehung, Erregung, Aufmerksamkeit, Leidenschaft, Interesse, Inspiration, Aufregung, Kreativität oder Begeisterung verspüren, ist sexuelle Energie am Werk.

All diese Ausdrucksformen sexueller Energie sind von körperlichen Empfindungen begleitet. Bei sexueller Erregung nehmen Sie eine entsprechende körperliche Empfindung wahr. Wenn Sie begeistert, inspiriert, glücklich, energiegeladen oder leidenschaftlich sind, erleben Sie diese Gefühle auch körperlich. Allen Empfindungen gemeinsam ist ein Gefühl der Ausdehnung, das manchmal so stark wird, dass wir das Gefühl haben zu platzen. Der medizinische Begriff für diesen erfüllten Zustand ist Tumeszenz, Schwellung. Er wird meist für Zustände sexueller Erregung verwendet, bezeichnet aber auch andere Erscheinungen von Erregung und Leidenschaft.

Machen Sie sich mit diesen Empfindungen vertraut, und lernen Sie ihre verschiedenen Wirkungen auf Ihren Körper kennen. Schließen Sie einmal die Augen, und erinnern Sie sich an eine Erfahrung, die Sie leidenschaftlich erregt hat. Der Anlass war vielleicht ein schönes Kunstwerk, ein atemberaubendes Naturschauspiel oder Musik, die Ihr Gefühl berührt hat. Vielleicht hatten Sie beruflich eine tolle Idee oder haben irgendetwas gehört, was Ihnen plötzlich klar machte, wie Sie ein Problem lösen konnten. Vielleicht war es auch eine erotische, leidenschaftliche, sexuelle Erfahrung. Gehen Sie den Empfindungen nach, mit denen Ihr Körper auf die inspirierende Erfahrung reagiert. Es ist Ihre sexuelle Energie, die sich hier auf verschiedene Weise offenbart. Lernen Sie, diese mächtige Lebenskraft in all ihren Ausdrucksformen zu erkennen.

Achten Sie auch in Ihrem Alltag auf diese Momente intensiver Lebendigkeit – wenn Sie sich zu jemandem stark hingezogen fühlen, wenn der Abendhimmel beim Sonnenuntergang in allen Farben leuchtet oder wenn Sie die schönen, liebevollen Hände Ihrer Großmutter betrachten.

Machen Sie sich bewusst, dass Sie an dieser ungeheuren Kraft durch Ihre leidenschaftliche Liebe zum Leben teilhaben können. Pflegen Sie diese Empfindungen sorgsam, bis jede Zelle Ihres Körpers vor Energie überschäumt. Je öfter Sie diesen körperlichen Empfindungen nachspüren und sie erkennen, desto intensiver werden Ihre sinnlichen Erfahrungen und desto öfter werden Sie eine schlichte, echte Zuneigung und Dankbarkeit gegenüber der gesamten Schöpfung empfinden. Und das macht das Wesen eines spirituellen Lebens aus.

Was immer man auch versucht hat Ihnen einzureden – das sexuelle Begehren ist heilig und hat nichts mit Sünde zu tun. Die Unterdrückung der Sexualität ist unecht, unnatürlich und gekünstelt. Für viele Menschen ist die Erfahrung sexueller Intimität zugleich eine erste spirituelle Erfahrung. Wenn Sie mit Ihrem Partner körperlich und emotional verschmelzen, überschreiten Sie die Grenzen Ihres Ego und erleben eine Einheit, in der Sie zeitlos, natürlich, verspielt und ohne Abwehr sind. Diese Eigenschaften hat der Geist, wenn er weder durch Kontrolle noch durch Angst oder Trennung begrenzt ist. Diese natürliche Offenheit und selbstbewusste Verletzlichkeit in allen Beziehungen zu kultivieren, ist die Grundlage eines spirituellen Lebens.

Sexuelle Vitalität

Sexuelle Energie steht uns in jedem Lebensalter zur Verfügung. Dieser vitalen Kraft gegenüber aufgeschlossen zu bleiben kehrt den Alterungsprozess um. Viele Menschen haben den Eindruck, dass die sexuelle Energie mit zunehmendem Alter schwindet. In mehreren Studien ist aber nachgewiesen worden, dass sowohl Männer als auch Frauen noch mit sechzig, siebzig und mehr Jahren sexuell aktiv sind. Etwa 90 Prozent der verheirateten Männer und Frauen über 60 und mehr als 80 Prozent der Männer und Frauen über 70 sind sexuell aktiv und genießen es. Das ganze Erwachsenenleben hindurch gehört Sexualität zu jeder engen, liebevollen Beziehung.

Mit dem Älterwerden sind körperliche Veränderungen verbunden, die man je nach Blickwinkel als Verlust oder auch als Chance sehen kann. Manche sechzig- oder siebzigjährigen Männer brauchen vielleicht länger, bis sie sexuell erregt sind. Manche Frauen, die nicht mehr genügend Östrogen produzieren, brauchen eventuell ein Mittel gegen Schleimhauttrockenheit. Aber diese Probleme sind leicht zu lösen. Wenn die nötige Zeit und Aufmerksamkeit investiert wird, um körperliche, emotionale und spirituelle Intimität zu schaffen, ergeben sich oft die beglückendsten sexuellen Erfahrungen im Leben eines Menschen.

Um Ihre sexuellen Erfahrungen zu verbessern, müssen Sie sich von all Ihren Erwartungen befreien. Erwartungen beziehen sich meist auf drei Bereiche: Leistung (»Wie bin ich?«), Gefühle (»Was fühle ich?«) und Sicherheit (»Liebt er/sie mich wirklich?«). Das sind verständliche Anliegen, wenn man mit einem Partner Intimität erkundet. Sie geben uns auch die einzigartige Möglichkeit, unsere Verletzbarkeit zuzulassen und so größere Nähe herzustellen. Intimität erwächst aus unserer Bereitschaft, verletzbar zu sein. Äußern Sie Ihre Bedürfnisse, und geben Sie dem geliebten Menschen, was er oder sie braucht. Offenheit, Verletzlichkeit und die Bereitschaft zu geben und zu empfangen – das alles sind spirituelle Eigenschaften.

Vergessen Sie Ihre Erwartungen. Wenn Sie Ihre Erwartungen aufgeben, können Sie auch Ihren Widerstand über Bord werfen,

Liebe, Sex und Spiritualität

der verhindert, dass Sie die Erfahrung genießen. Wie in allen Lebensbereichen erwächst der Widerstand auch in der körperlichen Liebe aus der Angst. Widerstand kommt immer aus dem Kopf, wo die eigenen Gefühle beurteilt werden. Lösen Sie sich von Ihren Erwartungen und Vorurteilen, und Sie werden alle Lust und Hingabe erfahren, die uns die Sexualität zu bieten hat. Die konzentrierte Leidenschaft der erotischen Liebe durchdringt dann auch alle anderen Bereiche Ihres Lebens.

Wenn Sex für Sie mit verborgenen Gefühlen wie Scham, Schuld oder Zorn vermischt ist, nehmen Sie sich vor, diese giftigen, blockierenden Gefühle loszulassen. Sexuelle Nähe ist eine wunderbare Möglichkeit, wahre Freiheit zu erleben, denn es ist ein Lebensbereich, in dem wir vollkommen ungehemmt und frei werden können. Sexuelle Erfüllung stellt sich ein, wenn die Erfahrung aus unbeschwerter Verspieltheit erwächst und nicht aus Bedürftigkeit. Wenn Sexualität zur reinen Bedürfnisbefriedigung dient, führt sie in die Abhängigkeit. Beruht sie auf Verspieltheit, ist das Ergebnis Ekstase.

Was immer man auch versucht hat Ihnen einzureden –
das sexuelle Begehren ist heilig
und hat nichts mit Sünde zu tun.

Das spielerische Element

Sexualität ist am erquicklichsten und schafft im höchsten Maße Liebe und Nähe, wenn sie als Prozess und nicht als Ziel betrachtet wird. Unsere westliche Gesellschaft wird von einer zielorientierten Weltsicht beherrscht. Frauen und Männer sind darauf konditioniert, so direkt, rasch und effizient wie möglich irgendwelche gesetzten Ziele zu erreichen. Diese Haltung übertragen wir auch auf den Liebesakt und den sexuellen Höhepunkt als das einzige Ziel der intimen Begegnung.

Zwar weiß jeder Liebende das Vergnügen des Orgasmus zu schätzen, doch die alten Weisheitstraditionen Indiens und Chinas beschreiben, wie wir Herz, Geist und Seele erweitern, wenn wir mit der sexuellen Energie spielerisch umgehen, die liebende Vereinigung verlängern und gleichzeitig das körperliche Entzücken intensivieren. Die Grundprinzipien der Kunst bewusst vollzogener körperlicher Liebe, die in Indien Tantra und in China das Tao der Liebe genannt wird, umfassen als elementare Prinzipien das Ritual, den Austausch und die Sensibilität.

Das Ritual

Wenn Sie Sexualität als spirituelle Handlung sehen, werden Sie auch den Wert eines Rituals zu schätzen wissen.

Nehmen Sie sich so viel Zeit zur Vorbereitung für die Liebe, als würden Sie eine Reise in das Reich himmlischer Vergnügungen unternehmen. Genießen Sie ein Bad und bereiten Sie Körper und Geist darauf vor, ihre persönlichsten Gaben mit einem anderen Menschen zu teilen. Gestalten Sie den Raum für die Liebe so, dass er alle Sinne anspricht. Lesen Sie Ihrem Partner inspirierende Liebesgedichte vor. Spielen Sie schöne Musik, die Ihre Leidenschaft erregt und Ihr Herz öffnet (Empfehlungen dazu finden Sie im Anhang). Ziehen Sie etwas Verführerisches an, tauchen Sie den Raum in Kerzenlicht und zerstäuben Sie angenehme Düfte. Schauen Sie dem geliebten Menschen in die Augen und danken Sie ihm in Gedanken oder auch mit Worten, dass Sie Vertrautheit und Nähe mit ihm teilen dürfen.

Sexualität, die schlicht als ein körperliches Bedürfnis unter anderen betrachtet wird, erfüllt auch nur diesen Zweck. Sobald wir erkennen, dass wir, anders als unsere tierischen Vorfahren, in der Lage sind, die schöpferische sexuelle Energie so zu kanalisieren, dass sie unser Herz erfüllt und das Bewusstsein hebt, können wir Rituale dazu nutzen, unsere Aufmerksamkeit und Absicht darauf zu konzentrieren. Wenn die intime Begegnung zweier Menschen so verwandelt wird, dass eine rein biologische Handlung Körper, Geist und Seele erfasst, dann entstehen Leidenschaft, Vitalität und tiefe Ekstase.

Der Austausch

Teilen Sie Ihrem Partner Ihre Gefühle und Bedürfnisse mit, und zwar vor, während und nach dem Sex. Sagen Sie ihm oder ihr offen, was Ihnen Freude und Genuss bereitet und was Sie brauchen, um sich sicher, bewundert und sexuell erregt zu fühlen. Begnügen Sie sich nicht damit, dem anderen nur sexuelles Vergnügen zu bereiten, zelebrieren Sie das sexuelle Miteinander. Ein verlängerter Liebesakt verstärkt den Energieschub für Körper und Geist. Lassen Sie Ihren Partner wissen, wenn Sie kurz vor dem Höhepunkt sind, und drosseln Sie das Tempo ein bisschen, um das Vergnügen zu verlängern und zu vertiefen. Die Liebe ist ein Tanz von Körper, Geist und Seele, der 24 Stunden am Tag auf körperlichen, emotionalen und spirituellen Ebenen fortgesetzt werden kann.

Die sexuelle Ekstase wird genährt durch Ihre Bereitschaft, sich verwundbar zu zeigen, denn nur dann können Sie das aussprechen, was Sie brauchen, um Ihre geheimsten Wünsche und Fantasien zu erfüllen. Durch die Verletzlichkeit verschwimmen die Grenzen zwischen »Ich« und »Du« und zwischen Körper und Seele. Das ist das Wesen einer spirituellen Erfahrung und die Verheißung bewussten Liebens.

Die Sensibilität

Wie in der Meditation erzielt man mit Kraft, Anstrengung und Kontrolle auch auf dem Gebiet der Liebe keine Erfolge und findet auch keine Erfüllung. Feingefühl, Geschick und ein Gespür für den richtigen Zeitpunkt sind die Schlüssel zum ekstatischen Liebesspiel. Sexuelle Glückseligkeit entsteht nur aus der vollkommenen Aufmerksamkeit für den gegenwärtigen Augenblick und der Öffnung für Kreativität. Wenn Sie auf die Botschaften aus Ihrem eigenen Körper und dem des geliebten Menschen hören und sie nutzen, um Angst und Abwehr zu überwinden, kann die sinnlich-erotische Begegnung ein Mittel zur Persönlichkeitsentfaltung sein. Sexuelle Liebe eröffnet uns persönliche, kollektive und universale Bewusstseinsbereiche. Jedes liebende Paar ist ein Abbild der kollektiven, unvergänglichen Liebesmythen, jedes liebende Paar wiederholt die Vereinigung der Seelen. In der traditionellen chinesischen Medizin gilt der Liebesakt als Weg, die nach innen gerichteten Kräfte (Yin) und die nach außen gerichteten Kräfte (Yang) ins Gleichgewicht zu bringen. Im Ayurveda und im Tantra gilt die sexuelle Vereinigung als personalisierte Ausdrucksform des ewigen Tanzes der Impulse reiner Potenzialität (Shiva) mit der Schöpfungskraft (Shakti).

Wahre Intimität ist die Vereinigung zweier Körper, zweier Herzen und zweier Seelen. Sexuelle Energie ist schöpferische Energie, die im ganzen Universum wirksam ist. Wenn wir die sexuelle Erfahrung wieder im Bereich des Spirituellen ansiedeln, wird unsere Welt göttlich, heilig und geheilt.

Durch die Verletzlichkeit der sexuellen Nähe
verschwimmen die Grenzen zwischen »Ich« und »Du«,
zwischen Körper und Seele.

OJAS – DIE ESSENZ DER LIEBE

Sie haben das Wort »Ojas« bereits als Mantra kennen gelernt, um in Ihrer täglichen Meditation Ihren Körper als Feld aus Energie, Umwandlungsprozessen und Intelligenz wahrzunehmen. Die feine Kraft von Ojas nährt den physischen, emotionalen und spirituellen Körper und vereinigt alle Aspekte Ihres Seins.

Nach dem Ayurveda werden wir mit einem kleinen Vorrat an Ojas geboren, der durch aufbauende oder negative Einflüsse vergrößert wird oder dahinschwindet. Gesunde Ernährung, liebevolle Gefühle, erfreuliche Sinneserfahrungen, verjüngende Kräuter und der schöpferische Umgang mit der sexuellen Energie fördern die Bildung von Ojas. Als Verbindung von Materie zur inneren Intelligenz sorgt Ojas in jeder Zelle dafür, dass die ursprüngliche Ganzheit des Körper-Geist-Netzwerks aufrechterhalten wird. Es stärkt auch die natürlichen Abwehrkräfte, denn wenn

Ojas erschöpft ist, werden wir anfällig für degenerative Erkrankungen einschließlich Krebs. Den uns angeborenen Vorrat an Ojas zu schützen und zu mehren ist also der Schlüssel zur Umkehr des Alterungsvorgangs.

Ojas wird durch die übermäßige Abgabe reproduktiver Flüssigkeiten vermindert. Dies ist für Männer besonders wichtig und führt zu der Überlegung, dass weniger Samenergüsse die Vitalität des Mannes im Alter stärken. Diese Empfehlung hat nichts mit Moral zu tun; es geht vielmehr um Energieerhalt. Männer sollten ganz allgemein nicht so häufig ejakulieren. Wenn Sie normalerweise beim Sex jedes Mal die sexuelle Spannung abbauen, versuchen Sie, es nur jedes zweite Mal zu tun. Dann nur noch jedes dritte Mal.

Am Anfang fühlen Sie sich vielleicht etwas frustriert, aber Sie werden schon bald merken, dass Ihre Energie und Leidenschaft den Tag über zunehmen. Frauen können mit Ihrem Partner spielen, um seine sexuelle Erregung aufrechtzuerhalten, ohne sie sofort zu lösen. Wenn Liebende ihre sexuelle Kraft bewusst steuern, wächst ihre Anziehungskraft füreinander. Auch in allen anderen Aspekten der Liebe, die direkt oder indirekt mit ihren sexuellen Ausdrucksformen zusammenhängen, wächst die Ekstase.

Wie Sie Ihr Ojas nähren

Nach dem Ayurveda wird Ojas durch bestimmte Nahrungsmittel aufgebaut. Besonders frische, süße Früchte und frisches Gemüse, Vollwertgetreide, Nüsse (speziell Mandeln), Honig sowie Milchprodukte von gut gehaltenen Kühen fördern Ojas. Substanzen, die Ojas schädigen, sind Alkohol, Tabak, Konserven, industriell verarbeitete Nahrungsmittel, Gebratenes sowie Lebensmittel mit künstlichen Süßstoffen.

Versuchen Sie, gesünder zu leben, aber machen Sie daraus kein Dogma. Zwanghaftigkeit und Strenge zerstören Ojas. Achten Sie einfach bewusster darauf, was Sie essen, sodass Sie das Ojas in Ihrem Leben so weit wie möglich vermehren.

Liebeskräuter

Die Heilsysteme aus aller Welt kennen viele klassische, verjüngend wirkende Pflanzen, die Ojas anregen. Ginseng aus der traditionellen chinesischen und koreanischen Medizin ist die beliebteste Heilpflanze der Welt und wird seit langem benutzt, um die Sexualkraft zu steigern. In wissenschaftliche Studien konnte Ginseng den sexuellen Appetit und die Erektionsfähigkeit bei Tieren und Menschen steigern. Außerdem verbessert es das allgemeine Wohlbefinden und die Vitalität. Ginseng ist bei uns in vielen Formen wie beispielsweise als Kapseln, als Tee und sogar als Kaugummi erhältlich.

Der Ayurveda widmet der Erhaltung und Wiederherstellung der Zeugungsfähigkeit ein ganzes Fachgebiet. Die *Vajikarana* genannten Kräuter und Pflanzen werden manchmal auch als Aphrodisiaka bezeichnet. Mit diesem Begriff verbinden wir meist Mittel, die sexuell anregend wirken, nach ayurvedischem Verständnis verbessern diese pflanzlichen Wirkstoffe jedoch auch die Zeugungskraft. Mit anderen Worten, sie fördern Ojas. Die drei Substanzen, die im Ayurveda am häufigsten zum Aufbau von Ojas empfohlen werden, sind *Ashwagandha, Shatavari* und *Amalaki*.

Ashwagandha (Withania somnifera)

Dieses stark duftende Kraut, auch Winterkirsche genannt, ist seit langem als wichtige Substanz zur Verjüngung der männlichen Sexualkraft bekannt. Auf Sanskrit bedeutet der Name »mit dem Geruch eines Hengstes« und legt damit nahe, dass die Pflanze dem Benutzer »Pferdestärken« verleiht. Obwohl die potenzfördernde Wirkung der Winterkirsche seit alters bekannt ist, konzentrieren sich die Studien meist auf ihre stressmindernden und immunstärkenden Eigenschaften. In einer kürzlich durchgeführten Laboruntersuchung beeinflusste die Winterkirsche aber auch deutlich die chemischen Substanzen der Hirnanhangsdrüse, die die Sexualhormone steuert.

Der Ayurveda empfiehlt, 1 TL Winterkirsche in warmer Milch, mit Honig oder braunem Zucker gesüßt, vor dem Schlafengehen einzunehmen. Dies gilt besonders an Tagen, an denen es zu einer Ejakulation gekommen ist, um den Verlust an Ojas auszugleichen. Auch Frauen hilft die Winterkirsche, ihre Leidenschaft und ihr sexuelles Begehren zu beleben. Die Winterkirsche ist heute auch in westlichen Ländern als Heilpflanze erhältlich.

Shatavari (Asparagus racemosus)

Diese Wildform des Spargels gilt als weibliches Äquivalent der Winterkirsche, denn sie unterstützt die nährende, empfangende, schöpferische, weibliche Energie, die bei Mann und Frau angelegt ist. Der Ayurveda, der gemeinhin nicht übertreibt, gibt dieser aufbauenden Pflanze den Sanskrit-Namen *Shatavari*, der übersetzt bedeutet:»die Fähigkeit, einhundert Ehemänner zu befriedigen«. Dieses klassische Tonikum hat eine Reihe von Indikationen wie Prämenstruelles Syndrom, Anregung des Milchflusses bei stillenden Müttern und Erleichterung beim Übergang zur Menopause. Die wenigen Studien haben hauptsächlich die Wirkung von Shatavari auf Magenbeschwerden und die Milchsekretion untersucht. Da Shatavari seit langem als Stärkungsmittel der weiblichen Physiologie bekannt ist, sollte seine Wirkung weiter erforscht werden.

Nicht nur für die Frau, auch für den Mann ist dieses Heilmitttel ein wertvolles Tonikum. Wie die Winterkirsche wird es in warmer Milch mit Honig oder braunem Zucker eingenommen. Die Kombination von Shatavari und Winterkirsche (je 1 TL) auf eine Tasse heiße Milch mit einer Prise Safran und Honig oder braunem Zucker ist für Männer wie für Frauen ein ausgezeichnetes traditionelles Stärkungsmittel, das Ojas aufbaut.

Amalaki (Emblica officinalis)

Die Amalaki-Beere, auch Amla genannt, ist eine stachelbeergroße Frucht und einer der größten natürlichen Lieferanten für Antioxidanzien. Amalaki-Beerensaft enthält 20-mal mehr Vitamin C als Orangensaft. Der Ayurveda betrachtet die Amalakifrucht als das wirksamste allgemeine Stärkungsmittel für Mann und Frau. In den westlichen Ländern ist sie meist als Fruchtpaste erhältlich, die eine Reihe weiterer Kräuter und Gewürze enthält.

In den Legenden, die sich um diese verjüngende Substanz ranken, wird von einem älteren Weisen namens Chavan erzählt, den der König bat, seine Tochter zu heiraten. Chavan sorgte sich, ob er seine junge Braut zufrieden stellen könnte, erkannte jedoch in der Meditation, welche Heilkräuter-Rezeptur seine jugendliche Leistungsfähigkeit wiederherstellen würde. Seither heißt die Kräutermischung Chavanprash oder Chavans Kräuterpaste.

Studien zeigen, dass Amalakifrüchte sich deutlich positiv auf die Gesundheit auswirken: Sie wirken entgiftend bei krebserregenden Stoffen, schützen die DNA, senken den Cholesterinspiegel und beseitigen Sodbrennen. Wir empfehlen 1 bis 2 TL täglich als natürliches Tonikum zum Aufbau von Ojas. (Bezugsquellen für Winterkirsche, Shatavari und Amalakifrüchte im Anhang.)

Wenn wir die sexuelle Erfahrung
wieder im Bereich des Spirituellen ansiedeln,
wird unsere Welt göttlich, heilig und geheilt.

LIEBE UND SEELE

Die Liebe dient der Seele. Durch Liebe lernen wir unsere Lebenslektionen und wecken die Erinnerung unserer Ganzheit. Unsere Seele ist ein Gewebe aus unseren Erinnerungen und Wünschen, die Schablone für all unsere Bestrebungen, Entscheidungen und Erfahrungen im Leben. In der Seele fließen Zusammenhänge und Bedeutungen ineinander. Zusammenhänge haben bestimmte Beziehungen zur Folge; Bedeutung ist die Art und Weise, wie wir die Beziehungen interpretieren. Unser Leben ist ein Fluss aus Beziehungen und Bedeutungen.

Auf der Bühne des Lebens inszenieren wir immer wieder die ewigen Themen der Liebe – Vertrauen und Betrug, unerwiderte Liebe und verbotene Lust, bedingungslose Liebe und berechnende Bedürftigkeit. Die größten Geschichten – von Adam und Eva bis zu Judas und Jesus –, die in allen Kulturen und zu allen Zeiten immer wieder erzählt werden, sind Liebesgeschichten. Liebe ist die Urkraft der Erde, Triebkraft jeder Handlung jenseits aller offenkundigen und öffentlich erklärten Gründe. Wenn wir in der Schule nach guten Noten streben, in unserem Job gute Arbeit leisten, ein großes Kunstwerk schaffen, eine wunderbare Symphonie komponieren, einen erfolgreichen Roman schreiben oder den Nobelpreis gewinnen wollen – wenn man nur tief genug forscht, stößt man auf verborgene Liebesgeschichten. Obwohl wir unser wahres Motiv häufig verstecken, ist der einzige Antrieb unseres Handelns im Grunde die Sehnsucht nach mehr Liebe.

Der einfache Schluss unserer Betrachtungen über die Liebe: Geben Sie der Liebe mehr Raum in Ihrem Leben, denn sie wirkt positiv auf Ihr körperliches, emotionales und spirituelles Wohlbefinden. Fragen Sie sich jeden Morgen beim Aufwachen: »Wie kann ich heute mehr Liebe schaffen? Wo kann ich heute mehr Liebe ausdrücken? Wie kann ich mich heute öffnen, um mehr Liebe zu empfangen?« Bemühen Sie sich, bei jeder Begegnung ein wenig Liebe auszutauschen. Ob Sie mit dem Briefträger plaudern, beim Einkaufen an der Kasse bezahlen, sich mit Ihren Kindern unterhalten oder mit Ihrem Partner intim sind – Ausgangspunkt sollte ein liebevolles inneres Zwiegespräch sein. Wenn nichts wichtiger ist in Ihrem Leben als die Liebe, schwingen Ihr Geist und Körper in der Zeitlosigkeit.

An jedem Tag steigere ich auf jede nur erdenkliche Weise meine geistige und körperliche Leistungsfähigkeit.
Ich wünsche mir ein gesundes biologisches Alter von ____ Jahren.
Ich sehe aus und fühle mich wie ein(e) gesunde(r) ____-Jährige(r).

Ich kehre mein biologisches Alter um,

1. *indem ich meinen Körper, sein Altern und die Zeit anders wahrnehme,*
2. *indem ich zwei Arten tiefer Entspannung erfahre – ruhevolle Wachheit und erholsamen Schlaf,*
3. *indem ich meinen Körper liebevoll mit gesunder Ernährung verwöhne,*
4. *indem ich Nahrungsergänzungen gezielt einsetze,*
5. *indem ich die Einheit von Geist und Körper wiederbelebe,*
6. *indem ich Fitnesstraining betreibe,*
7. *indem ich mich von Gift- und Schadstoffen befreie,*
8. *indem ich Flexibilität und Kreativität im Bewusstsein kultiviere und*
9. *durch Liebe.*

10. STUFE:

SPIELEN, LERNEN UND WACHSEN –
JUGEND ALS GEISTESZUSTAND

Ihr tägliches Übungsprogramm

*Ich kehre mein biologisches Alter um, indem ich mich
geistig jung erhalte.*

1. *Ich bereichere meine Sinneserfahrungen, die inneren
   wie die äußeren.*
2. *Ich widme mich lebenslangem Lernen und persönlichem
   Wachstum.*
3. *Ich genieße es zu spielen, bin unbeschwert und lache gern.*

❦ *Der Körper ist ein Feld aus Molekülen.*

Der Geist ist ein Feld aus Ideen.

Jeder Gedanke bewegt ein Molekül.

Frische, jugendliche Gedanken

erzeugen frische, jugendliche Moleküle.

Das psychologische Alter beeinflusst das biologische Alter. ❧

Auf der zehnten Stufe unseres Weges, jünger zu werden und länger zu leben, geht es darum, sich geistig jung zu erhalten. Anders als der Geist ist der Körper etwas Materielles. Er besteht aus Molekülen, wir können ihn berühren, er besitzt Festigkeit. Die Moleküle werden zwar dauernd erneuert und ausgetauscht, aber der Körper erscheint als fester Gegenstand, beinahe wie eine Statue. Wie wir am Anfang des Buches gesehen haben, können wir den Körper untersuchen und die Biomarker, seine biologischen Messwerte, relativ genau und objektiv ermitteln.

Der Geist hingegen besteht nicht aus Molekülen. Er ist ein Beziehungsnetz aus Ideen, und diese können wir nicht in ein Reagenzglas füllen oder unter dem Mikroskop beobachten. Ideen kann man nicht im traditionellen Sinn objektiv untersuchen, sondern nur subjektiv erfahren. Nach ayurvedischem Verständnis ist der Körper ein Feld aus Informationen und Energie, das wir objektiv erfahren, während der Geist das gleiche Feld aus Informationen und Energie ist, nur dass wir es subjektiv erfahren. Jeder Gedanke wird im Körper in Moleküle übersetzt.

In spirituellen Texten heißt es, »das Wort ward Fleisch«. In Wirklichkeit sind das Wort und das Fleisch eins, ebenso wie nach Aussage der Physik Teilchen und Welle ein und dasselbe sind. Der Körper setzt sich aus Teilchen zusammen, der Geist aus Wellen. Sie sind ein und dasselbe, werden aber je nach Beobachtungsmethode – subjektiv oder objektiv – unterschiedlich wahrgenommen.

Zahlreiche Studien bestätigen, dass das biologische Alter sich stärker an dem psychologischen als an dem biografischen Alter orientiert. Wenn Sie im Herzen jung sind, entsprechen Ihre biologischen Werte (Biomarker) im wahrsten Sinne des Wortes einem jungen Herzen. Wenn Ihr Herz von feindseligen Gefühlen belastet ist oder unter Liebesmangel leidet, können Sie tatsächlich eine Herzattacke bekommen.

Es ist also sehr wichtig, ein Verständnis dafür zu entwickeln, was einen jugendlichen Geist ausmacht, denn er wird aller Voraussicht nach in einen jugendlichen Körper übersetzt. Natürlich spielen dabei alle Faktoren, die wir in den vorigen Kapiteln angesprochen haben, ein wesentliche Rolle. Aber wenn Sie sich geistig alt fühlen, wird sich das in Ihrem Körper ausdrücken, selbst wenn Sie all unseren anderen Empfehlungen folgen. Ein jugendlicher Geist hört niemals auf zu wachsen. Wie heißt es so schön? »Die Menschen altern nicht. Sie werden erst dann alt, wenn sie aufhören zu wachsen.«

In den Neurowissenschaften setzt sich die Erkenntnis durch, dass das Gehirn ein außerordentlich dynamisches Organ ist, das sich ständig erneuert. Die Hirnrinde ist nur 1,5 bis 4,5 Millimeter dick, hat eine Fläche von rund 1000 Quadratzentimetern und enthält mehr als 20 Milliarden Nervenzellen. Jede Nervenzelle ist durch 10 000 Verbindungsstränge mit anderen Nervenzellen des Gehirns verkabelt. Diese Verknüpfungen sind sehr variabel, sodass immer wieder neue Kombinationen zwischen den einzelnen Zellen entstehen. Die elektrischen, magnetischen und chemischen Hirnprozesse sind ständig im Fluss und spiegeln dadurch unsere Wahrnehmungen und Erfahrungen wider, die sich von einem Augenblick zum anderen verändern.

Selbst die Anatomie Ihres Gehirns wird ständig neu modelliert. Mikroskopisch kleine Fortsätze, die die Neuronen untereinander verbinden, werden gebildet und wieder abgebaut. Auch die Nervenzellen selbst werden aufgebaut und gehen zugrunde. Die alte statische Auffassung, laut der im Erwachsenenalter keine neuen Gehirnzellen mehr gebildet werden, kann damit als überholt gelten. Wissenschaftler der Princeton University haben erst kürzlich festgestellt, dass täglich Tausende neuer Gehirnzellen entstehen.

Unsere Erfahrungen wechseln ständig. Und jede Erfahrung findet im Geist statt, der bekanntlich immer in Bewegung ist. Unser Gehirn spiegelt diese Geschmeidigkeit wider. Kümmern Sie sich darum, dass Ihr Geist frisch und jugendlich bleibt, dann werden Sie auch Ihr Gehirn und Ihren Körper frisch und jung erhalten.

Der Körper ist ein Feld aus Information und Energie,
das wir objektiv wahrnehmen;
der Geist ist das gleiche Feld aus Information und Energie,
nur erfahren wir es subjektiv.

WAS DEN GEIST JUNG HÄLT

Ein jugendlicher Geist ist dynamisch, energievoll und neugierig. Wir alle möchten gern geistig wach und energievoll und körperlich leistungsfähig sein. Mit Ihrem Entschluss, die Stufen dieses Programms in Ihr Leben zu integrieren, haben Sie den Grundstein für diesen Idealzustand gelegt. Sie haben Ihre Wahrnehmungen und Erwartungen zum Thema Altern verändert. Sie nehmen sich täglich Zeit, um in der Meditation geistig zur Ruhe zu kommen. Sie ernähren sich ausgewogen und gesund, setzen gezielt Nahrungsergänzungen, Geist-Körper-Integrationstechniken und Fitnesstraining ein. Sie reinigen Körper, Geist und Seele von schädlichen Einflüssen. Sie kultivieren Flexibilität und Schöpferkraft im Ihrem Bewusstsein, und das Wichtigste in Ihrem Leben ist die Liebe. Damit Sie die Früchte Ihrer lebensfördernden Entscheidungen und der Lebensweisheit, die Sie gewonnen haben, auch genießen können, müssen Sie geistig aktiv bleiben und Ihren Horizont erweitern.

Ein jugendlicher Geist zeichnet sich durch viele lebendige Eigenschaften aus. Er ist begeisterungsfähig, spontan, fließend und anpassungsfähig. Beobachten Sie ein glückliches Kind, und Sie sehen alle Qualitäten eines jungen Geistes in Aktion. In Ihrem Inneren schlummert ein junger Geist. Sie müssen ihm nur Gelegenheit geben, sich auszudrücken.

Begeisterung und Enthusiasmus

Ein junger Geist ist voll leidenschaftlicher Begeisterung. Das Wort »Enthusiasmus« leitet sich von der griechischem Wurzel *entheos* ab, was so viel heißt wie »vom Göttlichen erfüllt«. Ein Geist, in den die schöpferische Intelligenz des Universums einfließt, ist jugendlich. Das Universum sprudelt über vor Energie und entsteht jeden Augenblick neu. Ein Geist, der mit dieser Energie schwingt, sieht die Welt mit der staunenden Begeisterung eines Kindes. Folgen Sie dem Rat des Gottes Shiva, »aus dem Fluss der Erinnerung und Konditionierung emporzutauchen und die Welt zu sehen, als sei es das erste Mal«.

Jede Wahrnehmung, jede Erfahrung bringt einen jungen Geist ins Schwärmen, als wäre es das erste Mal – sei es ein Schmetterling, ein Regenbogen, die Sterne am Nachthimmel, ein Wildkaninchen, ein neues Buch, eine duftende Rose, eine süße Erdbeere. Nehmen Sie aufmerksam alles wahr, was sich ringsumher abspielt. Öffnen Sie sich dem wunderbaren, ewig neuen Schauspiel der Natur. Die Welt, die Natur mit wachen, geschärften Sinnen wahrzunehmen, ist die Grundlage der Begeisterung, und Begeisterung kehrt den Alterungsvorgang um.

Spontaneität

Ein jugendlicher Geist ist spontan. Er ist unberechenbar und noch nicht durch Konditionierungen eingeschränkt. Ein junger Geist ist offen für alle Möglichkeiten und nicht durch festgeschriebene Normen blockiert. Ein junger Geist hat kein Verlangen, sich enge Grenzen zu setzen. Ein junger Geist akzeptiert Mehrdeutigkeit, die Raum für spontanes Handeln entstehen lässt.

Gerade in diesem Moment steigen spontan Impulse in Ihnen auf. Schließen Sie die Augen und spüren Sie den inneren Überschwang, der spontan nach außen drängt. Tun Sie jetzt gerade in diesem Moment, wo Sie diese Zeilen lesen, etwas Spontanes. Spüren Sie den Impuls in Ihrem Inneren auf und geben Sie ihm nach.

Hier sind einige Vorschläge:

- Küssen Sie Ihren Partner.
- Tanzen Sie.
- Rufen Sie Ihre Mutter an.
- Fangen Sie an zu singen.
- Ziehen Sie sich aus.
- Lesen Sie ein Gedicht.
- Malen Sie ein Bild.

Seien Sie spontan. Spontaneität kann man nicht »üben«, aber Sie können spontanen Impulsen, die aus dem Inneren hervorsprudeln, liebevoll und aufmerksam nachgeben. Spontaneität ist die Eigenschaft eines jungen Geistes.

Beweglichkeit und Anpassungsfähigkeit

Ein junger Geist ist beweglich und anpassungsfähig. Er lässt nicht zu, dass ihm irgendwelche Begrenzungen den Blick auf die Einheit aller Dinge verdecken. Er erkennt ganz instinktiv, dass alles Leben zueinander in Beziehung steht, und ist deshalb bereit, sich in wechselnden Situationen und Umständen widerstandslos vom Strom des Lebens tragen zu lassen. Ein junger Geist bleibt nicht in kleinkarierten Unterscheidungen stecken.

Seien Sie anpassungsfähig. Schränken Sie sich nicht selber ein, indem Sie die Dinge aus einem engen, begrenzten Blickwinkel sehen. Bemühen Sie sich, das Gesamtbild zu erkennen. Lassen Sie Ihre Ganzheit nicht von Grenzen überschatten. Achten Sie im Leben auf Hinweise, die Ihnen zeigen, dass alles mit allem verknüpft ist.

Auf der Ebene der Quantenwirklichkeit besteht das Universum nicht aus festen, voneinander getrennten Dingen, sondern aus vibrierenden, oszillierenden Energiefeldern. Der Quantenbereich ist spontan, denn er ist von Natur aus unberechenbar und widersetzt sich allen Bemühungen einer genauen Definition. Im Quantenbereich ist alles mit allem verbunden. Jede Störung eines Aspekts im Quantenfeld beeinflusst auch alle anderen.

Der Quantenbereich verfügt über unendliche Energie, alles ist unendlich unberechenbar und unendlich miteinander verknüpft. Mit anderen Worten, das Quantenfeld ist enthusiastisch, spontan und im Fluss. Dies sind auch die Eigenschaften des kosmischen Geistes, der jeden Augenblick ein neues Universum hervorbringt. Es sind ebenso die Qualitäten eines jungen Geistes, der sich in jedem Augenblick einen neuen Körper schafft.

VERFEINERN SIE IHRE SENSIBILITÄT

Ein jugendlicher Geist reagiert hellwach auf innere und äußere Sinnesreize. Ein alternder Geist ist stumpf und unempfindlich für sinnliches Entzücken von innen und außen. Bewahren Sie sich Ihre jugendliche Begeisterungsfähigkeit, indem Sie Ihre Sinne schärfen.

Nehmen Sie Impulse aus Ihrem Inneren und der Umwelt mit wachen Sinnen auf. Ein junger Geist ist eingestimmt auf das Universum mit all seinen Dimensionen, die wir mit unseren Sinnen wahrnehmen können.

Sinnliche Nahrung für Geist und Körper

Achten Sie auf Ihre Umgebung. Bieten Sie Ihren Sinnen vergnügliche, interessante und erhabene Eindrücke. Ein jugendlicher Geist ist ständig bestrebt, Neues zu erkunden. Nehmen Sie Ihre Umwelt nicht als selbstverständlich hin, sondern betrachten Sie sie mit neuen Augen:

- Hören Sie schöne, interessante, unterschiedliche Musik aus aller Welt. Lauschen Sie den Klängen der Natur – wie die Vögel singen, die Bäume im Wind rauschen, der Regen auf das Dach trommelt, die Ozeanwellen an den Strand schlagen.

Verfeinern Sie Ihre Sensibilität   229

- Beschäftigen Sie sich damit, wie sich Dinge anfühlen. Graben Sie mit den Händen in der Erde. Streicheln Sie Ihr Haustier. Liebkosen Sie Ihre Lieben. Betasten Sie eine Statue. Streichen Sie mit den Händen über die Rinde eines Baumes.
- Sehen Sie die Welt mit neuen Augen. Achten Sie auf Dinge, die Sie sonst nicht bemerken. Betrachten Sie die vielen Grünschattierungen der Bäume, Felder und Wiesen. Beobachten Sie, wie sich Wolken bilden und auflösen. Gehen Sie ins Museum und betrachten dort die Kunstwerke. Schauen Sie sich die Gesichter der Leute in Ihrem Leben einmal richtig an.
- Schmecken Sie Dinge, als wäre es das erste Mal. Beißen Sie in einen Apfelkuchen. Legen Sie sich eine Gewürznelke auf die Zunge. Geben Sie Ihrem Geliebten einen leidenschaftlichen Kuss. Trinken Sie ein Glas frisch gepressten Orangensaft. Entzücken Sie Ihre Geschmacksknospen.
- Nehmen Sie die Gerüche in Ihrer Umgebung wahr. Atmen Sie Düfte in Ihrem Garten und die verschiedenen Aromen in Ihrem Mittagessen ein. Schnuppern Sie an Ihrem Geliebten. Gehen Sie nach dem Regen hinaus und atmen Sie den Erdgeruch ein. Achten Sie darauf, wie stark Gerüche mit Erinnerungen und Gefühlen verknüpft sind.

Die Phantasie beflügeln

Die Energieimpulse und Informationen aus unserer Umwelt werden in feine Sinnesreize übersetzt, die wir auf der Leinwand unseres Bewusstseins wahrnehmen. Diese inneren Impulse, *Tanmatras* genannt, sind wie geistige Quanten, subjektive Entsprechungen der feinsten Materieeinheiten in der physischen Welt. Wenn wir die Tanmatras durch unsere Phantasie aktivieren, erzeugen wir einen jugendlichen Geist.

Hören

Stellen Sie sich den Klang vor:

- Eine Kirchenglocke läutet am Sonntagmorgen.
- Eine Grille zirpt nachts vor Ihrem Fenster.
- Eine Blaskapelle spielt.
- Eine Standuhr schlägt sechs Mal.
- Ein Käuzchen schreit.

Berühren

Stellen Sie sich vor, wie sich die Berührung anfühlt:

- Sie gehen barfuß an einem Sandstrand entlang.
- Sie streicheln die weiche Wange eines kleinen Kindes.
- Sie nehmen eine heiße Dusche.
- Sie berühren ein Rosenblatt.
- Sie streichen über ein Satinlaken.

Sehen

Stellen Sie sich den Anblick vor:

- Die Sonne versinkt im Meer.
- Über Ihnen fliegt eine Schar Wildgänse.
- Schönwetterwolken ziehen über den Sommerhimmel.
- Die Aufführung eines Kinderballetts.
- Ein olympischer Athlet springt vom Sprungturm.

Schmecken

Stellen Sie sich den Geschmack vor:

- Ein frischer, reifer Pfirsich
- Eine Portion Vanilleeis mit Schokostückchen
- Mundwasser mit Minzgeschmack
- Eine scharfe Chilischote
- Ein bitteres Blatt Chicorée

Riechen

Stellen Sie sich den Geruch vor:

- Frisch gebackenes Brot
- Ein neues Stück Sandelholzseife
- Eine Zimtstange
- Eine frisch aufgeschnittene Zitrone
- Eine duftende Rose

Wahrnehmen mit allen Sinnen

Sie können Ihre Sinne verfeinern, indem Sie sich Wahrnehmungen vorstellen, die mehrere Sinne ansprechen. Beginnen Sie mit den folgenden Übungen und denken Sie sich dann eigene Visualisierungen aus, um Ihre Vorstellungskraft zu stärken.

Stellen Sie sich vor: Auf einer tropischen Insel wandern Sie am Strand entlang. Sie spüren die warme Sonne auf Ihrer Haut. Sie hören die Brandung der Wellen am Ufer und die Schreie der Möwen. Sie riechen den schwachen Duft Ihrer Kokos-Sonnenmilch.

Stellen Sie sich vor: Sie sitzen in den Fünfzigerjahren in einem Restaurant. Ein Song von Elvis Presley tönt aus der Musikbox in der Ecke und füllt den Raum. Die jungen Männer tragen weiße T-Shirts mit aufgerollten Ärmeln. Sie trinken gerade den ersten Schluck Schokoladen-Milchshake, der Ihnen in einem großen, beschlagenen Glas serviert wurde.

Stellen Sie sich vor: Sie liegen in einer lauen Sommernacht im Liegestuhl. Glühwürmchen tanzen umher, während Sie in den dunklen Nachthimmel schauen. Ein Grillenchor zirpt vielstimmig. Der schwere Duft von Jasmin tränkt die Luft. Gerade als Sie in einen saftigen Pfirsich beißen, gleitet eine Sternschnuppe über den Himmel.

Kultivieren Sie die Begeisterung, die Sie spüren, wenn Sie Klänge, Berührungen, Bilder, Geschmäcker und Gerüche innen und außen immer intensiver wahrnehmen. Achten Sie auf die Geschenke, die Ihnen Ihre Sinne bieten.

LERNEN UND WACHSEN

Ein junger Geist entwickelt sich immer weiter. Er bemüht sich ständig, zu wachsen und zu lernen. Ein junger Geist hat Freude an neuen Erfahrungen und neuem Wissen. Aus Erfahrung, kombiniert mit Wissen, entwickelt sich Weisheit.

Nehmen Sie sich vor, Ihr Leben lang zu lernen. Hier sind ein paar Vorschläge, wie Sie Ihren Geist weiter wachsen lassen können:

- Lesen Sie – die Klassiker, Romane, Shakespeare, Science-Fiction, Fantasy-Romane. Probieren Sie Bücher aus Bereichen, für die Sie sich sonst nicht so interessieren.
- Lesen Sie Gedichte – Rumi, Tagore, Hafis, Blake, Longfellow, Frost, Ginsburg und moderne Dichter.
- Lesen Sie spirituelle Bücher – die Bibel, den Koran, die Bhagavad Gita, die Upanishaden, den Dhammapada.

- Belegen Sie Kurse an der Volkshochschule oder der Universität.
- Lernen Sie eine Fremdsprache.
- Nehmen Sie Klavierstunden.
- Nehmen Sie Tanzstunden.
- Nehmen Sie Kunstunterricht.
- Lernen Sie kochen.
- Lernen Sie Bücher zu schreiben.
- Singen Sie in einem Chor.
- Belegen Sie einen Töpferkurs.
- Lernen Sie ein neues Computerprogramm.
- Lernen Sie Gedichte zu schreiben.
- Belegen Sie Seminare – über Liebe, das menschliche Potenzial, Erfolg, Spiritualität, Gesundheit.
- Nehmen Sie Reitunterricht.
- Belegen Sie einen Fotokurs.
- Besuchen Sie unbekannte Orte.
- Reisen Sie in fremde Länder.
- Besuchen Sie Museen und Kunstgalerien.
- Schauen Sie sich ausländische Filme an.
- Besuchen Sie Konzerte.

Lösen sie sich von alten Vorstellungen über sich selbst und stellen Sie sich neuen Erfahrungen und Perspektiven. Erweitern Sie Ihren Wortschatz. Halten Sie sich auf dem Laufenden über neue Entwicklungen in Kunst, Wissenschaft, Technik, Medizin, Politik, Musik und Mode. Scheuen Sie sich nicht, herrschende Überzeugungen in Frage zu stellen, am wenigsten Ihre eigenen. Lernen Sie jeden Tag etwas Neues. Wenn Sie Ihren Geist anregen zu wachsen, wird Ihr Gehirn weiter neue Verbindungen zwischen Milliarden von Nervenzellen schaffen.

*Aus Erfahrung, kombiniert mit Wissen,
entwickelt sich Weisheit.*

VERSPIELT, UNBESCHWERT UND FRÖHLICH

Wer einen jungen Geist hat, ist verspielt und unbeschwert. Ein solcher Mensch lacht oft hingebungsvoll aus vollem Herzen. Wissen Sie noch, wie Sie sich als Kind manchmal so vor Lachen ausgeschüttet haben, dass Sie kaum noch stehen oder gehen konnten? Verspieltheit und Freude sind Eigenschaften unseres innersten Seins, das seinem Wesen nach unbeschwert ist. Der reine Geist ist sich seiner ewigen, unbegrenzten Natur bewusst und nicht bereit, seinen Zauber und seine Begeisterungsfähigkeit wegen irgendwelcher banaler Sorgen aufzugeben.

Spiel, Entspannung und Erholung gehen Hand in Hand. Spielen ist eine gute Gelegenheit, sich zu entspannen und zu regenerieren. Wenn Sie mit Hingabe spielen, leben Sie in der absoluten Gegenwart. Sie verlassen die Vergangenheit und vergessen die Zukunft. Der zeitlose Aspekt des Spielens gehört in den Bereich des reinen Geistes, der seinem Wesen nach verspielt ist.

Das Ego seinerseits ist ernsthaft, ausschließlich mit Macht, Kontrolle und Zustimmung beschäftigt. Das Ego ist leicht verletzlich. Auch wenn sich vom Ego beherrschte Menschen arrogant oder überheblich geben, haben sie im Grunde genommen Angst – Angst, die Kontrolle, die Macht oder die Zustimmung anderer zu verlieren. Aus dieser Angst heraus nehmen sie alles ernst und sind leicht verletzt.

Wenn Sie Ihren Bezugspunkt vom Ego zum inneren Sein verlagern, brauchen Sie nicht mehr zu kontrollieren, zu schmeicheln, zurückzuhalten, zu verführen und zu manipulieren, sondern lassen einfach zu, dass das Universum und das Leben sich ganz natürlich entfalten. Diese Freiheit schenkt Ihnen natürliches Wohlbefinden, Sie sind unbeschwert und heiter.

Lachen ist die beste Medizin für Körper und Geist. Wissenschaftliche Studien haben gezeigt, dass Lachen die Abwehrkräfte stärkt, die Schmerzschwelle anhebt und Depressionen lindert. Freuen Sie sich und begegnen Sie dem Leben mit Staunen und Entzücken. Erinnern Sie sich selbst, Ihre Freunde und die Menschen, die Sie lieben, daran, dass Ernsthaftigkeit nicht die Lebenslust ersticken sollte. Hier sind ein paar Ideen zur Anregung:

Verspielt, unbeschwert und fröhlich

235

- Verbringen Sie Zeit mit Kindern.
- Gehen Sie in Spielwarengeschäfte.
- Spielen Sie mit Ihren Haustieren.
- Besuchen Sie ein Improvisationstheater.
- Sehen Sie sich lustige Filme an.
- Gehen Sie in einen Kostümverleih.
- Leihen Sie alte Folgen von »Vorsicht Kamera« aus.
- Schauen Sie sich alte Filme mit den Marx Brothers an.
- Gehen Sie an den Strand.
- Fahren Sie in Skiurlaub.
- Fahren Sie Rad.
- Gehen Sie zum Bowling.
- Leihen Sie sich Rollerblades.
- Machen Sie eine Kissenschlacht.
- Erzählen Sie Witze.
- Spielen Sie Brettspiele.
- Kitzeln Sie jemanden.
- Finden Sie heraus, wer den anderen länger anstarren kann.
- Veranstalten Sie ein Kostümfest.
- Gehen Sie in einen alternativen Zirkus ohne Tiere.
- Tanzen Sie.
- Veranstalten Sie einen Kaffeeklatsch mit Freunden.
- Gehen Sie in ein Eiscafé.
- Backen Sie einen Kuchen.
- Kaufen Sie sich Seifenblasen.
- Spielen Sie Minigolf.
- Beobachten Sie in einem Einkaufszentrum die Leute.
- Machen Sie einen Ausflug in einen Freizeitpark.
- Malen Sie mit Aquarellfarben.
- Mieten Sie ein Segelboot.
- Veranstalten Sie ein Picknick.
- Schreiben Sie Dinge auf, die Ihnen Spaß machen.

Der zeitlose Aspekt des Spielens gehört in den Bereich
des zeitlosen, reinen Geistes.
Der reine Geist ist seinem Wesen nach verspielt.

Der Sinn des Lebens ist die Ausdehnung von Glück, heißt es in den vedischen Schriften. Sie betrachten die Schöpfung als Schauplatz des göttlichen Spiels, in dem jeder eine Rolle zugeteilt bekommen hat. Der Sanskritname dafür heißt *lila*, übersetzt Unterhaltung, Vergnügen, göttliches Spiel. Wir haben die Möglichkeit, unsere Rolle so ernst zu nehmen, dass uns das Wunder des Lebens verborgen bleibt, oder zu erkennen, dass wir im innersten Wesen reiner Geist sind und als Schauspieler eine Rolle übernommen haben, um die Lila, das ewige Spiel von Schaffung, Erhaltung und Auflösung, aufzuführen. Das Leben nicht zu ernst zu nehmen bedeutet aber keineswegs, unverantwortlich zu handeln. Unser Verantwortungsbewusstsein wächst sogar, sobald wir die Schöpfung als kosmisches Spiel begreifen, denn wir erkennen nun in jedem Gedanken, jedem Wort und jeder Handlung einen Ausdruck des göttlichen Drehbuchs. Genießen wir den Zauber und das Geheimnis des Augenblicks.

Lachen und Spiritualität gehören zusammen. Lachen ist der Strom der Liebe, der im Körper pulsiert. Lachen ist der süße Nektar des bewusst gelebten Augenblicks.

- Lassen Sie mehr Begeisterung in Ihr Leben.
- Öffnen Sie die Tür zu mehr Verspieltheit.
- Heißen Sie Unbeschwertheit willkommen.
- Geben Sie dem Lachen mehr Raum.

Der persische Mystiker Hafis aus dem vierzehnten Jahrhundert ist einer unserer Lieblingsdichter, der heiter und verspielt die Schönheit des Kosmos besingt. Hafis lädt uns ein, uns in den kosmischen Reigen einzureihen:

»Was ist das Lachen?
Was ist die kostbare Liebe und das Lachen,
die unseren Herzen entströmen?
Es ist der herrliche Klang
einer erwachenden Seele!«

Spielen Sie mit Freude, das hält Körper, Geist und Seele jung.

*An jedem Tag steigere ich auf jede nur erdenkliche Weise meine
geistige und körperliche Leistungsfähigkeit.*

Ich wünsche mir ein gesundes biologisches Alter von ____ Jahren.

Ich sehe aus und fühle mich wie ein(e) gesunde(r) ____-Jährige(r).

Ich kehre mein biologisches Alter um,

1. *indem ich meinen Körper, sein Altern und die Zeit anders
   wahrnehme,*
2. *indem ich zwei Arten tiefer Entspannung erfahre – ruhevolle
   Wachheit und erholsamen Schlaf,*
3. *indem ich meinen Körper liebevoll mit gesunder Ernährung
   verwöhne,*
4. *indem ich Nahrungsergänzungen gezielt einsetze,*
5. *indem ich die Einheit von Geist und Körper wiederbelebe,*
6. *indem ich Fitnesstraining betreibe,*
7. *indem ich mich von Gift- und Schadstoffen befreie,*
8. *indem ich Flexibilität und Kreativität im Bewusstsein kultiviere,*
9. *durch Liebe und*
10. *indem ich mich geistig jung erhalte.*

VERWANDLUNG

UND

LEBENSFREUDE

DAS LAND, IN DEM NIEMAND ALT IST

In James Hiltons 1933 erschienenem Roman »Der verlorene Horizont« findet sich die Hauptfigur Hugh Conway überraschend in einer entlegenen tibetanischen Bergregion namens Shangri-La wieder. Er entdeckt bald, dass es bei den Bewohnern dieser Gegend andere Spielregeln gibt: Krankheit, Alter und Tod sind seltene Erscheinungen. Der Hohe Lama des Klosters beispielsweise erzählt Conway, dass er auf Grund geheimer Praktiken, die das Altern hinauszögern, seit über 250 Jahren am Leben ist.

Schon bald nach seiner Ankunft fühlt sich Conway zu Lo-Tsen, einer bezaubernden neunzehnjährigen Chinesin, hingezogen, die jeden Abend für die Mönche des Klosters musiziert. Irgendwann erfährt er, dass das Mädchen aus Shangri-La fliehen möchte. Trotz ihres bequemen Lebens sehnt sich Lo-Tsen in diesem Paradies danach, einmal das Gegenteil zu erfahren – Leiden, Altern und Tod –, was ihr Shangri-La nicht bieten kann.

Conway, seinem jüngeren Mitarbeiter und Lo-Tsen gelingt die gefährliche Flucht durchs Gebirge zurück in die Zivilisation. Über ihr weiteres Schicksal erfahren wir nichts. Erst im Nachwort wird enthüllt, dass Conway von einer alten, gebrechlichen Frau in ein chinesisches Missionskrankenhaus gebracht worden war. Die Frau war kurz darauf an einer fieberhaften Erkrankung gestorben. Nachdem sie Shangri-La verlassen hatte, offenbarte sich das wahre Alter der Frau – sie war über hundert Jahre alt. Später machte sich Conway noch einmal auf, Shangri-La wiederzufinden. Sein endgültiges Schicksal bleibt unserer Phantasie überlassen.

Seit es Menschen gibt, träumen sie von einem Land wie Shangri-La. Wir stellen es uns als üppige Landschaft mit grünen Tälern, sanften Hügeln und reiner Gebirgsluft vor. Aber Shangri-La ist kein Ort. Es ist der Bewusstseinszustand einer zeitlosen Wirklichkeit, in der alle materiellen Dinge als endlose Transformationen aus Energie und Intelligenz erfahren werden, ohne Leiden, Altern, Chaos oder Tod.

Auch wenn ein solcher Ort zunächst verlockend erscheint, erinnert uns die Geschichte von Shangri-La doch daran, dass wir Menschen Kontraste, Sinngebung und Zielgerichtetheit brauchen, damit unser Leben lebenswert ist. Der Poona-Gründer Osho (Baghwan Shree Raihneesh) erzählt im »Buch der Geheimnisse« die Geschichte eines Mannes, der bei seiner Ankunft im himmlischen Bereich durch einen Aufseher erfährt, dass alle seine Wünsche umgehend erfüllt würden. Der Mann wünscht sich eine Mahlzeit, und sofort erschafft der Aufseher eine üppig gedeckte Tafel. Der Mann wünscht sich Unterhaltung, und auf der Stelle zaubert der Aufseher eine Gruppe Schauspieler und Musikanten zu seinem Vergnügen herbei. Er äußert sexuelles Verlangen, und sogleich erscheinen schöne Frauen, um seine erotischen Phantasien zu erfüllen. Anfangs ist der Mann fasziniert, doch schon nach ein paar Tagen langweilt er sich und bittet den Aufseher, ihm eine Arbeit zu verschaffen. Dieser teilt ihm höflich mit, dass er ihm alles geben könne, nur keine sinnvolle Arbeit. Da sagt der Mann: »Aber ich kann nicht leben, ohne etwas Nützliches zu tun. Sonst komme ich mir vor wie in der Hölle!«, worauf der Aufseher antwortet: »Was dachtest du denn, wo du bist?«

Aus der Sicht des Ayurveda hängt die menschliche Lebensspanne vom Zustand des kollektiven Bewusstseins ab. Der vedischen Mythologie zufolge durchläuft das menschliche Bewusstsein vier Zeitalter, die in Sanskrit *Yugas* heißen. In jedem Yuga erreicht der Mensch eine andere Lebensdauer. Im ersten Zeitalter, dem Sat-Yuga, sind praktisch alle Menschen erleuchtet, weshalb die Mehrheit sehr lange lebt. Wenn wir dem Alten Testament Glauben schenken, können Menschen, wie beispielsweise Methusalem, im Sat Yuga tausend Jahre alt werden.

Das zweite Zeitalter ist das Treta-Yuga, in dem etwa 75 Prozent der Menschen höhere Bewusstseinszustände erreichen. Im Treta-Yuga beträgt die durchschnittliche Lebensspanne ungefähr 500 Jahre. Im dritten Zyklus, dem Dvapara-Yuga, erreichen etwa 50 Prozent der Menschen höhere Bewusstseinszustände, die durchschnittliche Lebensdauer beträgt 250 Jahre.

Schließlich haben wir als vierten Zyklus das Kali-Yuga, in dem nur ein Viertel der Menschheit höhere Bewusstseinszustände erfährt. Nach ayurvedischem Verständnis befinden wir uns heute im Kali-Yuga. Aber selbst in diesem Zeitalter sollte die durchschnittliche Lebensdauer hundert Jahre betragen – die meisten Menschen entfalten heute also nicht einmal die im Kali-Yuga vorgesehenen Möglichkeiten. Weil die Menschen nur einen Bruchteil ihres ungeheuren geistigen und physischen Potenzials ausschöpfen, wird diese Stufe manchmal auch als »dunkles Zeitalter« bezeichnet.

Kritiker mögen diese Theorien in den Bereich der Mythologie verweisen, aber wie der bekannte Mythenforscher Joseph Campbell einmal sagte: »Die Mythologie enthält mehr Wahrheit als die Geschichte.« Mythen sind Ausdruck der höchsten Ziele, Wünsche und Bestrebungen der kollektiven Vorstellungskraft. Vielleicht ist heute die Zeit gekommen, diese Ziele zu erfüllen. Nach der Theorie vom kollektiven Bewusstsein finden tief greifende gesellschaftliche Veränderungen statt, sobald ein Prozent der Bevölkerung höhere Bewusstseinszustände erfährt. Alles wäre anders: Die Kriminalitätsrate ginge zurück, es gäbe weniger Krankenhauseinweisungen, die Menschen lebten länger und wären gesünder.

Nach Milliarden von Jahren der Evolution offenbart das Leben allmählich seine innersten Geheimnisse. Die im genetischen Code enthaltene biologische Intelligenz hat menschliche Wesen hervorgebracht, die heute ihre eigenen Ursprünge erforschen. Die moderne Wissenschaft hat das menschliche Genom entschlüsselt und ist dabei, das Alphabet des Lebens zu entziffern. Wir alle hoffen, dass wir mit dieser neuen Technologie Krankheit und Altern besser verstehen und heilen können. Technik an sich ist weder gut noch schlecht, sie ist neutral. Die Art und Weise, wie wir die Technik anwenden, ist allerdings ein Spiegel des allgemeinen kollektiven Bewusstseins.

Wenn die Genwissenschaft weitere Fortschritte macht, wird sich unsere Lebensspanne vielleicht deutlich verlängern, und mehr Menschen werden ihr volles Potenzial entfalten können. Es ist extrem wichtig, dass wir unser Bewusstsein auf eine höhere Stufe bringen, damit wir die im Sinne der Evolution besten kollektiven Entscheidungen treffen können – für den Einzelnen, für die gesamte Menschheit und für die weltweite Ökologie. Der große Biologe Jonas Salk, der den ersten Impfstoff gegen Kinderlähmung entwickelte, hat eine bemerkenswerte Einsicht formuliert: Wenn wir als Spezies überleben wollen, müssen wir Darwins Konzept vom »Überleben der Stärksten« hinter uns lassen und ein neues Paradigma vom »Überleben der Weisesten« entwickeln. Genau diesem anspruchsvollen Ziel sind die Prinzipien und Übungen in unserem Buch gewidmet.

Das Leben wandelt sich in einem immer währenden Kreislauf. Anpassung führt zu Verfestigung und Stabilität, die schließlich in Stagnation, Chaos, Verfall, Auflösung und Reifezeit (allgemein als Tod wahrgenommen) mündet. Zum richtigen Zeitpunkt findet dann ein kreativer Quantensprung statt, den wir als Wiedergeburt, Auferstehung und Erneuerung erfahren. Ohne diesen ewigen Kreislauf wären wir zu ewiger Senilität verdammt.

Aufgrund unserer kollektiven Überzeugungen, Erwartungen und Entscheidungen haben die Kräfte von Chaos und Verfall bisher die Erfahrung unseres Lebens bestimmt. Es ist Zeit, dass wir unsere Aufmerksamkeit auf die schöpferischen Kräfte in uns lenken. Während der Kreislauf sich fortsetzt, werden wir in den nächsten Jahrzehnten eine neue Ära erleben, wird menschliches Altern eine ganz neue Dimension erfahren. Wir haben Ihnen in diesem Buch gezeigt, dass es möglich ist, die eigene Vitalität, Schöpferkraft sowie die geistige und körperliche Leistungsfähigkeit zu steigern, während die Jahre vergehen. Manch einer hat beklagt, dass die Jugend bei jungen Menschen eine Verschwendung sei, aber jetzt haben wir die Chance, Reife und Weisheit des Alters mit einem jugendlichen Körper zu verbinden. Indem wir unsere Wahrnehmung ändern und andere Entscheidungen treffen, können wir nicht nur die Lebensqualität, sondern auch die Lebensdauer steigern. Wir können dem Leben mehr Jahre und den Jahren mehr Leben geben. Das sollte unser Ziel sein, für uns selbst und für die ganze Welt.

Der Zugang zum paradiesischen Shangri-La liegt in unserem eigenen Bewusstsein. Aus der modernen Physik wissen wir, dass die Quantenmathematik parallel existierende Wirklichkeiten vermutet. In der Quantenwelt gibt es keine festen Objekte, nur Wahrscheinlichkeiten, die sich gegenseitig überlagern – oszillierende Felder aus Möglichkeiten. Eine dieser Möglichkeiten ist Shangri-La – eine Bewusstseinsprojektion jenseits der Grenzen von Zeit und Raum. Eine Welt, in der es Krankheit, Verfall, Chaos und frühzeitigen Tod gibt, ist ebenfalls nur eine Bewusstseinsprojektion, die wir heute allerdings als allgemein gültig betrachten. Wenn die Wirklichkeit sich verlagert, verändern sich der Beobachter und das, was beobachtet wird. Der Beobachter in der einen Wirklichkeit unterscheidet sich sehr deutlich vom Beobachter in einer anderen Wirklichkeit; bleibt der Beobachter unverändert, ändert sich auch die wahrgenommene Wirklichkeit nicht.

In diesem Fall wird der Körper vom Bewusstsein wahrgenommen. Auch wenn wir uns mit Ernährung, Training und Heilpflanzen auf den Körper konzentrieren, muss die eigentliche Veränderung im Bewusstsein stattfinden. Wenn Sie, der Beobachter, sich ändern, ändert sich auch der Körper; Ihre Deutungsweise transformiert Ihr Leben. Als Folge dieses Wandels erkennen Sie, dass das Altern nur *eine* Wahlmöglichkeit von vielen darstellt.

Nach ayurvedischem Verständnis besteht der Mensch aus Umwelteinflüssen, Körper, Geist und dem innersten Sein. Die kürzeste Lebensdauer hat die Umwelt, denn sie unterliegt einem fortlaufenden Wandel. Der Körper verändert sich ein bisschen langsamer: Es dauert ungefähr ein Jahr, bis alle Atome und Moleküle ausgetauscht und erneuert sind. Unser Geist einschließlich Intellekt und Ego ist noch »haltbarer«. Ziele, Überzeugungen, Träume, Erinnerungen und Wünsche überdauern unter Umständen ein ganzes Leben. Anders als Körper und Geist ist die Seele unsterblich, sie unterliegt weder Entropie noch Verfall. Leben Sie auf der Seelenebene, und Sie werden zeitlos sein.

Dieses Bewusstsein wird nichts an der Tatsache ändern, dass Ihr Körper sterblich ist. Die Seele braucht die Möglichkeit, sich zu entwickeln und in Quantensprüngen kreativ zu sein. Für immer in ein und demselben Körper zu leben wäre etwa so, als müsste man ewig das gleiche Auto fahren. An einem bestimmten Punkt muss das Alte dem Neuen weichen. Der Kreislauf muss weitergehen, wie es Alfred Lord Tennyson so wunderbar in einem Gedicht ausgedrückt hat:

»Die alte Ordnung ändert sich und gibt der neuen Raum;
und Gott erfüllt sich selbst auf viele Weise,
damit Gewohnheit nicht die Welt verdirbt.«
(aus: Idylls of the King: The Passing of Arthur)

Mit diesem Buch haben wir Ihnen die Mittel an die Hand gegeben, durch die Sie zu Gottes Mitschöpfer werden können, indem Sie sich die evolutionären Kräfte der Phantasie, Inspiration, Innovation und Kreativität zunutze machen. Die zehn Stufen zur Umkehr des Alterungsprozesses versehen Sie mit einer ungeheuren Kraft. Wir hoffen, dass Sie weise damit umgehen und durch Ihr Beispiel dazu beitragen, eine Welt voller Freude, Weisheit und Vitalität zu erschaffen.

247

KÖSTLICH, GESUND UND VERJÜNGEND –
ANTI-AGING-REZEPTE

Hier stellen wir Ihnen sieben vegetarische Menüs aus verschiedenen Ländern der Welt vor. Die Zutaten erhalten Sie in Naturkostläden, im Reformhaus oder in den entsprechenden Spezialgeschäften. (Alle Rezepte sind für vier Personen berechnet.)

THAILÄNDISCHES MENÜ

Klare Gemüsebrühe mit Kokosnuss, Tofu und Blattgemüse
Gelber Thai-Curry mit Karotten und Blattgemüse
Frischer Gurkensalat mit Basilikum und Minze
Basmati-Reis mit Mango
Bananen-Kokos-Dessert

Klare Gemüsebrühe mit Kokosnuss, Tofu und Blattgemüse

1 TL Ghee (geklärte Butter)
1 Tasse (¼ Block) frischer Tofu, fettarm,
   in Würfel geschnitten
2–3 TL natürliche Sojasauce (Tamarisauce)
¼ Tasse Lauch, gehackt
1 TL frische Ingwerwurzel, gehackt
½ TL chinesische »Fünf Gewürze«-Mischung
2 Tassen Gemüsebrühe
½ Tasse Karotten, in dünne Scheiben geschnitten
½ Tasse Brokkoli, in kleine Röschen zerteilt

2–3 TL mildes Miso (japanische Würzpaste aus Sojabohnen;
»braune Butter«)
¾ Tasse Kokosmilch, fettarm
1 Tasse frischer (am besten junger) Spinat, dicht gepresst
3 Frühlingszwiebeln, gehackt

Ghee in einem Suppentopf erhitzen, Tofuwürfel dazugeben und
leicht anbräunen. 1 bis 2 TL Tamarisauce hinzufügen, Tofu aus
dem Topf nehmen und beiseite stellen. Den Topf wieder auf den
Herd stellen, Lauch und Ingwer hineingeben und zwei Minuten
unter ständigem Rühren braten. Die chinesische »Fünf Gewürze«-
Mischung hinzufügen, Gemüsebrühe angießen und zum Kochen
bringen. Karottenscheiben dazugeben und zwei bis drei Minuten
kochen. Brokkoli dazugeben und weitere zwei Minuten kochen.
Die Temperatur verringern. Mit dem Schneebesen oder einer Gabel
Miso, den restlichen TL Tamarisauce und Kokosmilch einrühren.
Abschmecken und gegebenenfalls mit Miso nachwürzen. Spinat-
blätter und Tofuwürfel auf vier kleine Schüsseln verteilen. Die Sup-
penmischung darüber schöpfen und mit den klein geschnittenen
Frühlingszwiebeln garnieren.

Gelber Thai-Curry (mild)

Bereiten Sie die Currypaste zu, wenn Sie Zeit haben. Sie können
sie in einem luftdicht verschlossenen Glas bis zu einem Monat
aufbewahren. Das Geheimnis einer Currymischung besteht darin,
die Gewürze ohne Fett trocken anzurösten.

4 Stängel frisches Zitronengras
(in Spezialgeschäften oder Asienläden erhältlich)
2 EL Kreuzkümmel (Cumin), ganz
2 EL Koriander, ganz
1 TL rote Chiliflocken
1 TL Gelbwurzpulver (Kurkuma, Tumerik)
1 TL Zimt
1 TL Kardamom

½ TL Asa foetida (Hing, Teufelsdreck)
½ Tasse Lauch oder Zwiebeln, klein gehackt
3 EL frische Ingwerwurzel, klein gehackt
1 EL natürliche Sojasauce (Tamarisauce)
1 TL Miso, mild (japanische Würzpaste aus Sojabohnen;
»braune Butter«)

Zuerst das Zitronengras vorbereiten. Die grasähnlichen Spitzen abschneiden, sodass Stücke von etwa zehn Zentimetern Länge übrig bleiben. Die Wurzelenden einschneiden und die harte Außenhülle abziehen. Das Wurzelinnere sollte glatt und flach sein. Schneiden Sie das Zitronengras mit einem scharfen Küchenmesser kreuzweise in feine Streifen und hacken es dann sehr klein. Das dauert zwar ein paar Minuten, aber das Ergebnis rechtfertigt den Aufwand. Geben Sie das Zitronengras in eine kleine Schüssel.

Kreuzkümmel und Koriandersamen in einer Pfanne ohne Fett vorsichtig anrösten, bis sie braun werden und die Aromen sich entfalten. Achten Sie darauf, die Gewürze ständig hin- und herzubewegen, damit sie nicht anbrennen. Die roten Chiliflocken hinzugeben, eine weitere Minute rösten und auskühlen lassen. Angeröstete Chiliflocken, Kreuzkümmel und Koriander mit dem Stößel im Mörser oder in einer Gewürzmühle zu einem feinen Pulver zermahlen. Die Mischung in eine kleine Schüssel füllen und beiseite stellen. Trockene Gewürze in die erhitzte Pfanne geben und ein bis zwei Minuten ohne Fett leicht anbräunen. Die Gewürze häufig wenden, um das Anbrennen zu verhindern. Rühren Sie diese Gewürze unter die Gewürzmischung in der kleinen Schüssel.

Frühlingszwiebeln und Ingwerwurzel drei Minuten in der Pfanne unter Rühren anschwitzen. Sobald die Mischung trocken wird, Tamarisauce hinzufügen. Das klein gehackte Zitronengras dazugeben und das Ganze ein oder zwei Minuten kurz in der Pfanne unter Rühren andünsten. Diese Mischung aus Frühlingszwiebeln, Ingwerwurzel und Würzsauce mit den gerösteten Gewürzen gut vermischen. Miso mit einem Löffel in die Mischung einarbeiten. Wenn Sie lange genug kräftig mischen, verbinden sich Gewürze und Frühlingszwiebeln schließlich zu einer gleichmäßigen Curry-paste. Nach Belieben ½ TL Miso zusätzlich hinzufügen. Wenn die Mischung zu trocken ist und die Bestandteile sich nicht gut verbinden, bis zu 1 EL Gemüsebrühe dazugeben. Wenn die Zutaten gut miteinander vermischt sind und die Beschaffenheit einer glatten Paste haben, in ein Glas füllen und im Kühlschrank aufbewahren. (Sie können die Paste auch in einer kleinen Küchenmaschine herstellen.)

Gelber Thai-Curry mit Karotten und Blattgemüse

Hierzu brauchen Sie die Gewürzpaste »Gelber Thai-Curry«, die Sie nach obigem Rezept zubereitet haben und in einem luftdicht verschlossenen Glas aufbewahren.

1 TL Ghee
1 TL Sesamöl
1 Tasse Lauch, fein gehackt
2 Tassen Karotten, schräg in Scheiben geschnitten
2 EL Gemüsebrühe
4 EL Gewürzpaste »Gelber Thai-Curry«
4 Tassen Pak-Choy (Senfkohl), in Streifen von einem halben Zentimeter geschnitten
4 Tassen Napa-Kohl, in dünne Streifen geschnitten
1 EL Sesamsaat, geröstet
½ Tasse frisches Koriandergrün, gehackt
1 EL Kokosraspel, geröstet
Saft von 2 Limetten

In einer großen, schweren Pfanne Ghee und Sesamöl erhitzen. Lauch dazugeben und zwei Minuten unter häufigem Wenden braten. Karotten hinzufügen, Gemüsebrühe angießen und weitere zwei Minuten leicht köcheln. Die Thai-Curry-Paste dazugeben und zwei Minuten leicht köcheln. Pak Choy (Senfkohl) und Napa-Kohl in der Curry-Paste häufig wenden, bis die Blätter zusammenfallen. Mit geröstetem Sesam, gehacktem Koriandergrün und Kokosraspeln bestreuen; mit frischem Limettensaft beträufeln.

Anti-Aging-Rezepte   251

Frischer Gurkensalat mit Basilikum und Minze

3 Salatgurken, geschält, entkernt,
   in sehr dünne Scheiben geschnitten
¼ Tasse frisches Basilikum, dicht gepresst;
   in feine Streifen geschnitten
¼ Tasse frische Pfefferminze, dicht gepresst;
   in feine Streifen geschnitten
2 EL frisches Koriandergrün, gehackt
½ TL Koriander
2 EL Reisessig
1 TL Sesamsaat
1 TL natürliche Sojasauce (Tamarisauce) oder
½ TL Salz

Alle Zutaten miteinander vermischen und vor dem Servieren bis
zu einer Stunde ruhen lassen. In dieser Zeit mehrmals umrühren,
um die Aromen gut zu verteilen. Als Beilage oder Salat servieren.

Basmati-Reis mit Mango

2 Tassen Basmati-Reis aus biologischem Anbau,
   gewaschen und abgetropft
3 ¾ Tassen Wasser oder Gemüsebrühe
1 Zimtstange
½ Tasse Kokosmilch
1 Tasse frische, reife Mango, gewürfelt
½ TL Kreuzkümmel
½ TL Kardamom

Wasser oder Gemüsebrühe in einem großen Topf (ca. drei Liter)
zusammen mit dem Reis und der Zimtstange zum Kochen bringen. Den Topf mit einem fest schließenden Deckel bedecken und
die Temperatur zurückschalten. Den Reis auf kleinster Stufe mindestens 20 Minuten ausquellen lassen. Den Deckel nicht abnehmen. Nach 20 Minuten vom Herd nehmen. Den Reis mit einer

Gabel lockern, Kokosmilch, Mangowürfel und Gewürze dazugeben. Mit der Gabel gut vermischen, vor dem Servieren die Zimtstange entfernen. Bis zum Servieren bedeckt halten.

Bananen-Kokos-Dessert

1 TL Ghee
4 Bananen, geschält, in Scheiben geschnitten
½ TL Gewürznelken
¼ Tasse Apfelsaft
2 TL Ahornsirup
½ Tassen fettarme Kokosmilch

Ghee in einer Pfanne erhitzen, Bananenscheiben hinzugeben und zwei bis drei Minuten anbraten. Gewürznelken und Apfelsaft hinzufügen und unter häufigem Wenden ein bis zwei Minuten braten. Ahornsirup und Kokosmilch darüber gießen. Die Bananenscheiben sollten knapp bedeckt sein; gegebenenfalls mehr Apfelsaft hinzufügen. Die Mischung zehn Minuten köcheln lassen. In Dessertschalen servieren und nach Belieben mit gerösteten Mandeln und Kokosflocken garnieren.

Anti-Aging-Rezepte 253

CHINESISCHES MENÜ

Scharf-saure Gemüsesuppe
Buddhas Fest
Marinierte Tofustreifen mit Sesam
Gedämpfter Reis
Mandelplätzchen

Scharf-saure Gemüsesuppe

1 Tasse (250 g) frischer, fettarmer Tofu, fest oder extra fest,
   in dünne Scheiben geschnitten
3 TL natürliche Sojasauce (Tamarisauce)
1 TL Ghee
1 TL Sesamöl
½ TL rote Chiliflocken
1 Tasse Auberginen, geschält und in dünne Stifte geschnitten
1 Tasse Karotten, dünn geschnitten
4 Tassen Gemüsebrühe
2 EL Apfelessig
1 EL Pfeilwurzelmehl
¼ Tasse kaltes Wasser
2 EL Frühlingszwiebeln, gehackt
1 Tasse Sonnenblumen- oder Bohnensprossen

Tofu in eine Schüssel geben und 1 TL Tamarisauce hinzufügen. Mit
einer Gabel mischen und beiseite stellen. In einem Suppentopf
Ghee und Sesamöl erhitzen. Chiliflocken, Auberginen und Karotten dazugeben und unter häufigem Rühren drei bis vier Minuten
braten, bis die Karotten nahezu weich sind. Mit Gemüsebrühe auffüllen und zum Kochen bringen. Tofu, Apfelessig und 2 TL Tamarisauce zugeben und fünf Minuten leicht köcheln. Pfeilwurzelmehl
mit einer Gabel in einer kleinen Schüssel in kaltem Wasser auflösen
und unter ständigem Rühren in die Suppe geben. Die Suppe dickt innerhalb einer Minute an. Den Herd ausschalten. Die Suppe in Schüsseln schöpfen und mit Frühlingszwiebeln und Sprossen garnieren.

Buddhas Fest

Basissauce für chinesisches Pfannengemüse (ergibt 2 Tassen)
3 Knoblauchzehen (nach Belieben), zerdrückt,
    oder 1 TL Knoblauchpulver
1 TL Ingwer, frisch gerieben oder Pulver
½ TL rote Chiliflocken
1 EL Sesamöl
1 ½ Tassen Gemüsebrühe
4 EL natürliche Sojasauce (Tamarisauce)
3 EL Reisessig
1 EL Zitronensaft
1 EL Ahornsirup
1 TL Senfkörner
2 EL Pfeilwurzelmehl, mit 2 EL Wasser verrührt

Sesamöl in einem kleinen Topf erhitzen und Knoblauch, Ingwer und Chiliflocken darin unter Rühren leicht anrösten. Außer dem Pfeilwurzelmehl alle anderen Zutaten hinzufügen und zum Kochen bringen. Die Temperatur verringern, das aufgelöste Pfeilwurzelmehl unterrühren und leicht köcheln, bis die Sauce andickt.

Buddhas Lieblingsgemüse

Rechnen Sie etwa zwei Tassen gemischtes Gemüse pro Person, für vier Portionen also insgesamt acht Tassen. Sie können sich das Pfannengemüse aus den unten aufgeführten Zutaten ganz nach Ihrem Geschmack zusammenstellen. Die Garzeiten der Gemüsesorten nehmen entsprechend der Reihenfolge ab:

2 Tassen Karotten, schräg in dünne Scheiben geschnitten
2 Tassen Blumenkohl, in mundgerechte Stücke zerteilt
2 Tassen Brokkoli, in mundgerechte Stücke zerteilt,
    die Stiele geschält und geschnitten
2 Tassen Sellerie, schräg geschnitten

Anti-Aging-Rezepte 255

2 Tassen Spargel, in 5 Zentimeter lange Stücke geschnitten
2 Tassen Pak-Choi (Senfkohl), schräg geschnitten
2 Tassen Weißkohl, geraspelt
1 Tasse rote oder grüne Paprika, in dünne Streifen geschnitten
1 Tasse grüne Bohnen
2 Tassen Mungbohnen-Sprossen
2 Tassen Spinat, in feine Streifen geschnitten
1 Tasse Zuckerschoten

Zu Beginn 1 TL Sesamöl und 1 TL Ghee erhitzen. Nehmen Sie weniger Öl und Ghee, wenn Sie nur für eine oder zwei Personen kochen. Die Karotten in der Pfanne wenden, bis sie weich sind; nach und nach weitere Gemüse in der Reihenfolge ihrer Garzeiten hinzufügen. Wenn sie gar sind, die Sauce über die Gemüse geben. Auf Reis oder Udon-Nudeln (japanische Weizennudeln) anrichten, mit Sesamsamen und gehackten Frühlingszwiebeln garnieren.

Marinierte Tofustreifen mit Sesam

340 g frischer Tofu, fettarm, fest oder extra-fest,
    in Würfel oder Scheiben geschnitten
¼ Tasse Sesamsamen, geröstet

Marinade:
½ Tasse Reisessig
½ Tasse natürliche Sojasauce (Tamarisauce)
2 EL Ahornsirup
2 EL Zitronensaft
1 TL Kreuzkümmel (Cumin), gemahlen
1 TL Ingwer, gemahlen
1 TL Sesamöl

Alle Zutaten miteinander verrühren. Tofu in Würfel oder Scheiben schneiden und in der Marinade mindestens sechs Stunden oder über Nacht durchziehen lassen. Den Tofu aus der Marinade nehmen. Sesamsamen in eine kleine Schüssel geben und die Tofustreifen darin wenden, bis alle Seiten mit Sesam überzogen sind. Tofustreifen auf ein geöltes Backblech legen und 20 bis 30 Minuten goldbraun backen. Mit dem Pfannengemüse oder zu anderen Gerichten servieren.

Gedämpfter Reis

1 Tasse Basmati-Reis
2 Tassen Wasser oder Gemüsebrühe

Reis und Wasser zum Kochen bringen. Die Temperatur so weit wie möglich verringern und den Reis 15 bis 20 Minuten ausquellen lassen. Mit einer Gabel auflockern, zu Pfannengemüse servieren.

Mandelplätzchen

1 Tasse Mandeln oder andere Nüsse
1 Tasse Haferflocken, aus biologischem Anbau

Die Mandeln im Mixer oder in der Küchenmaschine eine Minute zerkleinern. Haferflocken hinzufügen und beides grob schroten. Die Mischung in eine Schüssel geben.

1 Tasse Vollkornweizen- oder Reismehl
½ TL Zimt oder Muskat
½ TL Salz
½ Tasse Ahornsirup
¼ Tasse Canola-Öl oder Ghee
¼ Tasse Mango-Püree oder Apfelmus oder zerdrückte Banane
12–15 ganze Mandeln

Mit dem Schneebesen Mehl, Zimt und Salz unter die Mischung aus Mandeln und Haferflocken in der Schüssel rühren. In einer zweiten Schüssel Ahornsirup, Öl oder Ghee und das Mango- bzw. Obstpüree mit dem Schneebesen verrühren. Die feuchten und die trockenen Zutaten mit den Händen (gegebenenfalls Plastikbeutel über die Hände ziehen) zu einem glatten Teig verkneten. Mit einem Teelöffel kleine Häufchen abstechen und auf ein gefettetes Backblech legen. Mit dem Daumen eine kleine Vertiefung in jedes Häufchen drücken und in die Mitte jeweils eine ganze Mandel legen. Bei 170–180 Grad 20 bis 25 Minuten backen, bis die Plätzchen goldbraun sind.

ITALIENISCHES MENÜ

Gemüsesuppe mit weißen Bohnen
Gemüselasagne mit Pesto
Tomatensauce aus gebackenen Tomaten
Eintopf mit Kichererbsen und grünen Bohnen
Gebackene Karotten mit frischem Rosmarin
Beeren-Tofu-Sorbet

Gemüsesuppe mit weißen Bohnen

1 Tasse weiße Bohnen, über Nacht eingeweicht,
   am Morgen abgetropft und gewaschen

Bohnen in einen Suppentopf geben. Den Topf mit Wasser füllen, bis es etwa fünf Zentimeter über den Bohnen steht. Zum Kochen bringen und die Bohnen weich, aber nicht breiig kochen. Eventuell etwas Wasser nachfüllen, damit die Bohnen sprudelnd kochen.

Die Bohnen abtropfen lassen und zur Seite stellen. Das Kochwasser wegschütten.

1 TL Ghee oder Olivenöl
1 Tasse Lauch, gehackt

Ghee oder Öl in einer Pfanne erhitzen und den Lauch zwei Minuten unter Rühren anbraten. Dann nacheinander in der angegebenen Reihenfolge hinzufügen:

1 Tasse Sellerie
½ TL schwarzer Pfeffer
1 TL Basilikum
1 TL Majoran
1 TL Dill
1 TL Oregano
1 EL natürliche Sojasauce (Tamarisauce)

Anti-Aging-Rezepte 259

1 Tasse Karotten, in ½ Zentimeter dicke Scheiben geschnitten
1 Tasse Blumenkohl, in Röschen zerpflückt

Unter ständigem Rühren fünf Minuten braten. Dann hinzufügen:

1 Tasse Zucchini
2 Tassen weiße Bohnen, gekocht
5–6 Tassen Gemüsebrühe
  (sie sollte zwei bis drei Zentimeter über dem Gemüse stehen)
2 Lorbeerblätter

Etwa 20 Minuten leicht köcheln, bis das Gemüse weich ist.

1 dicht gepackte Tasse verschiedene Blattgemüse oder Spinat
2 EL Bio-Tomatenmark
1 EL frisches Basilikum, in dünne Streifen geschnitten
1 TL frische Petersilie, gehackt

Blattgemüse, Tomatenmark und frische Kräuter erst am Schluss dazugeben. Den Eintopf umrühren, bis das Tomatenmark andickt. In großen Suppenschüsseln servieren.

Gemüselasagne mit Pesto

Pesto
2 Tassen frisches Basilikum, dicht gepresst, ohne Stiele
1 Tasse Brokkoli, grob gehackt und unter Rühren in 1 TL Olivenöl
  leicht angebraten
½ Tasse Pinienkerne (in der Pfanne ohne Fett goldbraun geröstet)
2 EL Zitronensaft
3 EL Olivenöl
½ TL natürliche Sojasauce (Tamarisauce) *oder* Salz

Das Basilikum und den angebratenen Brokkoli in einem Mixer eine Minute zerkleinern. Pinienkerne, Zitronensaft, Öl und Sojasauce dazugeben und zu einer glatten Paste verarbeiten.

260   Verwandlung und Lebensfreude

Nudeln
9 frische oder getrocknete Nudelteigblätter

Frische Nudelblätter oder getrocknete Lasagne-Nudeln verwenden.
Die frischen Nudelblätter in 5 cm breite Streifen schneiden. Getrocknete Lasagne-Nudeln aus der Packung verwenden, wie sie
sind. In einem großen Topf etwa 3 l Wasser zum Kochen bringen.
Die frischen Nudeln zwei bis drei Minuten, die trockenen fünf bis
sechs Minuten gar kochen. Aus dem Kochwasser nehmen und bis
zur Verwendung in einem Topf mit kaltem Wasser zur Seite stellen.
Vor dem Einschichten abtropfen lassen.

Füllung
1 EL italienische Kräuter
2 TL schwarzer Pfeffer
1 EL Olivenöl
1 EL natürliche Sojasauce (Tamarisauce)
1 große oder 2 mittlere Auberginen, in ½ cm Zentimeter dicke,
    runde Scheiben geschnitten (etwa 18 Scheiben), die Enden
    nicht verwenden
1 kg frischer Spinat, geputzt, zerpflückt. In siedendem Wasser
    2 Minuten blanchieren, kalt abspülen und beiseite stellen *oder*
    500 g tiefgekühlter Spinat, aufgetaut
1 TL Dill, getrocknet
1 TL Piment (Nelkenpfeffer)
½ TL Paprika
¼ Tasse Semmelbrösel

Die italienischen Kräuter, 1 TL Pfeffer, Öl und Sojasauce mischen.
Auberginen in eine große Schüssel legen und die Öl-Gewürzmi-
schung darüber träufeln. Die Auberginen mehrmals wenden, bis
die Scheiben mit der Würzmischung überzogen sind. Die Auberginen auf ein Backblech legen und 20 Minuten im Ofen backen.
Aus dem Ofen nehmen und abkühlen lassen. In einer Schüssel
Spinat, Dill, Piment und den restlichen TL schwarzen Pfeffer vermischen. Das Paprikapulver mit den Händen (aus hygienischen

Gründen eventuell Kunststoffhandschuhe über die Hände ziehen)
unter die Semmelbrösel mischen und auf die Seite stellen.

Zubereitung der Lasagne
Eine mittelgroße Auflaufform (etwa 20x20 Zentimeter) mit Olivenöl oder Ghee einfetten. Den Boden der Form mit drei Nudelblättern auslegen. Darauf die Hälfte der Auberginenscheiben
schichten. Auf den Auberginen eine Hälfte Pesto verteilen. Darüber eine Hälfte Spinat und nach Belieben geriebenen Käse geben.
Mit drei weiteren Nudelblättern abdecken, gut andrücken. Auf
die gleiche Weise die restlichen Auberginen, Pesto und Spinat
einschichten. Mit den letzten drei Nudelblättern abdecken, wiederum gut andrücken. Den Auflauf leicht mit Olivenöl oder Ghee
einpinseln, Paprika und Semmelbrösel darüber streuen. Mit Back-
papier oder Folie abdecken. Im Backofen bei 170–180 Grad 30 Minuten backen. Mit einer italienischen Tomatensauce servieren.

Tomatensauce aus gebackenen Tomaten
(ergibt ca. einen Liter)

12 kleine Tomaten, gewaschen, oben kreuzförmig eingeschnitten
¼ Tasse Olivenöl
1 TL schwarzer Pfeffer
4 Stängel frischer Rosmarin, die Blätter vom Stiel abstreifen
1 EL Basilikum, getrocknet
1 TL Thymian, getrocknet
1 EL Balsamessig

Die Tomaten backen: In einer Schüssel die Tomaten mit den anderen Zutaten vermischen, dann auf ein Backblech legen. Bei 200
Grad 20 bis 30 Minuten backen, bis die Tomaten weich sind und
die Haut sich leicht abziehen lässt. Abkühlen lassen, dann häuten.
Die Haut nicht verwenden. Die Tomaten mit den Händen aufbre-
chen und die Samen entfernen. Die Tomaten in ein Sieb geben,
das Sieb auf eine Schüssel setzen, um den Saft aufzufangen. Auf
die Seite stellen und die Tomaten abtropfen lassen.

1 EL Ghee oder Olivenöl
½ TL rote Chiliflocken
1 TL schwarzer Pfeffer
2 Tassen Lauch oder Schalotten, gehackt

Ghee oder Olivenöl in einer großen Kasserolle mit etwa 4 l Fassungsvermögen erhitzen, den Lauch unter häufigem Wenden anbraten. Die Tomaten dazugeben und bei sehr geringer Hitze 30 bis 60 Minuten leicht köcheln. Währenddessen

½ Tasse gebackene rote Paprikaschoten,
    frisch oder aus der Dose, abgetropft und gehackt und
1 TL Balsamessig

hinzufügen. Vom Herd nehmen,

¼ Tasse Petersilie
½ Tasse Basilikum

dazugeben und mit einem Pürierstab glatt pürieren.

Eintopf mit Kichererbsen (Garbanzobohnen)
und grünen Bohnen

1 Tasse Kichererbsen oder Garbanzobohnen über Nacht
    in Wasser einweichen.

Die Kichererbsen (Garbanzobohnen) in einen Suppentopf geben und so viel Wasser auffüllen, dass es fünf Zentimeter über den Erbsen steht. Zum Kochen bringen und so lange kochen, bis die Erbsen weich sind, aber nicht zerfallen. Gegebenenfalls Wasser zugeben, damit die Erbsen sprudelnd kochen. Die Erbsen abtropfen lassen und zur Seite stellen. Die Kochflüssigkeit nicht verwenden.

1 TL Ghee oder Olivenöl
1 Tasse Lauch, gehackt

1 TL schwarzer Pfeffer
1 TL natürliche Sojasauce (Tamarisauce)
2 Tassen frische grüne Bohnen, dicht gepresst, ohne Enden,
    klein geschnitten
1 TL Basilikum, getrocknet
1 TL Dill, getrocknet
1 TL Oregano
½ Tasse Gemüsebrühe
1 ½ Tassen frische Tomaten, gewürfelt, oder Bio-Tomaten
    aus der Dose, gewürfelt
2 Tassen gekochte Kichererbsen

Ghee oder Olivenöl in einer Pfanne erhitzen, Lauch, Pfeffer und
Sojasauce zugeben, 2 Minuten anschwitzen. Danach die grünen
Bohnen und die Gewürze hinzufügen. ¼ Tasse Gemüsebrühe angießen, bei geringer Hitze drei bis vier Minuten köcheln. Tomaten,
Kichererbsen und die restliche Gemüsebrühe dazugeben. Bei geringer Hitze köcheln, bis die grünen Bohnen gar sind. Die Flüssigkeit wird größtenteils aufgesogen.

Gebackene Karotten mit frischem Rosmarin

1 TL Ghee oder Olivenöl
1 TL Currypulver
1 TL Dill, getrocknet
1 TL Muskatnuss
1 EL frische Rosmarinnadeln, vom Stiel abgestreift
    und grob gehackt
1 TL natürliche Sojasauce (Tamarisauce)
6 große Karotten, geschält und in 2,5 cm große Würfel
    geschnitten

Alle Zutaten außer den Karotten in einer großen Schüssel miteinander vermischen. Die Karotten dazugeben und mit den Händen mischen, bis die Karottenwürfel auf allen Seiten mit der Gewürzmischung überzogen sind. Die Karotten auf ein gefettetes

Backblech legen und etwa 30 Minuten bei 170–180 Grad im Ofen garen.

Beeren-Tofu-Sorbet

250 g tiefgefrorene Bio-Himbeeren
250 g tiefgefrorene Bio-Erdbeeren
350 g Tofu, fettarm, fest oder sehr fest
½ Tasse Ahorn-Sirup
1 TL Vanille-Extrakt
¼ TL Nelkenpulver

Die Beeren auftauen und in einem Mixer zerkleinern, den Tofu dazugeben, die Masse pürieren, Ahornsirup, Vanille und Nelken hinzufügen. Weiter zu einer glatten Masse pürieren. In Schüsseln füllen, mit gerösteten Kokosraspeln und gerösteten Mandelblättchen garnieren. Das Sorbet lässt sich gut einfrieren.

Anti-Aging-Rezepte

MEXIKANISCHES MENÜ

Tortilla-Suppe mit Avocado und Koriandergrün
Enchilladas mit schwarzen Bohnen und Süßkartoffeln
Spanischer Reis
Mango-Salsa
Vanille-Flan mit Ahornsirup

Tortilla-Suppe mit Avocado und Koriandergrün

2 TL Ghee
1 Tasse Lauch, gehackt
1 TL natürliche Sojasauce (Tamarisauce)
1 TL schwarzer Pfeffer
½ TL rote Chiliflocken
1 TL Chilipulver (mild)
1 TL Kreuzkümmel (Cumin)
1 Tasse Karotten, in mundgerechte Stücke geschnitten
½ Tasse grüne Paprikaschoten, gehackt
4 Tassen Gemüsebrühe
1 Tasse Bio-Mais, frisch oder tiefgefroren
¼ Tasse gegrillte Paprika, frisch oder aus dem Glas, gehackt
2 Maistortillas, in 2,5 cm breite Streifen geschnitten
1 Tasse frische Avocado, gewürfelt
¼ Tasse Koriandergrün, dicht gepresst, gehackt
einige Zweige Koriandergrün zum Garnieren

In einem Suppentopf 1 TL Ghee erhitzen und den Lauch darin
anbraten. Sojasauce, Pfeffer und die übrigen Gewürze hinzufügen und eine Minute unter Rühren anbraten. Dann die Karotten
und die Paprikaschote zugeben und zwei Minuten unter häufigem
Wenden braten. ½ Tasse Gemüsebrühe angießen und vier bis fünf
Minuten bei geringer Hitze köcheln. Den Mais und die gegrillten
Paprika zugeben und mit der restlichen Gemüsebrühe auffüllen.
Die Suppe auf kleiner Flamme kochen, bis die Karotten nahezu gar
sind. Den restlichen TL Ghee in einer kleinen Pfanne erhitzen und

die Tortilla-Streifen unter häufigem Wenden rasch darin knusprig braten. Vom Herd nehmen und die Tortillas zusammen mit dem Koriandergrün in die Suppe einrühren. Die Avocado auf Schüsseln verteilen, die Suppe auf die Avocados schöpfen, mit einigen Zweiglein Koriandergrün garnieren und sofort servieren.

Enchilladas mit schwarzen Bohnen und Süßkartoffeln

1 Tasse schwarze Bohnen, über Nacht eingeweicht,
    oder 350 g schwarze Bohnen aus der Dose, aus Bio-Anbau
2 Tassen Süßkartoffeln, geschält, klein gewürfelt
1 TL Ghee
1 Tasse Lauch, gehackt
1 TL schwarzer Pfeffer
½ TL rote Chiliflocken
1 EL natürliche Sojasauce (Tamarisauce)
1 Tasse Spinat oder Mangold, gehackt
½ TL Zimt
1 TL Oregano
1 TL Kreuzkümmel (Cumin)
Gemüsebrühe
¼ Tasse Koriandergrün, ohne Stängel, gehackt

Etwa 2 l Wasser in einem Topf zum Kochen bringen, die Süßkartoffeln hineingeben und etwa fünf Minuten kochen, bis sie zart, aber noch fest sind. Die Süßkartoffeln abtropfen lassen und beiseite stellen. Getrocknete schwarze Bohnen in einen Topf mit 3 bis 4 l Fassungsvermögen geben, mit Wasser auffüllen, bis es mindestens 7 cm über den Bohnen steht. Die Bohnen etwa eine Stunde weich kochen. Wasser nachfüllen, falls notwendig. Die Bohnen abgießen und abtropfen lassen, sobald sie weich sind.

In einer großen Pfanne das Ghee erhitzen, den Lauch anbraten, dann den schwarzen Pfeffer, die Chiliflocken und die Tamarisauce hinzufügen und zwei bis drei Minuten leicht köcheln. Die Temperatur zurückschalten, die gekochten schwarzen Bohnen und die gekochten Süßkartoffeln zugeben und weiter leicht köcheln. Gemüsebrühe angießen, falls die Mischung zu trocken wird.

Während des Kochens die Blattgemüse und die restlichen Gewürze untermengen und mit einer Gabel die Gemüse leicht zerdrücken. Das Koriandergrün einrühren, vom Herd nehmen und auf die Seite stellen.

Enchillada-Sauce
Sie können Enchillada-Sauce aus biologischem Anbau in guter Qualität im Naturkostladen oder im Reformhaus kaufen oder die Sauce nach folgendem Rezept selbst herstellen.

1 TL Ghee
1 Tasse Lauch oder Zwiebeln
1 TL schwarzer Pfeffer
1 TL natürliche Sojasauce (Tamarisauce)
3 Tassen oder 5 mittelgroße Tomaten, gewürfelt (nach Belieben
    geschält und entkernt)
1 TL Kreuzkümmel (Cumin)
1 TL Koriander
2 TL Chilipulver
1 Tasse Tomatensaft oder Gemüsebrühe
12 Tortillas

Ghee in einer Pfanne erhitzen, den Lauch oder die Zwiebeln anbraten, Pfeffer und natürliche Sojasauce hinzufügen. Den Lauch zwei bis drei Minuten dünsten. Wenn der Lauch leicht gebräunt ist, die Tomaten und die restlichen Gewürze dazugeben. Den Tomatensaft langsam angießen und 20 bis 30 Minuten bei geringer Temperatur einkochen, um die Flüssigkeit zu reduzieren. Im Mixer oder mit einem Pürierstab pürieren. Die Sauce sollte glatt und nicht zu dick sein.

Für die Enchilladas die Tortillas nacheinander in einer schweren Pfanne erhitzen. Etwas Sauce in eine flache Schüssel gießen und die warmen Tortillas auf beiden Seiten mit der Soße überziehen. Mit der Füllung belegen, die Seiten einschlagen, die Tortillas aufrollen und mit den eingeschlagenen Enden nach unten legen. Alle Tortillas auf diese Weise füllen. Die Tortillas in eine Auflaufform oder auf ein gefettetes Backblech legen. Die restliche Sauce über die gefüllten Tortillas gießen und bei 170–180 Grad 20 bis 30 Minuten backen. Nach Belieben mit geriebenem Käse oder Tofu bestreuen und mit frischem, gehacktem Koriandergrün garnieren.

Spanischer Reis

1 Tasse Basmati-Reis aus biologischem Anbau, gewaschen
2 Tassen plus 1 EL Gemüsebrühe
1 TL Ghee
½ Tasse Lauch oder Zwiebeln
½ TL schwarzer Pfeffer
1 TL natürliche Sojasauce (Tamarisauce)
1 TL Paprika
1 TL Chilipulver
1 TL Kreuzkümmel (Cumin)
½ Tasse Mais, frisch, oder tiefgekühlter Bio-Mais, aufgetaut
½ Tasse Erbsen, frisch,
    oder tiefgekühlte Bio-Erbsen, aufgetaut

Den Reis in zwei Tassen Gemüsebrühe in einem Reiskocher oder auf dem Herd weich kochen. Ghee in einer Pfanne erhitzen, Lauch, Pfeffer und natürliche Sojasauce dazugeben und den Lauch leicht anbräunen. Die restlichen Gewürze, Mais, Erbsen und einen EL Gemüsebrühe einrühren und eine Minute dünsten. Die Gemüse-Gewürzmischung in den gekochten Reis einrühren.

Mango-Salsa

1 Tasse frische Mango oder Papaya, gewürfelt
¼ Tasse Orangen- oder Apfelsaft
½ Tasse Koriandergrün, gehackt

Anti-Aging-Rezepte   269

¼ Tasse Lauch oder Frühlingszwiebeln
   (Lauch unter Rühren leicht anbraten)
1 EL Zitronensaft
1 EL Ahornsirup
1 TL Koriander
½ TL Piment (Nelkenpfeffer)
½ TL Zimt
½ TL Muskatnuss
½ TL Kardamom, gemahlen
¼ TL roter Cayenne-Pfeffer, zerdrückt

Alle Zutaten miteinander vermischen, kalt stellen und servieren.

Vanilleflan mit Ahornsirup

350 g Seidentofu, fettarm, fest oder extra fest
¼ Tasse Ahornsirup
2 TL Vanillearoma
2 TL Pfeilwurzelmehl
1 Prise Nelkenpulver
6 TL brauner Rohrzucker
6 TL Ahornsirup

Die ersten fünf Zutaten im Mixer glatt pürieren. Die Tofumischung
auf sechs gefettete Puddingförmchen verteilen, 15 Minuten bei
170–180 Grad backen. Die Förmchen aus dem Ofen nehmen, 1 TL
braunen Zucker und 1 TL Ahornsirup über jede Portion geben. Die
Förmchen zurück in den Ofen setzen, fünf Minuten überbacken,
bis der Zucker karamellisiert. Warm servieren.

FRANZÖSISCHES MENÜ

Spargelcremesuppe
Spinat-Lauch-Kartoffel-Quiche
Geschmorte grüne Bohnen mit Mandeln
Mangold und Rukola mit Zitronen-Estragon-Dressing
Gedünstete Birnen mit Brombeeren

Spargelcremesuppe

2 TL Ghee
2 große Stängel Lauch, gehackt
1 TL schwarzer Pfeffer
1 TL natürliche Sojasauce (Tamarisauce)
125 g Kartoffeln, geschält und gewürfelt
1 EL Estragon
1 TL Thymian
375 g Spargel, vom unteren Ende etwa 3 cm abschneiden
    und wegwerfen, Stangen in 2,5 cm lange Stücke schneiden
4–6 Tassen Gemüsebrühe
    (oder genug, um die Kartoffeln im Topf zu bedecken)
½ TL Muskat
2 EL Petersilie, gehackt

Ghee in einem großen Suppentopf erhitzen. Den Lauch anbraten, Pfeffer und Sojasauce dazugeben, den Lauch weiter dünsten. Kartoffeln, Estragon und Thymian hinzufügen, die Kartoffeln unter häufigem Wenden bräunen. Die Spargelstücke zugeben und so viel Gemüsebrühe auffüllen, dass die Gemüse bedeckt sind. Bei geringer Hitze gar kochen. Die Suppe mit dem Pürierstab, im Mixer oder in der Küchenmaschine glatt pürieren. Mit Muskat und Petersilie garnieren.

Anti-Aging-Rezepte 271

Spinat-Lauch-Kartoffel-Quiche

Teigboden:
1 ½ Tassen ungebleichtes weißes Mehl
   aus biologischem Anbau *oder* Vollkornmehl
½ TL Salz
½ Tasse Butter (oder Soja-Margarine), eisgekühlt,
   in große Stücke geschnitten
¼ Tasse Wasser, eisgekühlt
1 TL Zitronensaft oder Wasser

Den Knethaken in die Küchenmaschine einsetzen. Mehl und Salz
in die Rührschüssel geben, die Butterstücke nach und nach bei
laufendem Motor auf niedriger Stufe in die Mehlmischung fallen
lassen.

Wenn die Butter mit dem Mehl vermengt ist, den Teig kneten,
bis der Teig wie Flocken aus grobem Mehl aussieht. Den Zitronensaft dazugeben, untermischen. Das Wasser tropfenweise in den
Teig geben, bis ein fester Teig entsteht.

Den Teig auf eine bemehlte Arbeitsplatte legen, mit den Händen zusammenschieben und mit dem Handballen einen flachen,
runden Fladen formen. Mit dem Nudelholz gleichmäßig ausrol-
len. Den Fladen behutsam auf eine Springform von 23 bis 25 Zentimeter Durchmesser legen. Den Teig mit den Fingern von der Mitte
nach außen schieben und an den Seiten der Form einen andert-
halb Zentimeter breiten Rand hochdrücken. Bis zur weiteren Ver-
arbeitung im Kühlschrank kalt stellen.

Füllung:
2 TL Ghee oder Olivenöl
4 mittelgroße Kartoffeln, in sehr dünne Scheiben geschnitten
2 große Lauchstangen, in dünne Ringe geschnitten
1 TL schwarzer Pfeffer
1 TL Basilikum, getrocknet
1 TL Salbei, getrocknet
2 TL natürliche Sojasauce (Tamarisauce)

4 Tassen Bio-Spinat, dicht gepresst oder 250 g tiefgefrorener
   Spinat, aufgetaut, gehackt
1 TL Dill, getrocknet
1 TL Majoran, getrocknet
350 g Tofu, fettarm, fest oder extra fest
¼–½ Tasse Gemüsebrühe
1 EL Pfeilwurzelmehl, in 1 EL Wasser aufgelöst

In einer großen Pfanne 1 TL Ghee erhitzen. Die Kartoffeln unter
häufigem Wenden auf beiden Seiten bräunen. Aus der Pfanne nehmen und beiseite stellen. Einen weiteren TL Ghee in der Pfanne erhitzen, Lauch, Pfeffer, Basilikum, Salbei und 1 TL Sojasauce darin
unter Rühren anbraten, bis die Lauchringe goldbraun sind. Die
Lauchringe möglichst ganz lassen. Aus der Pfanne nehmen und
auf die Seite stellen. Den frischen Spinat in die heiße Pfanne geben
und unter häufigem Wenden rühren, bis er zusammenfällt. Vom
Herd nehmen. Den gekochten oder aufgetauten Spinat in eine
Schüssel geben, die Gewürze untermengen. Den Tofu im Mixer
pürieren, nach und nach die Gemüsebrühe hinzufügen. Das aufgelöste Pfeilwurzelmehl und den restlichen Löffel Sojasauce dazugeben. Zu einer glatten Masse pürieren. Wenn die Mischung zu
dick ist, etwas Gemüsebrühe dazugeben. Eine halbe Tasse Tofumischung mit der Spinatmischung sorgfältig vermengen.

Die Quiche zubereiten:
Die gebräunten Lauchringe auf der gekühlten Teigplatte verteilen,
darauf eine Lage Spinatmischung geben. Die Tofumischung darüber gießen. Die etwa einen halben Zentimeter dicke Schicht sollte
den Spinat gerade bedecken und nicht an den Teigrand heran-
kommen. Die übrige Tofumischung eventuell anderweitig verwenden. Die Kartoffelscheiben als letzte Schicht kreisförmig oder vier-
eckig anordnen, mit Paprikapulver, Dill und Muskat farbenfroh
bestreuen. Bei 175 Grad 35 Minuten backen, bis ein Hölzchen bei
der Garprobe in der Mitte der Quiche sauber wieder herauskommt
und die Kartoffeln goldgelb sind.

Anti-Aging-Rezepte 273

Geschmorte grüne Bohnen mit Mandeln

1 TL Ghee
2 große Hand voll frische grüne Bio-Bohnen
1 TL Kreuzkümmel (Cumin)
1 TL Balsamessig
¼ Tasse Mandelblättchen, im Ofen geröstet
Gemüsebrühe

Die grünen Bohnen mit Ghee in einer Pfanne erhitzen. Den Kreuzkümmel hinzufügen und unter Rühren anbraten. Wenn die Bohnen zu trocken sind, 1 TL Gemüsebrühe dazugeben und bei niedriger Temperatur schmoren, bis die Bohnen bissfest sind. Kurz vor dem Servieren den Balsamessig dazugeben und die Bohnen unter häufigem Wenden mit dem Essig überziehen. Auf Schälchen verteilen und jede Portion mit Mandelblättchen garnieren.

Mangold und Rauke (Rukola) mit Zitronen-Estragon-Dressing

1 Bund roter Mangold, gewaschen
1 Tasse Rauke, geputzt, entstielt
¼ Tasse Gemüsebrühe
1 EL Zitronen-Estragon-Dressing

In einer Pfanne Mangold und Rauke erhitzen und zusammenfallen lassen. Wenn die Pfanne zu heiß ist und die Blattgemüse braun werden, mit Gemüsebrühe ablöschen. Die Blattgemüse mit dem Zitronen-Estragon-Dressing vermischen.

Zitronen-Estragon-Dressing
¼ Tasse Petersilie, gehackt
1 Frühlingszwiebel, gehackt
¼ Tasse Zitronensaft
1 TL Dijon-Senf
1 EL Estragon
2 EL Ahornsirup

1 TL natürliche Sojasauce (Tamarisauce)
¼ Tasse Apfelsaft
¼ Tasse Olivenöl

Alle Zutaten außer dem Öl in einem Mixer miteinander verquirlen. Das Öl langsam in den laufenden Mixer geben. Verquirlen, bis das Dressing dickflüssig ist.

Gedünstete Birnen mit Brombeeren

1 Dose Apfelsaftkonzentrat aus biologischem Anbau
2 Williamsbirnen, halbiert, geschält, ohne Kerngehäuse
½ TL ganze Nelken
2 Zimtstangen
2 EL getrocknete Preiselbeeren
250 g Brombeeren, tiefgefroren, aus biologischem Anbau, *oder*
  – je nach Jahreszeit –
1 Schale frische Brombeeren
1–2 EL Ahornsirup

Den konzentrierten Apfelsaft in einem Topf erhitzen, Birnen, Nelken, Zimt, Zitronensaft und Preiselbeeren dazugeben. Die Birnen im Saft bei niedriger Temperatur gar ziehen lassen. Wenn die Flüssigkeit aufgenommen wird, Apfelsaft oder Wasser zugeben, um die Birnen stets bedeckt zu halten. In einem zweiten Topf die Brombeeren unter häufigem Wenden bei niedriger Hitze rühren, bis die Beeren Saft ziehen. Kurz vor dem Servieren bei Bedarf genügend Ahornsirup hinzufügen, um die Säure der Brombeeren auszugleichen.

Anrichten:
Die Birnen aus dem Saft herausnehmen (die Flüssigkeit anderweitig verwenden). Je eine Birnenhälfte in die Mitte eines Desserttellers legen. Die angedünsteten Brombeeren mit dem Brombeersaft über die Birnen schöpfen, mit Zimt und Muskat bestreuen.

AMERIKANISCHE BISTRO-KÜCHE

Karotten-Koriander-Cremesuppe
Gerstenrisotto mit gebackenem Gemüse
Preiselbeer-Süßkartoffel-Chutney
Gemischter Bio-Salat mit Apfelsaft-Vinaigrette
Tofu-Schokoladen-Mousse mit kandierten Mandeln

Karotten-Koriander-Cremesuppe

1 TL Ghee
1 Tasse Lauch, gehackt
1 EL frische Ingwerwurzel, gehackt
1 TL schwarzer Pfeffer
½ TL rote Chiliflocken
1 TL natürliche Sojasauce (Tamarisauce)
3 Tassen Karotten, gewürfelt
¼ Tasse helle Rosinen, gehackt
1 TL Koriander, getrocknet
1 TL Kreuzkümmel (Cumin)
1 TL Asa foetida
4–5 Tassen Gemüsebrühe
1 TL Zitronensaft
1 Tasse fettarme Kokosmilch
1 EL Petersilie oder Koriandergrün

Ghee in einem Suppentopf erhitzen, Lauch und Ingwer zugeben. Pfeffer, Chiliflocken und 1 TL Sojasauce hinzufügen. Karotten und Rosinen zwei bis drei Minuten unter häufigem Wenden darin andünsten. Koriandersamen, Kreuzkümmel, Asa foetida und die restliche Sojasauce dazugeben und weitere drei bis sechs Minuten unter Rühren garen, bis die Karotten und Gewürze angebräunt sind. Wenn die Mischung zu trocken wird, etwas Gemüsebrühe angießen. Dann mit der restlichen Gemüsebrühe auffüllen, zum Kochen bringen und die Karotten weich kochen. Die Suppe in einer Küchenmaschine oder mit einem Handmixer pürieren. Kurz vor dem Servieren Zitronensaft und Kokosmilch hinzugeben. Mit frischem gehacktem Koriandergrün oder Petersilie garnieren.

Gerstenrisotto mit gebackenem Gemüse

1 TL Ghee oder Olivenöl
3 mittelgroße Lauchstangen, gehackt
6–8 Tassen Gemüsebrühe,
    mit Kräutern und Lauch zusätzlich gewürzt
1 TL natürliche Sojasauce (Tamarisauce)
1 TL Balsamessig
1 EL Basilikum, getrocknet
1 TL schwarzer Pfeffer
2 Tassen Bio-Gerste

Ghee in einer Schmorpfanne erhitzen, Lauch darin eine Minute unter häufigem Wenden anbraten. Zwei EL Gemüsebrühe, Sojasauce, Essig, Basilikum und Pfeffer hinzufügen und den Lauch glasig dünsten. Die Gerste zugeben und mit einem großen Löffel unter häufigem Wenden anbräunen. Um ein Austrocknen der Gerste zu verhindern, bei Bedarf eine halbe Tasse Gemüsebrühe angießen. Die Gerste in der Pfanne anrösten, bis sie goldbraun oder karamelisiert ist. Wenn die Mischung zu trocken wird, jeweils eine halbe Tasse Gemüsebrühe zugeben, damit die Gerste beim Kochen stets mit Brühe bedeckt ist. Die Pfanne beim Kochen mit einem Deckel schließen. Die Gerste alle paar Minuten umrühren und prüfen, ob sie ausreichend von Flüssigkeit bedeckt ist. Die Gerste ist in etwa 30 Minuten gar.

Gebackenes Gemüse
2 Karotten
2 Zucchini
1 mittelgroße Aubergine
1 EL Olivenöl
1 EL natürliche Sojasauce (Tamarisauce)
1 EL Balsamessig

1 TL schwarzer Pfeffer
1 EL italienische Kräuter

Von den Karotten, Zucchini und Auberginen die Enden abschneiden, die Gemüse halbieren und in Scheiben von einem halben Zentimeter Dicke schneiden. Zur Seite stellen. Öl, Sojasauce, Essig, Pfeffer und die italienischen Kräuter in einer großen Schüssel mit einem Schneebesen verquirlen. Die Gemüse hineingeben und mit der Marinade überziehen. Gemüse aus der Schüssel nehmen und auf ein gefettetes Backblech legen. Im Ofen bei 170–180 Grad etwa 30 Minuten oder auf einem Gartengrill backen. Aus dem Ofen nehmen und abkühlen lassen.

Das Risotto zubereiten:
½ Tasse gegrillte rote Paprikaschoten,
    frisch oder aus dem Glas
1 Tasse weiße Bohnen, gekocht, *oder* aus der Dose, gewaschen
1 EL frischer Rosmarin, gehackt
1 EL frische Pfefferminze, gehackt
2 EL frisches Basilikum, in feine Streifen geschnitten
1 Tasse Tomaten, gehackt
¼ Tasse Petersilie, gehackt

Während die Gerste kocht und Flüssigkeit aufnimmt, immer wieder Gemüsebrühe hinzufügen, bis die Gerste weich ist, aber nicht zerfällt. Die gebackenen Gemüse in 2,5 Zentimeter große Stücke schneiden und zu der Gerste geben. Die gegrillten roten Paprikaschoten und die gekochten weißen Bohnen hinzufügen, ebenso den frischen, gehackten Rosmarin, die Pfefferminze und das Basilikum. Alles miteinander vermengen und in eine dekorative Servierschüssel füllen. Mit frischer, gehackter Petersilie und Tomaten garnieren, nach Belieben mit Ihrem geriebenen Lieblingskäse bestreuen.

Preiselbeer-Süßkartoffel-Chutney

1 TL Ghee
½ Tasse Lauch oder Schalotten, gehackt
1 TL schwarzer Pfeffer
1 TL natürliche Sojasauce (Tamarisauce)
2 Tassen Süßkartoffeln, klein gewürfelt
1 Tasse Preiselbeeren, getrocknet
1 Packung Bio-Apfelsaftkonzentrat, tiefgefroren
½ TL Nelken, ganz
3 Zimtstangen
½ TL Kardamom, gemahlen
1 EL Balsamessig
1 TL Apfelessig
½ TL Koriander

Ghee in einem Topf erhitzen, den Lauch eine Minute darin anbraten. Pfeffer, Sojasauce und Süßkartoffeln hineingeben und
drei bis vier Minuten unter häufigem Wenden dünsten. Preiselbeeren und Apfelsaft hinzufügen. Während das Apfelsaftkonzentrat anfängt zu schmelzen, Nelken und Zimtstangen zugeben.
Sobald sich der gefrorene Apfelsaft aufgelöst hat und die Flüssigkeit kocht, Kardamom, Balsamessig, Apfelessig und Koriander
unterrühren. Die Mischung bei geringer Hitzezufuhr bis zu einer
Stunde leicht kochen. Die Flüssigkeit so weit verdampfen lassen,
bis das Chutney eine glatte, dicke Beschaffenheit hat. Warm oder
gekühlt servieren.

Gemischer Bio-Salat mit Apfelvinaigrette

1 großer Granny-Smith-Apfel, gehackt
1 EL Zitronensaft mit ½ Tasse Wasser verdünnt
¼ Tasse Mandeln, geröstet
3 Tassen Bio-Salate
1 Tasse Spinat, geputzt und gewaschen
1 Tasse Sonnenblumen- oder Alfalfa-Sprossen

¼ Tasse Feta-Käse, zerkrümelt
½ Tasse Kirschtomaten oder gelbe Tomaten
1 Tasse Apfelsaft
¼ Tasse Balsamessig
¼ Tasse Honig
1 TL Estragon
1 TL Thymian
2 EL Petersilie, gehackt
2 EL Basilikum, gehackt
¼ Tasse Olivenöl

Die gehackten Äpfel in Zitronenwasser einweichen. Die Mandeln auf einem Backblech im Ofen 20 Minuten rösten oder kurz in der Pfanne ohne Fett unter häufigem Wenden rösten. In einem Mixer alle Zutaten für das Dressing außer dem Olivenöl zu einer glatten Sauce pürieren. Das Olivenöl langsam dazugeben und pürieren, bis die Sauce andickt.

Die Salate, die abgetropften Äpfel, den Feta-Käse und die Tomaten in eine Salatschüssel geben, das Dressing untermengen. Den Salat auf einem Teller anrichten und mit Mandeln und Sonnenblumen-Sprossen garnieren.

Tofu-Schokoladenmousse mit kandierten Mandeln

2 EL Butter, Ghee oder Canola-Öl (für Veganer)
2 EL Apfelsaft
1 Tasse Zartbitter-Schokoladenchips (aus tropischem Anbau)
2 TL Vanillearoma
350 g Tofu, fettarm, fest oder extra fest
¼ Tasse Ahornsirup
2 TL Vanilleroma

In einem kleinen Topf Ghee und Apfelsaft erhitzen, Vanille-Aroma dazugeben und die Schokoladenstücke darin schmelzen. Häufig umrühren, um ein Anbrennen zu vermeiden. Bei Bedarf ein Wasserbad verwenden. Wenn die Schokolade geschmolzen ist, vom

Herd nehmen und rühren, bis die Mischung cremige Beschaffenheit hat. Zur Seite stellen.

Tofu, Ahornsirup und Vanillearoma in einem Mixer oder einer Küchenmaschine eine Minute bei hoher Geschwindigkeit zerkleinern. Die Masse von den Seiten wiederholt herunterschaben und glatt pürieren. Die geschmolzene Schokolade zugeben und weiter pürieren, bis alle Zutaten gut miteinander vermischt sind. Die Mousse in kleine Dessertschalen schöpfen oder in einem luftdichten Behälter aufbewahren. Im Kühlschrank kalt stellen.

Kandierte Mandeln
1 EL Ghee
2 EL Ahornsirup
1 Tasse Mandelblättchen

In einer kleinen Pfanne Ghee und Ahornsirup erhitzen. Die Mandeln zugeben, unter Rühren mit der Mischung überziehen und goldbraun rösten. Vom Herd nehmen und abkühlen lassen. Die Mousse mit kandierten Mandeln und Kokosflocken oder frischen Früchten garnieren.

Anti-Aging-Rezepte 281

ORIENTALISCHES MENÜ

Linsensuppe mit Spinat
Hummus
Quinoa Tabouli
Gurkenraita mit Tofucreme und Minze
Gemüseeintopf
Süßes Walnuss-Gebäck

Linsensuppe mit Spinat

1 TL Ghee
½ TL rote Chiliflocken
3 Knoblauchzehen (nach Belieben)
1 TL Ingwer
2 Tassen Lauch oder Zwiebeln
½ TL schwarzer Pfeffer
1 TL frischer Rosmarin, gehackt
1 EL natürliche Sojasauce (Tamarisauce)
½ Tasse Bulgur
1 TL Kreuzkümmel (Cumin)
½ TL Piment (Nelkenpfeffer)
1 Tasse Linsen, verlesen, gewaschen
5 Tassen Gemüsebrühe
2 Lorbeerblätter
2 EL Tomatenmark
4 Tassen frischer Spinat, gehackt

Ghee in einem Suppentopf erhitzen, rote Chiliflocken, Knoblauch
oder Ingwer und Lauch dazuzugeben. Pfeffer, Rosmarin und Sojasauce hinzufügen und zwei bis drei Minuten unter Rühren andünsten. Den Bulgur zugeben und unter häufigem Wenden goldbraun
rösten. Kreuzkümmel und Piment, die gewaschenen Linsen, die
Gemüsebrühe und die Lorbeerblätter dazugeben und die Suppe
zum Kochen bringen. Das Tomatenmark einrühren, dann die Temperatur herunterschalten. Die Suppe leicht köcheln lassen, bis die

Linsen gar sind. Den Spinat hineingeben und zusammenfallen lassen. Auf Suppenschüsseln oder -teller verteilen, die folgende Garnierung verwenden:

Garnierung

¼ Tasse frische Petersilie, gehackt
2 Tassen Tomaten, gehackt
2 frische Knoblauchzehen, klein gehackt (nach Belieben)

Petersilie, Tomaten und eventuell Knoblauch miteinander vermischen und auf die Suppenschüsseln oder -teller verteilen. Die Suppe auf die Mischung in den Tellern schöpfen.

Hummus

¼ Tasse Petersilie, gehackt
1 große grüne Zwiebel, gehackt, *oder* 1 EL Lauch, gehackt
2 TL Knoblauch, klein gehackt, *oder* 1 TL Knoblauchpulver
1 Tasse Kichererbsen (Garbanzobohnen),
    über Nacht eingeweicht und weich gekocht
2 EL Tahini (Sesampaste)
2 EL Zitronensaft
2 TL natürliche Sojasauce (Tamarisauce)
1 TL Kreuzkümmel (Cumin)
¼ TL Cayenne-Pfeffer
1 TL Dill, getrocknet

Petersilie, die grüne Zwiebel und den Knoblauch in einem Mixer zerkleinern. Die restlichen Zutaten hineingeben und glatt pürieren. Bei Bedarf mit Zitronensaft und/oder Gewürzen abschmecken. Die Hummus-Paste sollte eine lockere Beschaffenheit haben, aber auf dem Löffel zusammenhalten.

Anti-Aging-Rezepte   283

Quinoa Tabouli

1 Tasse Quinoa (südamerikanische Körnerfrucht)
2 Tassen kochendes Wasser
1 TL Ghee oder Olivenöl
½ Tasse Lauch oder Zwiebeln, gehackt
½ Tasse Gemüsebrühe
2 Tassen Tomaten, gewürfelt, oder andere Gemüse
    (Zucchini, Karotten, Süßkartoffeln), in Würfel geschnitten
1 Tasse Kichererbsen (Garbanzobohnen)
    oder weiße Bohnen, gekocht
½ Tasse italienische Petersilie, frisch, gehackt
¼ Tasse frische Pfefferminze, gehackt
2 EL Kalamata-Oliven, entsteint, gehackt

Dressing
¼ Tasse Zitronensaft
1 EL Olivenöl
1 EL Balsamessig
1 TL Dill, getrocknet
½ TL Salz
½ TL schwarzer Pfeffer
2 Knoblauchzehen, zerdrückt, *oder* 1 TL Knoblauchpulver

Zwei Tassen Wasser zum Kochen bringen, Quinoa hineingeben, den Topf mit einem Deckel schließen und 15 bis 20 Minuten bei geringer Hitze gar ziehen lassen, bis die Flüssigkeit aufgesogen ist. Mit einer Gabel auflockern, in eine Schüssel geben und zur Seite stellen. Ghee oder Olivenöl in einer Pfanne erhitzen, den Lauch darin kurz anbraten. Wenn die Mischung zu trocken wird, etwas Gemüsebrühe angießen. Zwei Tassen Gemüse zugeben und leicht anbräunen. Die Tomaten nicht gebraten, sondern frisch verwenden. Das Gemüse aus der Pfanne nehmen und abkühlen lassen. Bohnen, Petersilie, Pfefferminze und Oliven mit dem Quinoa in der Schüssel vermengen. Gegebenenfalls dazu die Hände (Plastiktüte überziehen) benutzen. In einer zweiten Schüssel mit dem

Schneebesen die Zutaten für das Dressing miteinander verrühren, über die Quinoa-Mischung gießen. Das Gericht kann heiß mit einer Vorspeise serviert oder als Füllung für Gemüse wie Artischocken, Zucchini oder Squash verwendet werden. Auch als kalter Salat schmeckt es köstlich.

Gurkenraita mit Tofucreme und Minze

175 g Tofu, fettarm, fest oder extra fest
¼ Tasse Zitronensaft
1 TL natürliche Sojasauce (Tamarisauce)
1 TL Kreuzkümmel (Cumin)
1 TL Dill, getrocknet
2 Gurken, entkernt, geschält und gehackt
½ Tasse Pfefferminze, dicht gepresst, frisch gehackt
¼ Tasse Koriandergrün, dicht gepresst, frisch gehackt

Im Mixer oder in einer Küchenmaschine Tofu, Zitronensaft und Sojasauce glatt pürieren. Kreuzkümmel und Dill untermischen. Die Tofucreme in eine Schüssel gießen und mit den klein geschnittenen Gurken und frischen Kräutern verrühren. Wenn die Mischung zu dick ist, mit etwas Apfelsaft oder Wasser verdünnen. Die Tofumischung sollte cremig sein. Anstelle von Tofu kann man auch Joghurt verwenden.

Gemüseeintopf

1 EL Olivenöl oder Ghee
2 große Lauchstangen, gehackt
1 TL schwarzer Pfeffer
1 TL Knoblauchpulver (kann entfallen)
1 EL natürliche Sojasauce (Tamarisauce)
2 TL italienische Gewürze
1 große Aubergine, gewürfelt
2 große Zucchini, gewürfelt
3 große grüne und rote Paprikaschoten, gewürfelt

Anti-Aging-Rezepte 285

2 Tassen Tomaten, gewürfelt
1 ½ Tassen Gemüsebrühe
½ Tasse Basilikum, in dünne Streifen geschnitten

In einem großen Suppentopf das Olivenöl erhitzen und darin Lauch, Pfeffer, Knoblauch, Sojasauce und italienische Gewürze andünsten. Die Auberginen, Zucchini und Paprikaschoten dazugeben und vier bis fünf Minuten unter häufigem Rühren garen. Die Tomaten hinzufügen und bei schwacher Hitze köcheln. Wenn das Gemüse zu trocken wird, jeweils etwas Gemüsebrühe angießen. Der Eintopf sollte bei niedriger Temperatur 20 bis 30 Minuten dünsten. Kurz vor dem Servieren mit frischem Basilikum würzen.

Süßes Walnussgebäck

Dieses Gebäck wird mit Filo zubereitet, einem dünnen, mürben Teig, der in vielen griechischen Rezepten wie zum Beispiel Baklava Verwendung findet. Filo wird normalerweise tiefgefroren gekauft und sollte vor Gebrauch im Kühlschrank aufgetaut werden. Beachten Sie, dass der Teig keine Feuchtigkeit aufnehmen oder abgeben sollte. Halten Sie daher stets die gerade nicht benutzten Teigblätter mit einem leicht angefeuchteten Geschirrtuch bedeckt.

1 TL Ghee
2 EL Ahornsirup
2 Tassen Walnusskerne, grob gehackt
¼ Tasse Kokosflocken
1 TL Zimt
12 Blätter Vollkorn-Filoteig (aus griechischen oder türkischen
    Spezialitätenläden) *oder* fertiger Strudel- oder Blätterteig
¼ Tasse Ghee oder Öl
1 TL Muskatnuss

In einer Pfanne Ghee und Ahornsirup erhitzen, die Walnüsse darin rösten und mit der Mischung überziehen. Kokosflocken und Zimt zugeben, mit den Walnüssen verrühren.

Ein Teigblatt in schmale Streifen (etwas weniger als einen Zentimeter) schneiden, mit einem Pinsel leicht mit Ghee bestreichen. (Sie können statt Ghee auch Öl verwenden. Pinseln Sie die Teigblätter nur dünn mit Öl ein.) Vier Streifen übereinander legen, eine kleine Menge der Walnussfüllung auf das obere Ende des ersten Streifens häufen. Eine Ecke diagonal über die Füllung falten. Jeweils in Dreiecken bis zum Ende des Streifens weiterfalten, bis Sie ein Teigdreieck erhalten. Auf ein gefettetes Backblech legen, dünn mit Ghee bestreichen und dann mit Muskat bestreuen. Bei 170 Grad 10 bis 15 Minuten goldbraun backen.

ANHANG

MUSIK ZUR ENTSPANNUNG
UND INSPIRATION

Becvar, B. und B. Becvar: The Magic of Healing Music.
San Rafael 1997.
Oldman, C.: Floating on Evening. New Haven 1998.
Coxon, R. H.: The Silent Path. Quebec 1995.
Evenson, D.: Ocean Dreams. Tucson 1989.
Raye, M.: Liquid Silk. Penrose 1999.
Chopra, D.: A Gift of Love 1998.

NAHRUNGSERGÄNZUNGEN –
UNSERE EMPFEHLUNGEN

Im Rahmen unseres Anti-Aging-Programms empfehlen wir die tägliche Einnahme folgender Nahrungsergänzungen:

- Hoch dosiertes Multivitamin-Präparat

- Kalzium-Magnesium-Vitamin-D-Tabletten

- Stärkungsmittel für die Menopause (Shatavari) oder für den Mann (Ashwagandha)

LITERATURHINWEISE

Räumen Sie in Ihrem Bewusstsein auf

Langer, Ellen J.: Aktives Denken. Wie wir geistig auf der Höhe
    bleiben. Reinbek bei Hamburg, Rowohlt 1991.
Leaf, Alexander: Youth in Old Age. New York 1975.

1. Stufe: Forever young –
Die eigene Jugendlichkeit wiederentdecken

Grey, Alex, Ken Wilber, Carlo McCormick:
    Sacred Mirrors: The Visonary Art of Alex Grey.
    Rochester, Inner Traditions International 1990.
    (Mit freundlicher Genehmigung des Abdrucks der beiden
    Bilder in diesem Kapitel.)
Murchie, Guy, Jenna Terry (Hrsg.): The Seven Mysteries of Life.
    Boston, Houghton Mifflin 1999.

2. Stufe: Ruhe in der Aktivität –
Erfahren Sie tiefe Entspannung

Stress

Cannon, Walter: Voodoo death. In: American Anthropologist 44
    (1943), S. 168–181.
Selye, Hans: Streß beherrscht unser Leben. Düsseldorf 1957.

292   Anhang

Meditation

Elson, B. D., P. Hauri, D. Cunis: Physiological changes in yoga
    meditation. In: Psychophysiology 14 (1977), S. 52–57.
Ghista, D. N., D. Nandagopal u. a.: Physiological characterization
    of the »meditative state« during institutional practice
    (the Ananda Marga system of meditation) and its therapeutic
    value. In: Medical and Biological Engineering 14 (1976),
    S. 209–213.
Glaser, J. L., J. L. Brind u. a.: Elevated serum dehydroepiandoster-
    one sulfate levels in practitioners of Transcendental Medita-
    tion (TM) and the TM-Sidhi-programs. In: Journal of Behavio-
    ral Medicine 15 (1992), S. 327–341.
Wallace, R. K.: Physiological effects of transcendental meditation.
    In: Science 167, no. 926 (1970), S. 1751–1754.
Wallace, R. K., M. Dillbeck u. a.:
    The effects of the transcendental meditation and TM-Sidhi
    Program on the aging process. In: International Journal of
    Neuroscience 16 (1982), S. 53–58.

Schlaf

Chopra, Deepak: Endlich erholsam schlafen. Bergisch Gladbach,
    Lübbe 1998.
Czeisler, C. A., E. B. Klerman: Circadian and sleep-dependent
    hormone release in humans. In: Recent Progress in Hormone
    Research 54 (1999), S. 97–130; discussion S. 130–132.
Irwin, M., A. Mascovich u. a.: Partial sleep deprivation reduces
    natural killer cell activity in humans. In: Psychosomatic Medi-
    cine 56 (1994), S. 493–498.
Shochat, T., J. Umphress u. a.: Insomnia in primary care patients.
    In: Sleep 22, Suppl. 2 (1999), S. 359–365.

3. Stufe: Genuss mit Gewinn –
Profitieren Sie von Ihrer Ernährung

Key, Tj, G. K. Davey, P. N. Appleby: Health benefits of a vegetarian diet. In: Proceedings of the Nutrition Society 58 (1999), S. 271–275.

Segasothy, M., P. A. Phillips: Vegetarian diet: panacea for modern lifestyle diseases? In: Quarterly Journal of Medicine 92 (1992), S. 531–544.

Walter, P.: Effects of vegetarian diets on aging and longevity. In: Nutrition Reviews 55, no. 1 Pt 2 (1997), S. S61–S65; discussion S65–S68.

4. Stufe: Vitamine & Co. –
Wie Sie Ihre Ernährung sinnvoll ergänzen

Für Leser, die sich für die wissenschaftlichen Grundlagen
der Nahrungsergänzungen interessieren,
folgt hier eine ausführliche Liste wissenschaftlicher Veröffentlichungen.

Beauliey, E., G. Thomas u. a.: Dehydroepiandrosterone (DHEA), DHEA sulfate and aging: contribution of the DHEAge Study to a sociobiomedical issue. In: Proceedings of the National Academy of Sciences 97 (2000), S. 4279–4284.

Bell, K. M., S. G. Potkin u. a.: S-adenosylmethionine blood levels in major depression: changes with drug treatment. In: Acta Neurologica Scandinavica Supplementum 154 (1994), S. 15–18.

Bressa, G. M.: S-adenosyl-l-methanonine (SAMe) as antidepressant: meta-analysis of clinical studies. In: Acta Neurologica Scandinavica Supplementum 154 (1994), S. 7–14.

Cohn, L., A. G. Feller u. a.: Carpal tunnel syndrome and gynaecomastia during growth hormone treatment of elderly men with low circulation IGF-I concentrations. In: Clinical Endocrinology 39 (1993), S. 417–425.

Crook, T. H., J. Tinklenberg u. a.: Effects of phosphatidylserine in age-associated memory impairment. In: Neurology 41 (1991), S. 644–649.

Emmert, D. H., J. T. Kirchner: The role of vitamin E in the prevention of heart disease. In: Archives of Family Medicine 8 (1999), S. 537–542.

Fine, A. M.: Oligomeric proanthocyanidins complexes: history, structure, and phytopharmaceutical applications. In: Alternative Medicine Review 5 (2000), S. 144–151.

Glaser, J. L., J. L. Brind u. a.: Elevated serum dehydroepiandrosterone sulfate levels in practitioners of transcendental meditation (TM) and the TM-Sidhi programs. In: Journal of Behavioral Medicine 15 (1992), S. 327–341.

Grimble, R. E., P. S. Tappia: Modulation of pro-inflammatory cytokine biology by unsaturated fatty acids. In: Zeitschrift für Ernährungswissenschaft 37, Suppl. 1 (1998), S. 57–65.

Head, K. A.: Ascorbic acid in the prevention and treatment of cancer. In: Alternative Medicine Review 3 (1998), S. 174–186.

Huppert, F. A., J. K. Van Niekerk, J. Herbert: Dehydroepiandrosterone (DHEA) supplementation for cognition and well-being. In: The Cochrane Database of Systematic Reviews 2 (2000), CD 000304.

Kroboth, P., S. Firoozeh u. a.: DHEA and DHEA-S: A Review. In: Journal of Clinical Pharmacology 39 (1999), S. 327–347.

Langsjoen, P. H., A. M. Langsjoen: Overview of the use of CoQ10 in cardiovascular disease. In: Biofactors 9 (1999), S. 273–284.

McAlindon, T. E., P. Jacques u. a.: Do antioxidant micronutrients protect against the development and progression of knee osteoarthritis? In: Arthritis and Rheumatology 39 (1996), S. 648–656.

McAlindon, T. E., M. P. La Valley u. a.: Glucosamine and chondroitan for treatment of osteoarthritis: a systematic quality assessment and meta-analysis. In: Journal of the American Medical Association 283 (2000), S. 1469–1475.

Marcell, T. J., D. R. Taaffe u. a.: Oral arginine does not stimulate basal or augment exercise-induced GH secretion

in either young or old adults. In: Journal of Gerontology.
Series A, Biological Sciences and Medical Sciences 54 (1999),
M395–M399.

Martin-Du Pan, R. C.: Are the hormones of youth carcinogenic?
In: Annales d'Endocrinologie. Ann Endocrinol, Paris 60 (1999),
S. 392–397.

Meydani, S. N., M. Meydani u. a.: Vitamine E supplementation
and in vivo immune response in healthy elderly subjects.
In: Journal of the American Medical Association 277 (1997),
S. 1380–1386.

Papadakis, M. A., D. Grady u. a.: Growth hormone replacement
in healthy older men improves body composition but not
functional ability. In: Annals of Internal Medicine 124 (1996),
S. 708–716.

Perkins, A. J., H. C. Hendrie u. a.: Association of antioxidants with
memory in a multiethnic elderly sample using the Third National Health and Nutrition Examination Survey. In: American
Journal of Epidemiology 150 (1999), S. 37–44.

Pryor, W. A., W. Stahl, C. L. Rock: Beta carotene: from bio-
chemistry to clinical trials. In: Nutrition Reviews 58 (2000),
S. 39–53.

Richardson, J. S.: Neuroprotective agents. In: Physical Medicine
and Rehabilitation Clinics of North America 10 (1999),
S. 447–461.

Rigney, U., S. Kimber, I. Hindmarch: The effects of acute doses
of standardized Ginkgo biloba extract on memory and psycho-
motor performance in volunteers. In: Phytotherapy Research
13 (1999), S. 408 –415.

Rimm, E. B., M. J. Stampfer: Antioxidants for vascular disease.
In: Medical Clinics of North America 84 (2000), S. 239–249.

Rudman, D., A. G. Feller u. a.: Effects of human growth
hormone in men over 60 years old. In: New England Journal
of Medicine 323 (1990), S. 1–6.

Salvioli, G., M. Neri: L-acetylcarnitine treatment of mental de-
cline in the elderly. In: Drugs under Experimental and Clinical
Research 20 (1994), S. 169–176.

Seshadri N., K. Robinson: Homocysteine, B vitamins, and coronary artery disease. In: Medical Clinics of North America 94 (2000), S. 215–237.

Shklar, G., O. Se-Kying: Experimental basis for cancer prevention by vitamin E. In: Cancer Investigation 18 (2000), S. 214–222.

Thal, L. J., A. Carta u. a.: A 1-year multicenter placebo-controlled study of acetyl-L-carnitine in patients with Alzheimer's disease. In: Neurology 47 (1996), S. 705–711.

Yarasheski, K. E., J. J. Sachwieja u. a.: Effect of growth hormone and resistance exercise on muscle growth and strength in older men. In: American Journal of Physiology 268, no. 2.1 (1995), E268–E276.

5. Stufe: Unzertrennliche Partner – Beleben Sie die Einheit von Geist und Körper

Garfinkel, M., H. R. Schumacher Jr.: Yoga. In: Rheumatic Diseases Clinics of North America 26 (2000), S. 125–132.

Garfinkel, M. S., A. Singhal u. a.: Yoga-based intervention for carpal tunnel syndrome: a randomized trial. Journal of the American Medical Association 280 (1998), S. 1601–1603.

Hong, Y., J. X. Li, P. D. Robinson: Balance control, flexibility and cardiorespiratory fitness among older Tai chi practitioners. In: British Journal of Sports Medicine 34 (2000), S. 29–34.

Jain, S. C., A. Uppal u. a.: A study of response pattern of non-insulin dependent diabetics to yoga therapy. In: Diabetes Research and Clinical Pratice 19 (1993), S. 69–74.

Khanam, A. A., U. Sachdeva u. a.: Study on pulmonary and autonomic functions of asthma patients after yoga training. In: Indian Journal of Physiology and Pharmacology 40 (1996), S. 318–324.

Mayer, M.: Qigong and hypertension: a critique of research. In: Journal of Alternative and Complementary Medicine 5 (1999), S. 371–382.

Pandya, D. P., V. H. Vyas, S. H. Vyas: Mind-body therapy in the management and prevention of coronary disease. In: Comprehensive Therapy 25 (1999), S. 283–293.

Wolf, S. L., H. X. Barnhart, N. G. Kutner u. a.: Reducing frailty and falls in older persons: an investigation of Tai Chi and computerized balance training. Atlanta FICSIT Group. Frailty and Injuries: Cooperative Studies of Intervention Techniques. In: Journal of the American Geriatric Society 44 (1996), S. 489–497.

Xu, S. H.: Psychophysiological reactions associated with qigong therapy. In: Chinese Medical Journal (English) 107 (1994), S. 230–233.

6. Stufe: Aktiv und fit –
Treiben Sie regelmäßig Sport

Carpenter, D. M., B. W. Nelson: Low back strengthening for the prevention and treatment of low back pain. Medicine and Science in Sports and Exercise 31 (1999), S. 18–24.

Douillard, J.: Fit mit Ayurveda. Das sanfte Konditions- und Sportprogramm. Niedernhausen, Falken Verlag 1996.

Evans, William, Irwin H. Rosenberg, Jacqueline Thompson: Biomarkers: The 10 Keys to Prolonging Vitality. New York, Simon & Schuster 1992.

Fox, K. R.: The influence of physical activity on mental well-being. In: Public Health Nutrition 2 (1999), S. 411–418.

Hassmen, P., N. Koivula, A. Uutela: Physical exercise and psychological well-being: a population study in Finland. In: Preventive Medicine 30 (2000), S. 17–35.

Kokkinosa, P. F., V. Papademetriou: Exercise and hypertension. In: Coronary Artery Disease 11 (2000), S. 99–102.

Messier, S. P., T. D. Royer u. a.: Long-term exercise and its effect on balance in older, osteoarthritic adults: results from the Fitness, Arthritis, and Seniors Trial (FAST). In: Journal of the American Geriatric Society 48 (2000), S. 131–138.

Miller, T. D., G. J. Balady, G. F. Fletcher: Exercise and its role in the prevention and rehabilitation of cardiovascular disease. In: Annals of Behavioral Medicine 19 (1997), S. 220–229.

Roberts, J. M., K. Wilson: Effect of stretching duration on active and passive range of motion in the lower extremity. In: British Journal of Sports Medicine 33 (1999), S. 259–263.

Rockhill, B., W. C. Willet u. a.: A prospective study of recreational physical activity and breast cancer risk. In: Archives of Internal Medicine 25; 159 (1999), S. 2290–2296.

Saltin, B., J. H. Blomquist u. a.: Responses to exercise after bed rest and after training. In: Circulation 38, supplement 7 (1968) VII-1–VII-78.

Ulrich, C. M., C. C. Georgiou u. a.: Lifetime physical activity is associated with bone mineral density in premenopausal women. In: Journal of Women's Health 8 (1999), S. 365–375.

7. Stufe: Großreinemachen –
Entgiften Sie Ihr Leben

Batmanghelidj, Faridun: Wasser, die gesunde Lösung. Ein Umlernbuch. 9. Aufl. Freiburg, VAK 2000.

Mack, G. W., C. A. Weseman u. a.: Body fluid balance in dehydrated healthy older men: thirst and renal osmoregulation. In: Journal of Applied Physiology 76 (1994), S. 1615–1623.

Raichur, Pratima: Absolute Beauty. Radiant Skin and Inner Harmony through the Ancient Secrets of Ayurveda. New York, Perennial (Harper Collins) 1999.

Rosenberg, Marshall B.: Gewaltfreie Kommunikation. Paderborn: Junfermann 2001.

Sachs, Melanie: Ayurweda, natürlich schön und gesund. Aitrang, Windpferd 1996.

Stookey, J. D.: The diuretic effects of alcohol and caffeine and total water intake misclassification. In: European Journal of Epidemiology 15 (1999), S. 181–188.

Stout, N. R., R. A. Kenney, P. H. Baylis: A review of water balance in aging in health and in disease. In: Gerontology 45 (1999), S. 61–66.

8. Stufe: Flexibel und kreativ –
Gleiten Sie auf den Wellen des Lebens

Ein Kurs in Wundern. Gutach i. Br., Greuthof Verlag und Vertrieb GmbH (o. J.).
Easwaran, Eknath: Dialogue with Death. Tomales 1998.
Easwaran, Eknath: Nimm dir Zeit. Ruhe finden in einer hektischen Welt. Bergisch Gladbach, Lübbe 2001.
Goswami, Amit, Maggie Goswami: Quantum Creativity. Waking Up to Our Creative Potential (Perspectives on Creativity). Cresskill, Hampton Press 1999.

9. Stufe: Lieben und geliebt werden –
Nichts hält Sie länger jung

Argawal, R., S. Diwanay u. a.: Studies on immunomodulatory activity of Withania somnifera (Ashwagandha) extracts in experimental immune inflammation. In: Journal of Ethnopharmacology 67 (1999), S. 27–35.
Al-Qarawi, H. A. Abdel-Rachman u. a.: The effect of extracts of cynomorium coccineum and withania somnifera on gonadotrophins and ovarian follicales of immature wistar rats. In: Phytotherapy Research 14 (2000), S. 288–290.
Brecher, E. M.: Love, Sex and Ageing. Consumer's Union report. Boston 1984.
Choi, Y. D., R. H. Rha, H. K. Choi: In vitro and in vivo experimental effect of Korean red ginseng on erection. In: Journal of Urology 162 (1999), S. 508–1511.
Deepak and friends: A Gift of Love. Tommy Boy Music, New York 1998.

Frasure-Smith, N., R. Prince: The ischemic heart disease life stress monitoring program: impact on mortality. In: Psychosomatic Medicine 47 (1985), S. 431–445.

McClelland, D. C.: The effect of motivational arousal films on salivary immunoglobulin A. In: Psychology and Health 2 (1988), S. 31–52.

Medalie, J. H., U. Goldbourt: Angina pectoris among 10,000 men. II. Psychosocial and other risk factors as evidenced by a multivariate analysis of a five-year incidence study. In: American Journal of Medicine 60 (1976), S. 910–921.

Nerem, R. M., M. J. Levesque, J. F. Cornhill: Social environment as a factor in diet-induced atherosclerosis. In: Science 208 (1980), S. 1475–1476.

Sharma, S., S. Ramji u. a.: Randomized controlled trial of Asparagus racemosus (Shatavari) as a lactogogue in lactational inadequacy. In: Indian Pediatrics. 33 (1996), S. 675–677.

Simon, David, Deepak Chopra: The Chopra Center Herbal Handbook: Natural Prescriptions for Perfect Health. New York, Harmony Books 2000.

Spiegel, D., J. R. Bloom u. a.: Effect of psychosocial treatment on survival of patients with metastatic breast cancer. In: Lancet 2 (1989), S. 888–891.

10. Stufe: Spielen, lernen und wachsen –
Jugend als Geisteszustand

Kamei, T., H. Kumano, S. Masumura: Changes of immunoregulatory cells associated with psychological stress and humor. In: Perceptual Motor Skills 84 (1997), S. 1296–1298.

Ladinsky, D.: I Heard God Laughing: Renderings of Hafiz. Walnut Creek: Sufism Reoriented 1996.

Maslow, A. H., R. Frager, J. Fadiman: Motivation and Personality. Boston, Addison-Wesley Publ. Co. 1997.

Richman, J.: The lifesaving function of humor with depressed and suicidal elderly. In: Gerontologist 35 (1995), S. 271–273.

Literaturhinweise

Das Land, in dem niemand alt ist

Hilton, James: Der verlorene Horizont. Frankfurt am Main,
Fischer Taschenbuch Verlag 1999.
Osho: Das Buch der Geheimnisse. 3 Bde. Köln, Osho Verlag
1998/99.

Sōetsu Yanagi

Die Schönheit der einfachen Dinge

Mingei – Japanische Einsichten
in die verborgenen Kräfte der Harmonie

Ästhetik heißt Lebensqualität. Und Lebensqualität
heißt Vitalität. Das vorliegende Buch ist wohl das meistzitierte
Werk über japanische Ästhetik. Doch es ist weit mehr als
ein Werk über Japan und seine ästhetischen Vorstellungen:
Während unsere Welt zunehmend zu einer synthetischen Plastik-
welt mit geklonten Tieren und virtuellen »Erlebnissen« wird,
öffnet Yanagi die Augen für die ungeheure Wirkung von
einfachen, in sich »stimmigen« Gegenständen.

Yanagi macht deutlich, dass Schönheit nach fernöstlichem Verständnis nur möglich ist, wenn sie sich aus denselben Quellen
speist wie Erkenntnis und ethisches Handeln.

256 Seiten mit über 30 Abbildungen
Gebunden mit Schutzumschlag
ISBN 3-7857-0950-1

Gustav Lübbe Verlag

Dr. med. Ulrich Bauhofer

Aufbruch zur Stille

Maharishi Ayur-Veda, eine leise Medizin für eine laute Zeit

Das thematisch umfassendste Ayur-Veda-Handbuch
in deutscher Sprache. Ein Ratgeber für ein ganzheitliches Leben:

Was sagen mir die Signale meines Körpers? Was tun gegen Stress?
Wie schlafe ich richtig? Welcher Sport ist gut für mich?
Welche Musik hilft mir? Wie gestalte ich meinen Arbeitsplatz?
Welche Berufswahl fördert mein inneres Gleichgewicht?
Wie soll ich mich ernähren? Wo erhole ich mich im
Urlaub am besten? Welche Farben machen mich gesund?
Wie beeinflußt mich meine Wohnung seelisch? Wie bleibe
ich gesund im Alter? Was tun bei Krankheit? Wie prägt
mein Biorhythmus mein Wohlbefinden? Wie werde ich attrak-
tiver? Welcher Lebenspartner passt zu mir? Wie gestalte ich
ein harmonisches Familienleben? Wie kann sich meine
Zukunft entwickeln?

Mit Praxisleitfaden, Illustrationen, Tests mit Antworten,
Rezepten, Adressen …

480 Seiten
Gebunden mit Schutzumschlag
ISBN 3–7857–0873–4

Gustav Lübbe Verlag

Eknath Easwaran

Nimm dir Zeit

Ruhe finden in einer hektischen Welt

Eknath Easwaran hat eine verblüffende Philosophie
des Alltags entwickelt, die uns endlich von der Überholspur holt.
Er weiß: Verbessertes Zeitmanagement löst die Probleme
des gestressten Menschen nicht, wir müssen unsere Einstellung
zum Leben ändern.
Warum und wie, das veranschaulicht der renommierte Autor in
seinem vielfach erprobten Acht-Punkte-Programm.

Es ist so einfach zu realisieren, dass es jeder schaffen kann,
sein Bewusstsein »stressdicht« zu machen und Hetze und Ärger
endgültig abzulegen.

240 Seiten
Gebunden mit Schutzumschlag
ISBN 3-7857-2046-7

Gustav Lübbe Verlag